谨以此书献给所有不甘于平凡的人

尽量对每一个人都付出真诚，假如那个人是虚伪的，那你就疏远他，如果那个人也是真诚的，你会得到一份可贵的友谊。

热爱工作的员工是敬业乐业的典范，是企业的基石，是所有企业都想得到的员工。

敬业才能立业，才能成就事业。

敬业精神是时代的呼唤，是社会竞争和发展的需要。

如何做一名热爱工作的好员工

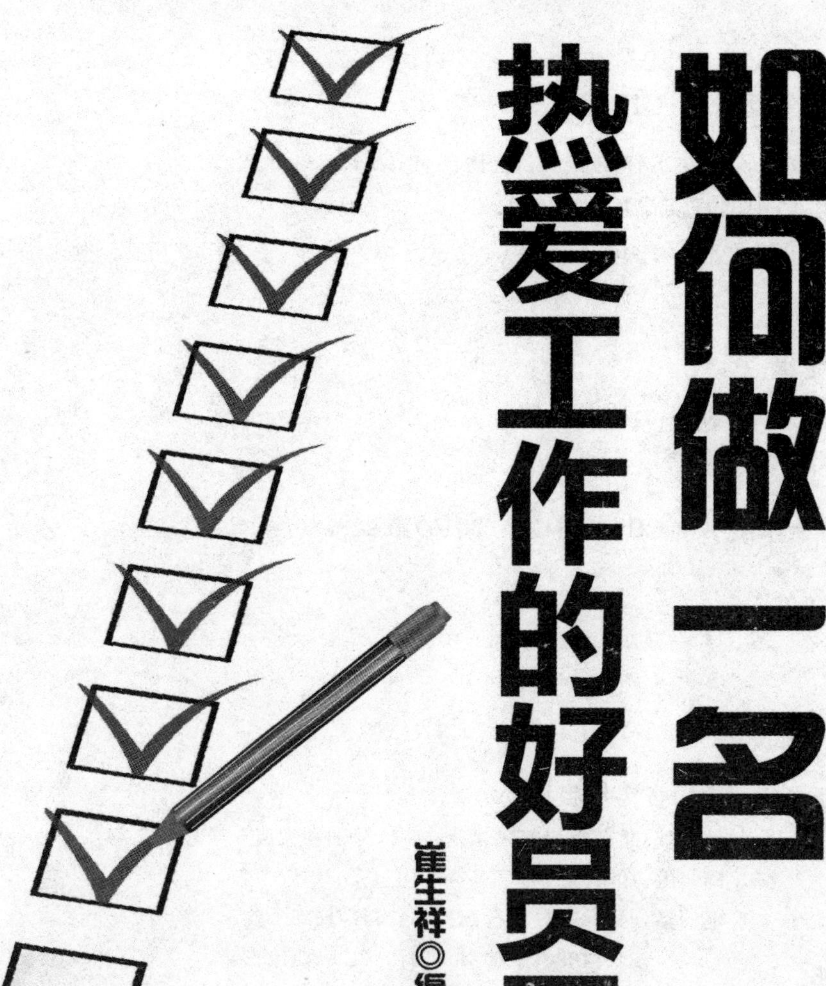

崔生祥◎编著

工作保障生活，工作奠基事业，
工作磨砺人品，工作提升能力，
工作积累人脉，工作实现自我，
工作决定我们的一生。

中国言实出版社

图书在版编目(CIP)数据

如何做一名热爱工作的好员工/崔生祥编著.
—北京:中国言实出版社,2011.2
ISBN 978-7-80250-402-8

Ⅰ.①如…
Ⅱ.①崔…
Ⅲ.①企业-职工-职业道德
Ⅳ.①F272.92

中国版本图书馆 CIP 数据核字(2010)第 228680 号

出版发行 中国言实出版社
地 址:北京市朝阳区北苑路 180 号加利大厦 5 号楼 105 室
邮 编:100101
电 话:64924716(发行部) 64963101(邮 购)
64924880(总编室) 64914138(四编部)
网 址:www.zgyscbs.cn
E-mail:zgyscbs@263.net

经 销 新华书店
印 刷 北京毅峰迅捷印刷有限公司
版 次 2011 年 3 月第 1 版 2011 年 3 月第 1 次印刷
规 格 710 毫米×1000 毫米 1/16 15 印张
字 数 200 千字
定 价 32.00 元 ISBN 978-7-80250-402-8/F·332

前 言
Preface

工作是生命的载体，在一个人的生命中，工作所占的比例无疑是最大的，选择了一种职业，也就是选择了一种生活方式。热爱工作、对工作充满热情的人是企业非常欢迎的好员工。

成功始于源源不断的工作热忱，作为一名员工，你必须热爱你的工作，只有这样，你才会珍惜你的时间，把握每一次机会，调动你所有的精力，去争取出类拔萃的业绩。失去热情，必然会失去继续前行的动力；失去激情，必然会失去战胜困难的勇气，唯有保持对工作的激情，你才会拥有永不衰竭的动力；唯有热情地对待你从事的工作，你才能主动出击，脱离平庸；唯有对工作充满激情，你才能在挫折面前永不言败！

事实上，工作已不仅仅是一种谋生的手段，它还是一种全身心付出去创造物质财富和精神财富的过程。把工作当成一项成就自己人生的事业去做，这是一种责任、一种承诺、一种精神、一种义务，为了自己的事业而全力以赴，是实现自己的人生价值的一种体现。

热爱工作是一名员工最被企业和管理者所看重的优秀品质，热爱工作甚至比能力更重要，比智慧更珍贵，比财富更有价值；是衡量一个员工是否具有良好职业道德的前提和基础；是一个人的职业灵魂。

热爱工作既是企业的需要，也是管理者的需要，但更是员工自己的需要。热爱工作的员工坚守自己的岗位，工作兢兢业业、认真负责，理解自己的上司，甘愿承担繁重的工作，积极主动配合同事，善于帮助别人，真诚以待，能自觉维护公司的形象。这样的员工是老板八方寻觅的并能放心大胆起用的，能为老板排忧解难的最优秀员工。

在现代职场中，并不缺乏有能力的员工，而那些既有能力又懂得付出、与公司风雨同舟的员工才是每一个公司所看重的最理想的好员工。没有不重要的工作，只有不敬业的员工。无论学历高低，不论工作如何，只要走进职场，你都应该以热爱工作的职业精神来要求自己，用心做好自己的本职工作。唯有热爱工作，你才能成为一名好员工。那些动不动就抱怨、偷懒、敷衍、投机取巧的人，注定要承受职业生涯尴尬无奈甚至失败的结局，也肯定不是一名好员工。

热爱工作的员工是敬业乐业的典范，他们对工作有着百分之百的热情，会像热爱生命一样热爱工作。他们不找借口，坚决执行，自动自发，做事不需老板交代，而且是勤奋好学的典范，是积极进取的榜样。他们敢想敢做，大胆创新。热爱工作的员工把责任刻在心上，从来不怕担负责任，绝不会推卸和逃避责任，责任是他们生活的态度，尽职尽责是他们任何时候都不会放松责任的理由。热爱工作的员工是企业的基石，是老板的幸运，是所有企业都想得到的员工。

本书是一本员工自我发展实用的枕边书，一本适合所有公务员、公司职员的励志书。旨在通过一系列精彩的案例，引领读者向一个热爱工作的好员工方向不断进发。深入阐述了如何拥有热爱工作的态度，提升自己的职业精神，成为企业不可替代的好员工的方法。书中语言浅显易懂、案例精彩纷呈，是各类企业和事业单位的员工与职场人士学习和培训的最佳教材。

目录
Contents

第一章 工作态度：追求积极向上的职业境界

一个把自己当成企业主人的员工，任何时候都会全心全意，尽职尽责，主动工作。态度影响我们的行为，而心态左右我们的意识。意识决定行为，心态决定态度。一个心态积极的员工，无论他从事什么工作，他都会把工作当成是一项神圣的天职，并怀着浓厚的兴趣把它做好。态度决定高度，你的工作态度决定你的职业高度。

第二章 工作能力：塑造解决问题的职业素养

在当今职场，员工手中的竞争武器就是工作能力，它是所有企业与员工获得成功的唯一法宝。提升员工的工作能力使企业无往而不胜，而员工的工作能力是企业生命的源泉。工作能力能够使公司形成自家独特的竞争优势。那些长期以来的绩优公司以及最新崭露头角的企业，无一不具有一批工作能力出类拔萃的员工。

第三章 无限忠诚:热爱工作的内驱力

忠诚既是一种义务,也是一种责任;它既是一种品质,也是一种能力。忠诚胜于能力,是其他所有能力的统帅和核心。一个好员工一定是具有无限忠诚的员工,没有忠诚就没有执行力,没有执行力就没有效率,没有效率就无法创造效益。如果把企业比作一栋大厦,那么忠诚一定是支撑这栋大厦的基石。

第四章 工作操守:让敬业成为一种习惯

敬业是一种理念,一种行为模式,一种可以实施的公司计划,是一条通向卓越的阳光大道,敬业成就卓越。敬业会使人在面对工作时做到全力以赴,

第六章 接受工作：服从是你应尽的义务

热爱工作的员工，不仅接受工作，而且还服从公司的安排。执行的前提是认同，落实的关键在服从。一家高效的公司必须有良好的服从观念，一个优秀的员工也必须有服从意识。服从是行动的第一步，没有服从就没有执行，团队运作的前提条件就是服从，没有服从就没有一切。

第七章 工作方法：运用正确的策略做事

问题总是许多员工躲避责任和努力的第一借口。但是一个热爱工作的员工总是崇尚这样的理念：他们运用正确的策略做事，不找借口找方法。方法总比问题多，凡事找方法的员工，一定是企业里优秀的员工。

第八章 工作之魂：用激情点燃员工的心

要想成功，必须先做一名热爱工作的员工，对工作要饱含激情，始终如一，只有这样，才能找到自己真正的价值所在。拥有激情，才能出色。激情工作，就是员工保持高度的自觉性，将全身心都调动起来，最大化释放个人潜能，出色地完成各项工作。

第九章 协同作战：在团队中体现价值

现代社会并不缺少有能力的人，但企业真正需要的是既有能力又富有团队精神的人。没有完美的个人，只有完美的团队。单打独斗的时代已经过去，唯有团队合作方能取得胜利。让自己融入团队，与团队共同发展，在合作中体现自身价值。

第十章 超越自我：做热爱工作的好员工

热爱工作的员工必定是不断追求卓越的优秀员工，也一定是企业发展的中坚力量。好员工以积极心态面对工作，以主动思维融入工作，以激昂斗志投入工作，以科学方法创新工作，以完美业绩完成工作，以卓越精神不断超越自我。

第一章　工作态度:追求积极向上的职业境界

一个把自己当成企业主人的员工,任何时候都会全心全意,尽职尽责,主动工作。态度影响我们的行为,而心态左右我们的意识。意识决定行为,心态决定态度。一个心态积极的员工,无论他从事什么工作,他都会把工作当成是一项神圣的天职,并怀着浓厚的兴趣把它做好。态度决定高度,你的工作态度决定你的职业高度。

1 态度是一种能力

人们常说“态度胜于能力”，乍一听来并不觉得有什么特别，但细细品味的确很有道理。

我们常常发现，一起到一家公司工作的人，同样的起点，但是，几年之后却发生了巨大的变化：有的人成为公司里的核心员工，受到老板的器重；有的人一直碌碌无为；有些人牢骚满腹，总认为与众不同，而到头来仍一无是处……众所周知，除了少数天才，大多数人的禀赋相差无几。那么，是什么在造就我们，改变我们？是“态度”！态度是内心的一种潜在意志，是个人的能力、意愿、想法、情感、价值观等，在工作中所体现出来的外在表现。

小王上中学时，老师出了道数学难题，叫小王和另一名同学上讲台解答。小王很快考虑好解答步骤，而另一名同学还在那里凝神。为了表现一下聪明才智，小王很得意地用粉笔在黑板上“刷刷刷”，三下五除二的工夫就做好了。这时那名同学还在一笔一画地写着。小王很自豪，将粉笔头一扔，大摇大摆地回到座位。

结果小王和那位同学都答对了，但老师给的评语却大不相同。她指着黑板上小王写的字说：“看看，潦草马虎，这是做学问的严谨态度吗？在能力相当的情况下，做学问其实就看一个人的态度了……”

小王心中并不服气：我看重的是结果，而老师要的似乎还有过程。

多年后，小王去应聘一个会计职位。由于有相关工作经历和较高的职称，小王的竞争对手们纷纷被淘汰，剩下一个其貌不扬的家伙与小王去迎接最后的面试。

单位的会计主管接待了他们，他拿出一堆账本，要他们两个人统计一下某个项目的年度收支情况。虽然只是“小儿科”，但小王不敢懈怠,每个数字都牢牢把握,认真在算盘上加加减减。

约一个小时,小王便完成任务了。10分钟后,竞争对手也完成了。会计主管叫他们在一旁等待。然后拿着他们的"试卷"去老总办公室。

结果令小王吃惊和恼火——他没有被录用!为什么呢?会计主管的回答是这样的:"你没有做月末统计,而他不但做了,还做了季度统计。"小王问:"不是要年度统计吗?"主管笑道:"是啊,但年度统计数据应该从每月合计中得出——这不算什么会计学问,但反映了做会计的严谨态度。也许你们能力相当,所以,我们最后要看的就是个人的态度了。"

从那以后,"态度"一词在小王心中生了根——同样的能力,在不同的态度下,会导致完全不同的未来。态度也许是另一种能力,有时比能力更重要。

在企业之中,我们可以看到形形色色的员工。每个员工都有自己的工作态度:有的勤勉进取,有的悠闲自在,有的得过且过。工作态度决定工作成绩。我们不能保证你具有了某种态度就一定能成功,但是成功的人们都有着一些相同的态度。

企业中普遍存在着有着不同工作态度的三类员工:

第一类是抱着得过且过的态度工作的员工。这种员工的口头禅就是:那么拼命干什么?大家不都拿同样的薪水吗?这样的员工从来都是按时上下班,一秒都不愿在单位多待;职责之外的事情一概不理,分外之事更不会主动去做。不求有功,但求无过。一遇挫折,他们最擅长的就是自我安慰:反正晋升上去是少数人的事,大多数人还不是像我一样原地踏步,这样有什么不好?

第二类是那些牢骚满腹的员工。这样的人永远悲观失望,他们似乎总是在抱怨他人与环境;认为自己所有的不如意,都是由于环境造成的。他常常自我设限,让自己本身无限的潜能无法发挥;他其实也是一个有着优秀潜质的人,然而,却整天生活在负面情绪当中,完全享受不到工作的种种乐趣。他们总是牢骚满腹,这种消极情绪会不知不觉传染给其他人。

第三类人是积极进取的人。在公司里经常可以看到他们忙碌的身影，他们会热情地和同事打招呼，精神抖擞，积极乐观，永争第一。他们总是积极地寻求解决问题的办法，即使是在项目受到挫折的情况下也是如此。因此，他们总能让希望之火重新点燃。同事都喜欢和这样的人接触，他们虽然整天忙忙碌碌，但却始终生活在正面情绪当中，时刻享受工作的乐趣。

在公司里，第一类员工时刻面临着解雇的危险；第二类员工工作没几天一定会被解雇；只有第三种员工，他们大多数都会得到晋升。其实，他们在能力和智力上并不一定胜过前两类人，只不过是他们的工作态度比两者要好而已。无论在什么地方工作，员工与员工之间在竞争智慧和能力的同时，也在竞争态度。一个人的态度直接决定了他的行为，决定了他对待工作是尽心尽力还是敷衍了事，是安于现状还是积极进取。态度越积极，决心越大，对工作投入的心血也越多，从工作中所获得的回报也就相应地越多。

那些慵懒懈怠、态度上不具备竞争力的人只注重事物的表象，无法看透事物的本质，他们只相信运气、机缘、天命之类的东西。看到他人工作出色，他们就说：那是天分。看到人家屡次加薪，他们就说：那是幸运！发现有人为老板所重用，他们就说：那是机缘。

不管你在什么地方工作，你的态度都决定了你成就的高度。那些有能力而态度不好的员工，我们随处可见，而他们说的最多的就是公司和老板没有给他们机会。他们根本不知道，态度其实也是一种能力，一种比技术、知识更重要的能力。

2 工作就是事业

有人问比尔·盖茨，他心目中的最佳员工是什么样的。比尔·盖茨的回答中强调了一条：一个优秀的员工应该对自己的工作满怀热情。他向客户介绍本公司的产品时，应该有一种传教士传道般的狂热！一句话，将你的职业当成你的事业来做，它的荣誉感和使命感会立即将你工作中的一切不如意一扫而空。

但是，在职场中，真正有这样观念的员工并不多。多数人将工作仅仅当成一件养家糊口、不得不从事的差事，谈不上什么荣誉感和使命感；甚至有人认为，我出力，老板出钱，等价交换，谁也不欠谁的，谁也不用过分认真，于是在工作中，只想做公司的老人，而不是争当公司的功臣。他们身上没有一丝工作激情，每天的工作如同老牛拉磨一样，懒散松懈，不求有功，但求无过。

赵一和钱二同在一个车间里工作，每当下班的铃声响起，钱二总是第一个换上衣服，冲出厂房，而赵一则总是最后一个离开，他十分仔细地做完自己的工作，并且在车间里走了一圈，看到没有问题后才关上大门。

有一天，钱二和赵一在酒吧里喝酒，钱二对赵一说："你让我感到很难堪。"

"为什么？"赵一有些疑惑不解。

"你让老板认为我不够努力。"钱二停顿了一下又说："要知道，我们不过是在为别人工作。"

"是的，我们是在为老板工作，但也在为自己而工作，"赵一坚决地说，"大多数人正像你一样，并没有意识到自己在为他人工作的同时，也是在为自己工作——你不仅为自己赚到养家糊口的薪水，还为自己积累了工作经验，工作带给你的远远超过薪水。"

钱二听罢，毫无表情地走了。此后他依然故我，而赵一也一如既往地继续努力着。一年后，钱二表现平平，而赵一则因业绩非凡而多次受到上司的表扬。又过了半年，钱二被老板炒了鱿鱼，失业的他流落街头，拾荒为生。而赵一则当上了分公司的老板。

看到与自己同步打工的赵一与自己的天壤之别，钱二才开始后悔当初没听赵一的话。

这个故事生动地说明了这样一个道理：你所做的努力并不完全是为了老板，而是为自己工作。

在我们的周围，常听到这样一句话：我不过是在为老板打工。这种想法具有很强的代表性。在许多人看来，工作只是一种简单的雇佣关系，做多做少、做好做坏对自己的意义并不大。

还有一些年轻的员工，他们每天在茫然中上班、下班，到了固定的日子领回自己的薪水，高兴一番或者抱怨一番之后，仍然茫然地去上班、下班……他们从不思索关于工作的问题：什么是工作？工作是为什么？可以想象，这样的员工，只是被动地应付工作，为了工作而工作，不可能在工作中投入自己全部的热情和智慧。他们只是在机械地完成上级布置的工作任务，而不是去创造性地、自动自发地工作。

现在许多青年人从一踏入社会就缺乏责任心，以善于投机取巧为荣；老板一转身就懈怠下来，没有监督就没有工作；工作推诿塞责，不思进取，反而以种种借口来遮掩自己的失职。

你的工作态度折射着你的人生态度，而人生态度决定了你一生的成就。工作对你个人而言究竟是乐趣，还是枯燥乏味的事情，其实全要看你自己怎么想，而不是工作本身。从工作中获得快乐、成功以及满足感的秘诀并不在于专挑自己喜欢的事情做，而在于发自内心地喜欢自己所做的工作。

一个天性乐观，对工作充满热情的人，无论他的职业是清洁工、维修工，还是一家大公司的老总，都会认为自己的工作是一项神圣的天职，并怀着深切的兴趣去努力做好。就好像贝多芬作曲或莎士比亚写诗那般投入，倾注全力达到最好的工作表现。

一个人对工作被动还是主动，将直接影响工作业绩。对于工作，如果只感觉到厌恶，没有热诚和爱好之心，没有把工作当做一个锻炼能力的机会，他肯定得不到老板的欣赏。

不管做何事，都要有一个正确的态度，这种态度可以决定一个人日后事业上的成功与失败。一个人如果能以生生不息的精神、火焰般的热忱来对待自己的工作，那么就一定能充分发挥自己的特长，成为一个出类拔萃的人；相反，若以冷淡的态度去做工作，最终只能沦为一个平庸者。

如果你想做一番事业，那就应该把工作当做自己的事业，应该有非做不可的使命感。把自己的职业生涯与工作联系起来，你就会觉得自己所从事的是一份有价值、有意义的工作，并且从中体会到神圣的使命感和成就感,从而彻底改变浑浑噩噩、得过且过的工作态度。

一旦你把你的职业当成你的事业,就会发现,事业是你最好的"滋补品"、最好的"化妆品"和最亲密的"知心爱人"。

3 空杯心态:永远从现在开始

当你进入一家新公司时,难免会遇到这样或那样的麻烦。这时,你一定要摆正自己的心态。小不忍则乱大谋,难得糊涂,退一步海阔天空,这是老祖宗留给我们后人的至理名言。在今天的职场上同样"放之四海而皆准"。在职场中,经常会碰到看起来很吃亏的事,比如工作的调动、环境的变迁等;或者很受委屈的事,比如本该自己升职、加薪的,却花落别人家等;或者无辜受到老板、上司的批评,当了别人的替罪羊;或者受到同事的误解,乃至算计。凡此种种,怎么办呢?最好的办法就是坚守空杯心态,一切归零,以忍耐、理解、宽容、豁达的心境来面对一切。

白领江姗就曾遭遇过来自朋友的暗算,但她从中却感悟出另一种风景。

她曾经对一份工作萌生疑惑,隐隐觉得自己的潜力绝不仅此而已,但在一般人看来那又是一份相对光鲜的工作。何去何从?她将自己的想法跟一位平日里总是对她笑脸相迎、体贴入微的女友作了交流,顺便探听一下她们单位的情况。过了一天,就有人打电话给江姗的老总,说你们这儿的江姗想要跳槽去某处(就是那位女士供职的地方),请小心云云。听到这个消息,惊怒交加之下,江姗仔细想了想,这个想法的确只告诉了那位女朋友。

事情挑明了,江姗反而有些释然,向老总坦承了她的感受。她终于选择了另一份无疑更适合她发展的工作——当然,不是去那位女士的单位影响她的发展——那位女士实在是过虑了。

现在想来,江姗真的要好好感谢那位女士。如果不是她从中作梗,对于当时还没有清晰自身发展脉络的江姗来说,还不知

要在那份“鸡肋”工作中耽搁多少宝贵时间呢。

因此，如果今天你是一棵足够挺拔的树，那么不要仅仅感谢阳光，还要记得感谢那些赐你以寒彻痛楚的风霜雪雨。灿烂阳光无疑是美丽的，但仅有阳光，树木就会枯萎。只有风雨和阳光轮回交替，树木才会日渐茁壮——太过顺利的人生，无疑是缺少这多种经历的洗礼。

豁达其实是一种心态，一种不苛求、不极端、不任性的健康心理。如果你以一种豁达大度的眼光去看世界，就会觉得绿水青山，碧云蓝天，无一不是令人赏心悦目的彩图。如果你以一种豁达大度的心态去对待生活，就会觉得生活是一首诗，是一首歌，无比轻快、欢畅、美好。

因此，当你遭遇到不公平待遇时，要相信这只是公司管理层的暂时失误，甚至是公司对员工的一种考验；当公司的某些制度和员工利益发生冲突时，一定要正确理解这一切，充分相信公司的“智能”和“眼光”；甚至在公司面临暂时的经济困难时，也要尽力想办法帮助公司渡过难关。

当老板说错了话，不管在什么场合，如果这些错话并不影响你的利益以及你所负责的工作，你不必据理力争，可以采取装聋作哑的方法，即装作没听见或没听明白。这是一种揣着明白装糊涂的办法，它可让你避免一些是非，也避免让老板陷入尴尬和困窘。不要为争口气大闹一场，因为吵闹不能解决问题，反倒有可能断送了奖金，乃至丢掉工作。

当上司或同事与你发生冲突时，你应当冷静地站在对方的角度想一想。你不能忍受经理在众人面前为个小过错对你大加指责，但如果你是经理，你会非常大度地容忍下属的当众顶撞吗？如果不是采取息事宁人、宽容大度的方式来化解矛盾、冲突，而是针锋相对，其结果可能就是两败俱伤。

不论在什么情况下，与自己的竞争对手发生正面冲突，永远是最愚蠢的做法。不仅会招致同事的低看，更会给上司带来对你的负面评价。

以针尖对麦芒之势对待竞争对手，也许会出一时之气，但你们的争执在同事眼里常常会变成一场闹剧或背后议论的话题。而这时你们的形象都不会被描述得很完美。别以为与竞争对手的争辩是在显示你的伶牙俐齿。尤其是为了个人利益而大动肝火时，会让人觉得你原来竟是如此重视自己的得失。你如果和某个同事吵过架，谁也不会怀疑什么；可如果你和所有的同事都吵过架,那就不能不说你有问题了。

同时,发生正面冲突会使自己失去冷静和理智,从而暴露自己的缺点和弱点。事实证明,许多人都常常后悔自己盛怒之下的所作所为。

因此,随时保持空杯心态,平心静气地面对一切的问题,很有必要。记住:放开手,你可以拥有更多。

4　做个多情人:感恩你的工作

假如你对待工作心怀感恩,那么你的生活就是天堂;假如你非常讨厌你的工作,那么你的生活就是地狱。因为你的生活当中,有大部分的时间是和工作联系在一起的。对工作的态度决定了工作的好坏,也决定了生活的质量。

工作为你提供了生活的保障,工作为你提供了施展才华的平台,工作为你展示了广阔的发展空间。你对工作为你所带来的一切,都要心怀感恩,并通过努力工作以回报社会来表达自己的感恩之情。失去对工作的感恩之情,人们会马上陷入一种糟糕的境地,对许多客观存在的现象日益挑剔和不满。如果你的头脑被那些令你不满的现象所占据,你就失去了平和宁静的心态,并开始习惯于注意并指责那些琐碎、消极、猥琐、肮脏甚至卑鄙的事情。

对工作心怀感恩,你才能努力工作。每天带着一颗感恩的心去工作,相信工作时的心情自然是愉快而积极的。知道自己工作的意义和责任,并永远保持一种主动的工作态度,为自己的行为负责,是那些成就大业之人和凡事得过且过之人的最根本区别。明白了这个道理,并以这样的眼光来重新审视我们的工作,工作就不再成为一种负担,即使是最平凡的工作也会变得意义非凡。

对工作心怀感恩之情,可以改变一个人的一生。当我们清楚地意识到无任何权利要求别人时,就会对周围的点滴关怀或任何工作机遇都怀有强烈的感恩之情。因为要竭力回报这个美好的世界,我们会竭力做好手中的工作,努力与周围的人和睦相处。结果,我们不仅工作得更加愉快,所得到的帮助也更多,工作也更出色。

乞丐遇到了上帝,他请求上帝满足他三个愿望,上帝答应了。

乞丐的第一个愿望是要变成一个有钱人,上帝立刻满足了他。

成了有钱人后,乞丐又希望自己能年轻40岁,上帝挥一挥手,老乞丐就变成了20来岁的小伙子。

乞丐兴奋极了,接着又向上帝提出了他的第三个愿望:一辈子不需要工作。

上帝也答应了他,乞丐立刻又变回了路旁那个又老又脏的老乞丐。乞丐不解地问:“这是为什么?我为何又变得一无所有了?”

上帝说:“工作是我所能给你的最大祝福了。想一想,如果你什么都不做,整天无所事事,那是多么可怕的一件事啊!只有投入工作,才有生命的活力。现在你把我给你的最大的恩赐扔掉了,当然就一无所有了!”

如果一个健康的人长期因为没有工作而食无定餐、居无定所,惶惶不可终日,那么他在得到一份稳定工作后一定会善待这份工作。失业的日子是痛苦的,当失业的人听到别人下班后连连抱怨:“太累了!”他们一定会说:“身在福中不知福!”人们往往好了伤疤忘了疼。那些抱怨工作很累的人也曾失业,也曾向往得到一份工作,哪怕只给吃、喝、住;但一旦千辛万苦找到一份工作,时日不长,又嫌吃的不佳、睡的不适、工资太少了,并且大有抬脚开溜之意。其实,工作着才是幸福的。要想生活得快乐,最重要的是要拥有一颗知足心。

对工作心怀感恩并不仅仅有利于公司和老板。感恩能带来更多值得感激的事情,这是宇宙中的一条永恒的法则。请相信,努力工作一定会带来更多更好的工作机会和成功机会。除此之外,对于个人来说,感恩是富裕的人生。它是一种深刻的感受,能够增强个人的魅力,开启神奇的力量之门,发掘出无穷的智能。感恩也像其他受人欢迎的特质一样,是一种习惯和态度。

每一份工作或每一个工作环境都无法尽善尽美，但每一份工作中都有许多宝贵的经验和资源，如失败的沮丧、自我成长的喜悦、温馨的工作伙伴、值得感恩的客户等，这些都是工作成功必须学习的感受和必须具备的财富。如果你能每天怀着感恩的心情去工作，在工作中始终牢记“拥有一份工作，就要懂得感恩”的道理，你一定会收获很多。

5　专注：一心做好一件事

一心一意地专注自己的工作，是每个热爱工作员工获取成功不可或缺的品质。当你能一心一意去做每一件事时，成功就会向你招手。

人生一世，只有将光与热聚焦到一个点上，才能产生最大的力量。朝三暮四，其结果是分散生命的能量，致使人生风景趋于暗淡。每一件事都值得我们专心去做。不要小看自己所做的每一件事，即便是最普通的事，也应该全力以赴、尽职尽责地去完成。一步一个脚印地向上攀登，便不会轻易跌落。

罗浮宫收藏着莫奈的一幅画，描绘的是女修道院厨房里的情景。画面上正在工作的不是普通的人，而是天使。一个正在架水壶烧水，另一个正优雅地提起水桶，还有一个穿着厨衣，伸手去拿盘子——即使日常生活中最平凡的事，也值得天使全神贯注地去做。

行为本身并不能说明自身的性质，而是取决于我们行动时的精神状态。工作是否单调乏味，往往取决于我们的心境。

人生目标贯穿于整个生命，你在工作中所持的态度，使你与周围的人区别开来。日出日落，朝朝暮暮，它们或者使你的思想更开阔，或者使其更狭隘；或者使你的工作变得高尚，或者使其变得低俗。

如果只从他人的眼光来看待我们的工作，或者仅用世俗的标准来衡量我们的工作，工作或许是毫无生气、单调乏味的，仿佛没有任何意义。这就好比我们从外面观察一个大教堂的窗户，大教堂的窗户上布满了灰尘，非常灰暗，光华已逝，只剩下单调和破败的感觉。但是，一旦我们跨过门槛，走进教堂，立刻可以看见绚烂的色彩、清晰的线条，阳光穿过窗户在奔腾跳跃,形成了一幅幅美丽的图画。

我们必须从内部去观察才能看到事物真正的本质。有些工作只从表象看也许索然无味,只有深入其中,才可能认识到其意义所在。每个人都必须从工作本身去理解工作,将它看做是人生的权利和荣耀。只有这样,你才能乐于参与并富有成效。

> 在非洲的马拉河,河谷两岸青草嫩肥,草丛中一群羚羊正在那儿美美地吃草。一只狼隐藏在远处,悄悄地接近羊群。突然,羚羊有所察觉而四散逃跑。狼像箭一般地冲向羚羊群,它的眼睛盯着一头未成年的羚羊,一直向它追去。在追与逃的过程中,狼超过了一头又一头站在旁边观望的羚羊,但它没有掉头改追更近的猎物,而是一个劲地直朝那头未成年的羚羊疯狂地追。终于,狼的前爪搭上了羚羊的屁股,羚羊绊倒了;狼牙直朝羚羊的脖颈咬了下去,它捕获了今大的食物。

一切肉食动物都知道在出击之前要隐藏自已,而在选择追击目标时,总是选那些未成年的,或老弱的,或落了单的猎物。在追击过程中,狼为什么不改追其他更近的羚羊呢?因为在追击的过程中它已很累了,而其他的羚羊一旦起跑,也有百米冲刺的爆发力,一瞬间就会把已经跑了百米的狼甩在后边,拉开距离。如果丢下那头跑累了的羚羊,改追一头不累的羚羊,到头来肯定是一头也追不着。

动物世界的这种普遍现象,也许是一种代代相传的本能,但它能给人类以启发,在职场中,也要借鉴这种智慧。

狼与生俱来的专注能力告诉我们:不管你从事什么工作,都不能朝三暮四,三心二意的人到头来可能会一无所获。

专注力是狼身上的一大特质,也是一个热爱工作的员工纵横职场的良好品格。一个人如果不能专注于自己的工作,是很难高效复命的。没有哪个老板会喜欢做事三心二意、三天打鱼两天晒网的员工。从这种意义上讲,工作专心致志的人,就是能把握成功机遇的人。只有一心一意做事的人,才能受到老板的器重与提拔。

专注于自己的目标,用尽全力去奋斗,我们就会品尝到生命甘甜的果实。

一个热爱工作的员工一定能够把他自己完全沉浸在他的工作里,此外没有别的秘诀。因为专注,我们会对自己的目标产生虔敬之意;因为专注,内心中会泉涌般滋长出创造的快感与灵魂的愉悦;因为专注,我们会更容易逼近成功的目标。

6 困兽犹斗:失败面前不认输

许多优秀的公司都允许员工失败,他们都认为"失败是正常现象",甚至认为应该奖励"合理错误"。

世界著名的高科技园区硅谷流行一句名言:边干边学,边败边学。以宽容的态度对待自己的失败,是硅谷成功的关键所在。

实际上,没有失败过的人和公司很容易自我陶醉,体制僵化,不乐意接受改变。许多创新和进步都是从错误中得来的。失败乃成功之母,没有失败就没有最终的成功。从这个意义上说,没有失败的员工也就没有成功的团队。

小提琴家帕格尼尼是一位苦难者。4 岁时,一场麻疹和强制性昏厥症,差点使他夭折。7 岁时,他患上严重肺炎,不得不大量放血治疗。46 岁时,他的牙床突然长满脓疮,只好拔掉几乎所有的牙齿。牙病刚愈,又染上可怕的眼疾,幼小的儿子成了他的"拐杖"。在他 50 岁后,肠道炎、关节炎、喉结核等多种疾病吞噬着他的肌体,后来声带也坏了,靠儿子按口型翻译他的思想。

帕格尼尼是天才,他 3 岁学琴,12 岁就举办首次音乐会,并一举成功,轰动舆论界。在他之后的游历经历中,他的琴声传遍英、法、德、意、奥、捷等国。他的演奏使当时首席提琴家罗拉惊异得从病榻上跳了下来,木然而立,并且收他为徒。他的琴声使卢卡观众欣喜若狂,宣布他为共和国首席小提琴家。他在意大利的巡回演出产生神奇效果,人们到处传说他的琴弦是用情妇的肠子制作的,魔鬼又暗授妖术,因此他的琴声才魔力无穷。维也纳一位盲人听他的琴声,以为是乐队演奏,当得知台上只他一人时,大叫“他是个魔鬼”,随之匆忙逃走。巴黎人为他的琴声陶醉,早忘记正在流行的严重霍乱,演奏会场场爆满。

帕格尼尼不但用独特的指法和充满魔力的旋律征服了整个欧洲乃至全世界,而且发展了指挥艺术,创作出《无穷动》、《随想曲》、《女妖舞》和六部小提琴协奏曲及许多吉他演奏曲。欧洲几乎所有文学艺术大师如巴尔扎克、肖邦、大仲马、司汤达等都听过他演奏并为之激动。李斯特大喊:“天啊,在这四根琴弦中包含着多少苦难、痛苦和受到残害的生灵啊!”歌德评价其为“在琴弦上展现了火一样的灵魂”。音乐评论家勃拉兹称他是“操琴弓的魔术师”。

是苦难成就了天才,还是天才特别热爱苦难?这个问题一时难以说清。但是,弥尔顿、贝多芬和帕格尼尼被称为世界音乐史上三大怪杰,居然一个是瞎子、一个是聋子、而另一个则是哑巴。可见,铸就越挫越勇的坚强意志,苦难是最好的大学。只有不被其击倒的强者,然后才能成就自己。

纵观历史,多少出类拔萃之人用不幸做垫脚石,走出了失败的深渊。当他们面对失败时,从不惊慌失措,也没有彷徨不安,而是冷静地分析失败的根源,找出导致失败的因素,然后及时地改进和调整,一步步地扭转局面,反败为胜。所以,失败只是他们人生中的一个转折点而已。

同样,在工作中,关键还是看你能否经得起困难的磨炼。假如你将每次的困难都看成是不可逾越的高山,那么前一次的困难,就为下一次的困难埋下了种子。假如你把困难当作锻炼自己的机会,那么每一次的困难,就为将来的成功奠定了基石。

不能否认,工作中确实存在这么一些人:他们永远不敢正视困难,对自己也没有任何信心,认为自己做这个不行,做那个也不行,是个彻头彻尾没用的家伙。他们根本无法振作精神,更谈不上与困难面对面地交战。脆弱的心理导致他们经不起一点点的挫折打击。即使问题出现转机,有了好机会,他们也会因沉浸于消极沮丧之中而难以察觉;而错过这个好机会,工作很可能就落实不了。可以想象,在公司中最先被解雇的可能就是他们这样的人。

检验一个员工的工作能力最好是在他处于困境时,看一看他是否经得起困难的磨炼,困难能否唤起他更多的勇气,能否使他发挥出更大的潜力。一个把困难当作垫脚石的员工,将会从困难中体会到快乐和幸福;而一个把困难当作绊脚石的人,只会从困难中体会到悲哀和失败。

困难是一个人提高工作能力和丰富工作经验的最好机会。从困难中,你可以学到通常情况下难以接触到的东西,让自己逐渐变得成熟而勇敢,对工作的处理更加得心应手。假如学会了在困境中奋斗,顺境中的事情对你来说都将算不了什么,因为需要的技能和意志在困难中已经得到了磨炼和提高。

总之,要成为一个热爱工作的员工,就必须向那些能够战胜自己命运的人学习,培养自己顽强的意志,拥有坚忍不拔的性格。只有这样,才能受到老板的赏识,赢得事业的成功。

7　没有压力,只有动力

现代社会是一个“压力的社会”。随着竞争越来越激烈,人们的工作压力也在相应地加大。如果不及时排解或调适,就会进一步影响身心健康。人生而为劳动,犹如马生而为奔跑。如何找到行之有效的方法和渠道及时排解、调适,并以饱满的热情投身到工作中去,成了现代人亟待关注和解决的问题。因为,关爱自身,热爱工作,应该是职场人士永恒的追求。

最近,小王的心情坏透了:刚参加工作不久,一方面,业务水平比同事差了一大截,明显跟不上趟,工作很吃力;另一方面,还没有适应新的工作环境,和同事交流、沟通有障碍。为此,小王茶不思饭不想,为工作上的事情而烦恼。一段时间下来,她的脸蛋瘦了一圈,除此之外还多了一对“熊猫眼”。

在别人的眼里,老李家庭幸福,工作稳定,是个快乐的人。可老李这几天也在烦恼:在单位干了十多年,当初刚参加工作时

的激情和热情都已不在，可工作依然繁重，有时觉得快要承受不住了。老李想：干这份工作有什么意思，还不如能偷懒则偷懒，在单位里混混日子算了。

我们经常会听到周围亲朋好友发出诸如此类的抱怨：如今竞争太激烈，工作压力太大，有时甚至超出了人的承受范围；工作上努力过了，却没有回报；同事之间有竞争，和同事的关系老是搞不好，年年评不上先进；厌倦了原先的那份工作，想换个更好的单位和环境，可又没有那个能耐……

事实的确如此。现在的社会是一个“压力的社会”，人们的工作、生活、学习都非常紧张、繁忙，在充满竞争和压力的环境下，职场上的人很容易感到来自工作和生活上特别是来自工作中的重重压力。

工作压力大并不是个别现象。在部分行业，工作压力过重现象依然普遍存在。有的朋友说：“每天上班都在做文字工作，有时颈部和腰部酸痛难忍，我真想出去走走，活动一下手脚，可是工作实在很多，不得不忍了又忍，一直忍到下班。”有的朋友说：“过了读书年龄到中年，最怕考试，特别是参加与工作有关系的各类考试。每逢大考小考，怕得要命，晚上睡觉的时候，一闭上眼睛，都是一道道题目。就连做梦的时候，都梦到考试，当梦到面对试卷一道题目都答不出来的时候，突然惊醒，被吓出一身冷汗。工作要做，考试还要考，家里事多，我能顾得上哪一头……”

人不可能没有压力。压力在生活、工作中处处存在，人们几乎每天生活在压力之中；但压力太大，超出了人们所能承受的能力范围时，如果不及时排解和调适，就很容易会发生身心疾病。这几年，“亚健康”这一词语对人们来说已不再陌生。从医学上讲，亚健康指的是处于健康和不健康之间的灰色中间地带，这时，人的身体和情感的活力都降低了，包括身体上心率不齐、肌肉紧张、食欲下降，精神上心神不宁、失眠、疲劳等。用此标准观照身边的芸芸职场人，很多人都遭遇到上述的一种或几种状况。

俗话说：病由心生。当由工作和生活引发的压力超出个人所能承受的能力范围和心理承受能力时，就会出现如挫折、逆反、嫉妒等常见心理状态，严重的还会产生变态心理，如自卑、猜疑、冷漠、自私、病态的怀旧心理等。

有时候，压力的杀伤力比我们周围环境中的任何事物都还要大。对于职场人来说,工作压力是人要承受的所有压力中的主要部分。工作压力有时候是看不见摸不着的,但是太大的工作压力能引起内分泌变化,免疫系统降低,进而影响人们的健康。有的人容易感冒,容易感到疲劳,经常出现耳鸣等现象,还以为是自己受了风寒或者太累了的缘故;有的人经常无缘无故发脾气,旁人把他的行为理解成他的心情不好,过段时间就会没事的。殊不知,出现上述第一种情况也许就是由工作压力间接或直接引起的,第二种情况可能是他的工作压力过重,通过发脾气的渠道加以宣泄。这两种情况都是身体向人发出的警告。

一名研究压力与人类心、身影响的加拿大医学教授塞勒博士曾说过:压力是人生的香料。他提醒我们,不要认为压力只有不良影响,人们应该转换认识和情绪,多去开发压力的有利方面。

是的,在人的一生中,压力自始至终存在着。人一出生,压力便开始附着在人的周围;长大后,压力越来越大,其中更多的是来自工作和生活上的压力——既然人无法摆脱压力,如同生活在地球上的人无法摆脱地球引力一样,人们就要学着正视它。

职场人应该要认识到,工作是必需的。毋恃敌之不来,恃吾有以待之。因此,当普通老百姓把工作当作谋生手段、实现个人自我价值的时候,更要重视精神生活,崇尚心、身健康,学会化解过重的工作压力,化工作压力为工作动力,灭压力于无形。在竞争日益激烈的职场人生,只有动力,没有压力。

8 自动自发:为事业奔跑

每天清晨,当太阳刚刚升起,露珠还未完全消失,大草原上的动物已经开始了一天的奔跑。最先跑起来的是羚羊。它们成群结队地跑过平缓的山冈,找到水源,在短暂的休息之后又开始新的奔跑。就在离它们不远的地方,也许就在附近的草丛里,狼群也在奔跑。它们的奔跑是为了羚羊。当狼群开始奔跑的时候,狮子也开始了奔跑。它们必须赶在狼群之前抓住几只羚羊,否则，今天可能又是一个忍饥挨饿的日子。

这是每天发生在大草原上的一幕，每天都在上演着的奔跑比赛。

没有任何外在的力量在导演这一切，它们奔跑完全是来自内心的驱使——要么生存，要么死亡。只有“让自己跑起来”才能生存，也只有跑起来的动物才能获得比同类更好的生存环境，不管是主动攻击的动物还是被攻击的动物。

“为自己的生存跑起来”是动物世界永恒的法则，人类也正是通过这一法则使自己变成了人。但是当人类逐渐进化、逐渐变得聪慧时，他们再也不“为自己的事业而奔跑”了。他们当中的一些人开始习惯了享受现代文明的成果，漠视自己内在的动机和需求，只要求索取和坐享其成。这些人在内心深处已经失去了奔跑的动力，他们为自己寻找各种理由和借口，他们认为优秀是别人的事。

微软曾有一位跳槽来的业务员，他一度认为自己非常优秀。有一个月他拜访了10位顾客，最终成交了5位。这在别的公司，已经算是高效率了。于是业务员找到比尔·盖茨说：“老板，我拜访10位顾客成交了5位，你是不是应该给我奖励一辆车或是增加一点奖金呢？”

比尔·盖茨耸了一下肩膀说：“10位顾客成交了5位，另外5位被竞争对手给抢跑了。你居然还敢跟我来要奖金！”听完老板的话，业务员马上去找那5位顾客，说服他们也成为了微软的客户。

业务员又去找比尔·盖茨说：“报告老板，拜访10位顾客成交10位，这下您该给我些奖赏了吧！”

比尔·盖茨还是不满意：“你还是在浪费时间，你的业绩对于公司的整体发展没有任何帮助。我问你，第11位顾客在哪里？”

业务员一听傻眼了，在其他公司他都是顶尖的，可到了微软公司，竟然被臭骂两次。下一个月他更加努力，一共拜访了11位顾客，又全都成交了。于是他又找到比尔·盖茨说：“老板，你看，我拜访了11位成交了11位，成功率100%。”

比尔·盖茨却说:“你已经被开除了,因为其他业务员都拜访并且成交了12位以上,你是公司的最后一名。”微软公司之所以雄冠全球,靠的是公司全体员工的努力。比尔·盖茨曾经多次告诫自己的员工:“工作需要付出100%的热忱、100%的努力。能完成100%,就不完成99%。虽然仅有1%的差距,但正是这1%,不但会反映出你对工作的态度、作风,而且也会彻底改变你的人生。”比尔·盖茨要求不论哪级工作人员,都必须要在其位,谋其事,努力工作,不断进取。

不仅是比尔·盖茨,所有大公司的管理者都不愿意看到员工在工作中悠然自得,更容不得员工在他的面前显露出一副得意洋洋、满足现状的样子。作为一个员工,不管他曾经取得多么辉煌的业绩,一旦丧失进取心,不再努力工作,那他只有走人。

想在工作中表现得更出色,办法只有一个,那就是全力以赴地投入工作。但遗憾的是,很多员工的想法恰恰与此相反,他们认为公司是老板的,自己只是给老板打工,没必要累死累活地替别人工作。

有些人不把工作当一回事,不但表现不积极,连犯错也不在乎。他们心里总是想“反正混一口饭吃”,总是采取一种应变的态度:此处不留人,自有留人处。这种人很让人看不惯,可是他每天准时上下班,对人又客气得要命,让你抓不到他的小辫子。这种人自己好像过得很舒服,其实周围的人早在心里轻视他了。

在工作中,我们必须一直保持一种最佳状态,自动自发。只有这样,才能不断提高我们的工作业绩,不断品尝成功的喜悦。

何小姐是一名餐馆服务员。在常人看来,这是一个不需要什么技能的职业,只要招待好客人就可以了。许多人已经从事这个职业多年了,但很少有人会认真投入到这个工作中去,因为这看起来实在没有什么需要投入和可学习的。

但何小姐一开始就表现出了极大的耐心,并且将自己全部的激情和对工作的热忱都投入了进去。一段时间以后,她不但能熟悉常来的客人,而且掌握了他们的口味。只要客人光顾,她总是千方百计地使他们高兴而来,满意而去。因此,她不但赢得顾客的交口称赞，也为饭店增加了收益——她总是能够使顾客多点一两道菜，并且在别的服务员只照顾一桌客人的时候，她却能够独自招待几桌客人。

她这样勤勤勉勉地工作半年以后，餐馆的老板发现了她的才能，便准备提拔她做店内的主管，但她却婉言谢绝了。原来，一位投资餐饮的顾客看中了她的才干，准备投资与她合作，资金完全由对方出，她负责管理和员工培训，并且她将获得新店25%的股份。后来，何小姐成为了一家大型餐饮公司的老板。

其实，工作是一个包含了诸多智慧、激情、信仰、想象和创造力的词汇。卓有成效和积极主动的人，总是会在工作中付出双倍甚至更多的智慧、激情、信仰、想象和创造力；而失败者和消极被动的人，却将这些深深地埋藏起来，他们有的只是逃避、指责和抱怨。

自动自发地去努力工作，这是对工作的一种发自肺腑的爱，一种对工作的真爱。工作需要热情和行动，工作需要努力和勤奋，工作需要一种积极主动、自动自发的精神。只有以这样的态度对待工作，我们才可能获得工作所给予的更多的奖赏。

第二章　工作能力:塑造解决问题的职业素养

在当今职场,员工手中的竞争武器就是工作能力,它是所有企业与员工获得成功的唯一法宝。提升员工的工作能力使企业无往而不胜,而员工的工作能力是企业生命的源泉。工作能力能够使公司形成自家独特的竞争优势。那些长期以来的绩优公司以及最新崭露头角的企业,无一不具有一批工作能力出类拔萃的员工。

1 你代表公司：塑造热爱工作的职业形象

任何一家公司都有一个属于自己的独特形象，或卓越优异，或平凡普通；或真善美，或假恶丑；或美名远扬，或默默无闻……良好的公司形象可以使公司在市场竞争中处于有利地位，受益无穷；而平庸乃至恶劣的公司形象无疑会使公司在生产经营中举步维艰，贻害无穷。公司形象不仅靠公司各项硬件设施建设和软件条件开发，更要靠每一位员工从自身做起，塑造良好的自身形象。因为，员工的一言一行直接影响公司的外在形象，员工的综合素质就是公司形象的一种表现形式。

小花刚毕业就到一家著名饭店当接待员，参加工作不久，她就遇到了麻烦。

那天，一位来自美国的客人焦急地向值班经理反映：来中国前，他就预订了纽约—东京—香港—北京—哈尔滨—深圳—新加坡的联票。可由于疏忽，一张去哈尔滨的机票没有及时确认，预订的航班被香港航空公司取消了。他急了，他到哈尔滨是去签订合同的，如不能及时赶到，将造成很大的损失。

酒店老总当即安排小花和另外一位老接待员解决这一问题。她们一起到民航售票处，向民航的售票员介绍了有关情况，希望她能够帮忙解决这一问题。

但售票员的回答是："是香港航空公司取消的航班，和我们没有关系。"

还有其他什么办法吗？要不重新买一张票吧？但一问，票已经全部卖完了。

于是她们再一次向售票员重申：这是一位很重要的外国客人，如不能及时赶到会造成很大的损失。但售票员的回答仍然是："对不起，我也无能为力。"

小花问："难道就再没有别的办法吗？"

售票员说："如果是重要客人你们可以去贵宾室试试。"

她们立即赶到了贵宾室,但在门口就被拦住了,工作人员要求她们出示贵宾证。这一下她们又傻眼了。此时此刻,到哪里去办贵宾证啊?

小花不甘心,又向工作人员重申了一遍情况,但工作人员还是不同意让她们进去。她突然动了一个念头,于是问了一句:“假如要买机动票,应该找谁?”

回答是:“只有总经理。不过我劝你们还是别去找了,现在机票紧张得很呢!”

碰了这么多次壁,同去的接待员已经灰心丧气了。她想:要找总经理,那恐怕更是没有希望。于是,她拉着小花的手说:“算了吧,肯定没希望了,还是回去吧,反正我们已经尽力了。”

那一瞬间,小花也有点动摇了,但很快她又否定了自己的想法,还是毫不犹豫地向总经理办公室走去。见到总经理后,她将事情的来龙去脉又讲述了一遍。总经理听完之后,看着她满是汗水的脸,微微一笑,问:“你从事这项工作多长时间了?”

得知她刚刚参加工作,总经理被她认真负责的态度感动了,说:“我们只有一张机动票了,本来是准备留下来给其他重要客人的。但是,你的敬业精神和对客人负责的态度让我非常感动。这样吧,票就给你了。”

当小花把机票送到望眼欲穿的客人手上时,客人喜出望外,连声称赞她。后来客人还特意给酒店的总经理写了一封表扬小花的信。总经理知道这件事后,当着所有员工的面表扬了小花。不久,小花就被破格提拔为主管。

小花以其周到的服务,执著的信念,完成了在我们看来几乎不可能完成的任务。她这种坚定执著和热心来自何处?来自于她对工作的热爱,也来自于她自身的职业素养,更来自于她不仅仅是“她”,她更代表了整个公司。

因此,员工的一举一动,无不在外人的眼中影响着公司的形象,员工的形象也就是公司的形象。特别是在客户的眼里,员工给客户自信的感觉犹如公司给客户公司实力的感觉。员工的谈吐影响着公司的信誉。如果员工在与客户沟通的时候满口脏话，客户对这个员工所讲的话就要产生一半的怀疑，同时客户可能对公司也有看法。这个时候，员工的言辞更是重要。如果客户说“你们公司管理很差”，而员工也跟着说“是啊，我也觉得难受”。然后客户就说“那就完蛋了”。相反，员工如果说：“其实不是这样的，我想你是不太了解我们公司，只要你了解了，就一定会欣赏我们公司的。”两个不同的回答，纵使客户对公司的印象是真实的，前一个回答会使公司形象更糟，而后一个回答则能挽回一定的形象！可能客户以前的确对这个公司有误解。但是通过这个员工再次维护公司的形象，则能抹去过去给客户留下的不良印象。

陈先生十多年前在英国一家中等规模的公司工作。公司的产品不错，但知名度却不怎么高。他从推销员干起，一直做到主管。一次他坐飞机出差，不料却遇到了意想不到的劫机。度过了惊心动魄的十个小时之后，在各界的努力下，问题终于解决了，他可以回家了。就在要走出机舱的一瞬间，他突然想到在电影中经常看到的情景，当被劫机的人从机舱走出来时，总会有不少记者前来采访。

为什么自己不利用这个机会宣传一下自己的公司形象呢？于是，他立即做了一个在那种情况下谁都没想到的举动：从箱子里找出一张大纸，在上面写了一行大字：“我是××公司的，我和公司的××牌保健品安然无恙，非常感谢营救我们的人！”

他举着这样的牌子一出机舱，立即就被电视台的镜头捕捉住了。他立刻成了这次劫机事件的明星，很多家新闻媒体都对他进行了采访报道。

等他回到公司时，董事长和总经理带着所有的中层主管，站在门口夹道欢迎他。原来，他在机场别出心裁的举动，使得公司和产品的名字几乎在一瞬间家喻户晓了。公司的电话都快被打爆了，客户的订单更是一个接一个。董事长动情地说：“没想到你在那样的情况下，首先想到的竟然是公司和产品。毫无疑问，你是最优秀的推销主管！”

这是一个很有说服力的例子。员工形象决定公司形象。时刻想着公司的利益,自己的利益也能得到最大的满足。

一个员工如果没有维护公司形象的意识,他肯定是一名不合格的员工。作为公司的一名员工,不管走到哪里,始终都要记得自己是什么公司的员工,记得维护公司的形象,这是作为公司员工的基本职业道德。如果四处诽谤公司,挖空心思讽刺公司的管理人员,不仅显得该员工素质低下,更证明了该员工眼光太差。如此不值一提的公司,你怎么选择了这种公司作为就业对象?由此可知,只有公司发展了,员工的工资待遇才能更上一层楼;只有公司的社会声誉提高了,员工才会有一种荣誉感。身为公司员工,要时时关心公司发展,处处维护公司形象。

2 精益求精:追求专业拔尖的技能

工欲善其事,必先利其器。专业技能过硬是所有员工的立足之本。

随着经济的迅速发展和科学技术的进步,各行各业的分工越来越细化。据统计,中国已经有了 1800 多种职业,并且还有逐年增加的趋势。分工越来越细,专业化程度越来越高,使得每一个企业对那些拥有专业技能、掌握精湛技术的人才求贤若渴。企业对员工在专业方面的要求更加精湛,旧的专业技能不断被淘汰,取而代之的是新的专业技能。除了具有渊博的专业知识、娴熟的岗位技能、丰富的工作经验外,具备高、新专业水准将是竞争者必须具备的能力。专业资格认证、阅历、知识水平、观念等因素都对一个人的职位和薪水有影响,谁掌握了新的专业技能,谁就掌握了竞争的金钥匙,用来开启高薪、高职的大门。

富士通公司招聘的人员统一的要求是专业性,但专业性与专业背景是不同的两个概念。专业性是指对自己即将从事的工作,应聘者要有扎实的专业基础,而专业背景指的是应聘者是否在大学里曾经学过这一专业。相对而言,公司更在乎应聘者是否具有专业性,而不是他的专业背景。对于设计开发人员和非设计开发人员,公司均同样强调应聘者精于此道,有发展的雄厚基础和广阔前景。

分工的发展,要求每个在职人员工作必须要有精业精神,必须在某个领域具备一技之长，正如管理学大师汤姆·彼得斯所说：一切价值都是由专业服务创造的。当今企业里缺少的并不是那种空而全的管理型人才，而是那些在某个领域有特别高的专业技能的人才。

有位思想家说过：如果你能真正制好一枚别针，应该比你制造出粗陋的蒸汽机赚到的钱更多。的确，职场之中，作为员工有一技之长本身就说明个人素质及职业素质上超过一般人，如果能够创造一个适当的环境，就可以成为公司的骨干，甚至成为老板的得力助手。就价值而言，具有专业技能的员工含金量高，是公司蓬勃发展的依托。

美国福特公司的一台机器某一次发生故障，各方人士检查了3个月，竟然都束手无策，最后无奈请来了德国著名的工程师斯坦门茨。他经过研究和计算，用粉笔在电机上画了一条线，说："打开电机，把画线处线圈减去16圈。"有关人员照此做了，机器一切恢复正常。福特公司问要多少酬金，他说要1000美元。人们惊呆了，画一条线竟然这么高的价！他坦然地说："画一条线值1美元，知道在哪个地方画线值999美元。"

这就是专业技能带来的可观价值。作为一名员工，要想在人才济济的职场之中脱颖而出，就必须在自己的专业技能上有过硬的本领，这样才能引起老板的注意，并受到同事的钦佩，从而奠定自己业务骨干的地位，为今后的发展打下坚实的基础。

无论你从事什么职业，都应该下决心掌握自己职业领域的所有问题，比别人更精通。如果你是工作方面的行家里手，精通自己的全部业务，就能赢得良好的声誉，也就拥有了成功的秘密武器。

有一则关于成功的寓言故事，一直在多家公司的员工之间广泛流传：

森林里的动物开办了一所学校。开学典礼的第一天，来了许多动物，有小鸡、小鸭、小鸟，还有小兔、小山羊、小松鼠。学校为它们开设了5门课程，即唱歌、跳舞、跑步、爬山和游泳。当老师宣布今天上跑步课时，小兔子兴奋地在体育场上跑了一个来回，并自豪地说："我能做好我天生就喜欢做的事！"而再看看其他小动物，有撅着嘴的，有搭着脸的。放学后，小兔回到家对妈妈说："这个学校真棒！我太喜欢了。"第二天一大早，小兔子蹦蹦跳跳来到学校。老师宣布今天上游泳课,小鸭子兴奋地一下子跳进了水里。天生害怕水、种群中从来没有会游泳的小兔子傻了眼,其他小动物更没了招。接下来,第三天是唱歌课,第四天是爬山课……以后发生的情况,便可以猜到了,学校里的每一天课程,小动物总有喜欢的和不喜欢的。

故事寓意深远,它说明了这样一个通俗的哲理:不能让猪去唱歌,也不说让兔子学游泳。要成功,小兔子就应跑步,小鸭子就该游泳。判断一个人是不是成功,主要是看他是否最大限度地发挥了自己的长处。

许多人都曾为一个问题困惑不解:明明自己比他人更有能力,但是为什么成就却远远落后于他人?不要疑惑,不要抱怨,而应该先问自己一些问题:自己是否真的走在前进的道路上?自己是否像画家仔细研究画布一样,仔细研究职业领域的各个问题?为了拓宽自己的知识面,或者为了给老板创造更多的价值,你认真阅读过专业方面的书籍吗?在自己的工作领域是否做到了尽职尽责?

在我们的日常工作中,很多员工不能适应本职工作,就是因为他所具备的知识和技能与工作要求不相符。对于这一点,解决办法就是:在本职工作中丰富自己的知识,提高工作技能。这要求每一名员工除了要有坚强的毅力外,还须掌握科学的方法和具有足够的自信心。

总之,熟练而又精湛地掌握自己的专业技能是员工的本分,也是企业最为看重的员工所应具备的能力之一。因此,员工要把“精业”作为自己工作的目标,不断激励自己提高自身素质,在工作中追求尽善尽美,从而在竞争激烈的职场之中让自己脱颖而出,成就更辉煌的事业。

3 适时充电:掌握新的工作技能

很多员工都知道公司的固定资产会折旧,但他们却不明白自己赖以生存、发展的知识和技能也会“折旧”。如果不继续学习,当自己的知识老化,跟不上公司发展时,就有可能被公司当“废品”一样处理掉。市场是无情的,公司要发展、壮大,要在激烈的竞争中获得生存,一般情况下,他们不会去留用一个落后于时代、跟不上公司发展的员工。因此，身在职场，不管现在自己的专业知识有多精深，都不能放弃学习。既要在工作中学习。也要争取参加公司的培训项目，这样才有可能避免被“淘汰”的厄运。

郑菲在单位做了多年的财会工作，并几次获得公司“优秀员工”称号，是部门主管的热门人选，可最后公司领导没有任命她，而是从外面招聘了一个善于计算机操作，说得一口流利英语的年轻人。其实并不是领导对郑菲有什么不满，领导早就想培养她，多年来几次提出送她去专业院校学习，可郑菲总以工作忙并有家庭拖累为由，婉拒了领导的美意。由于郑菲从来不给自己“充电”，她原有的知识已趋老化，难以应对新挑战，因此在公司的位置上至多也只能“原地踏步”了。

郑菲的教训对我们具有警示意义，因为随着科技的发展和时代的进步，不断出现的新知识新技能，需要我们不断“充电”、不断学习，这样才能使自己立于不败之地。

因此，不论你在什么样的公司，从事怎样的工作，不管你的专业知识如何，你都应该在工作之余，继续学习新知识。因为你所具备的知识与技能的多少，决定着你在公司服务的年限和薪水的高低。

不过，由于工作性质的不同，很多人已没有足够多的时间去专门、系统地学习某一门知识，但是我们可以从工作中汲取新知识，你可以向同事、主管、前辈请教。当你不断地用知识“武装”自己的大脑时，也等于给个人的职业生涯建了一道“防火墙”，让自己有了更安全的保障系统，因为没有任何一位领导会无故地把一位好学、上进的员工开除出局的。

另外，你还要努力争取公司培训的机会。像麦当劳、通用电气公司、微软、强生等公司都有自己的员工培训计划，而且培训的内容都与工作内容相关，因此，争取成为公司的培训对象非常重要。不过在此之前，你要从各种途径了解公司的一些培训计划，如时间长短、员工数量，还要了解公司对培训的对象有什么要求，如果觉得自己符合条件，就应该主动向领导提出申请，表达自己的学习愿望。

假如不通过自我学习、培训进行知识的更新，你的工作能力就有可能越来越差。当上司把目光转向那些不断掌握新知识、新技能的员工身上时,你的职业生涯有可能到此为止。

这绝不是危言耸听,因为未来的职场竞争,其重点已从知识与专业技能的竞争转移到学习能力的竞争上了。一个人如果善于学习,就会增加自己在领导心目中的分量,从而使自己的位置更稳固,更不可替代,并且有可能得到更多的升迁机会。

当然,不仅仅是员工应该学习,管理者自身也要不断学习。社会上很多成功的企业家,不管工作多忙,他们仍会抽出时间来学习,由于自身知识和能力在不断得到提升,因此他们才能在激烈的市场竞争中,仍能保持敏锐的洞察力,带领公司这艘“大船”闯过一道道险滩,并顺利达到安全的港湾。

由此可见,上至领导下至员工,都应该不断提升自己的专业技能。只有善于学习,主动学习,员工和公司的前途才会一片光明。

一个懂得上进、追求上进的人,就会清楚自己的不足,就会寻找一切机会去学习,以弥补自己的缺陷。

不管什么时候,都不要错误地认为自己的知识和技能应付工作绰绰有余。即使你真的有把握自己能跟上公司发展的步伐,但你的竞争对手在某一方面超过你时,你就有危机感了。因此,谦虚一些,主动地去学习,对自己有益无害。

如果你是一名建筑工人,你可以学习材料预算、图纸设计等方面的知识,这些都与你的工作相关,而且有可能将来用得上。

切忌今天学一天,明天又放下,两个月后再拿起书本,看了几页后再放下,如此不但学习效果不好,而且也会浪费时间。你不学习,不代表其他人不学习,当你“原地踏步”时,也意味着你不久就有可能“让贤”了。

4　能力要综合,素质须过硬

在现今激烈的竞争环境中,优秀的人才永远紧缺,综合能力与素质过硬的员工永远是备受企业青睐的人。

优秀人才,是指在聘用过程中员工体现出的综合素质和发展潜力,而不仅仅是以往的工作成绩。

随着人力资源考评系统的日益完善，许多企业正推崇一种开放性竞争。这种开放性竞争不限应聘者学历，不限应聘者专业，不限应聘者经历，而把关注点聚集在应聘者本身的能力与素质上。他们希望这种开放性竞争能够激发每个应聘者的潜能，充分展示自我才华，做自己想做的事。

能力与素质可作为判断个人潜力的标准，那什么是能力与素质呢？素质即企业为了实现自己的战略目标，获得成功，而对企业内员工所需具备的职业素养、能力和知识的综合要求，如智能水平、工作主动性、人际关系等。能力则是指员工为了实现工作目标、有效地利用自己掌握的知识而需要的能力，通过反复地训练和不断地经验累积，员工可以逐渐掌握必要的能力，熟悉某项业务流程的运作，从而以最快的速度投入到工作中去，并且能够带来新的想法和思路。

欧姆龙公司在招聘人才时，不会看学生的毕业学校，也不会问他的父母是谁，一切由他本人的能力与素质说话。在该公司设计的综合评判表上，所有学生的毕业学校是隐去的，这就避免了成见和偏见。这种不问大学名称的录用方式，吸引了更多应聘者前去应聘。

IBM是一家技术背景很强的跨国公司，但在招聘人才时，对应聘者的专业背景也并不严格要求。IBM招聘人才的第一关是笔试，主要测试学生的综合素质，而且笔试题中没有任何关于计算机知识的内容。IBM这样做有两方面原因：一是招聘的岗位覆盖面较广，不是所有的人员都从事纯技术工作，如果应聘技术岗位，在将来的面试中会有专门部门来进行考核；二是IBM更看重应聘者的潜能，看他是不是可造之才。笔试题目类似于GRE、GMAT考试，时间很短，有一些题目要求应聘者在一组数字和图形中排序、找规律等，由于时间紧迫，在压力之下，有的应聘者由于紧张，头脑变得混乱；而有的应聘者却有很好的心理素质，十分冷静。通过这样的笔试，便可以测试出应聘者的综合反应速度、判断能力以及心理素质等综合素质能力。

有着百年悠久历史的大型跨国石油公司荷兰皇家壳牌集团，在招聘员工时，也尤其看重应聘人员的本质性的综合能力。面试过程中，面试官根本不会问应聘者专业方面的知识，而是抛出一个工作中的业务案例。这个案例不一定有正确的答案，主要看应聘者将用什么样的思路去分析、解决这个问题，能不能从千丝万缕的联系中发掘出主要矛盾，从中看到潜在的机会和威胁，并利用这些机会同时规避潜在的威胁，看到业务可能的走向，并能举一反三，预期到更长远的发展。有时公司提出的问题会显得不着边际，应聘者完全要凭自己的想法去判断而不能依靠书本上的知识去分析去解决，这样面试官就会看到应聘人员潜藏的真正能力。可见，公司完全不是从应聘者所学的专业入手，而是从综合能力上去判断他是不是壳牌所需要的员工。

在许多优秀企业招聘的衡量要素中，能力素质始终是被关注的重点。这是因为，能力素质才是一名员工发展潜力的最突出表现。也因此，那些综合能力及素质过硬的员工，往往是最受企业欢迎的员工。

实际上，对于任何企业来讲，优秀的人才永远都需要，综合能力与素质过硬的员工永远是一块金子，走到哪里都会闪光。所以，每一名在职员工和即将步入职场的准员工，都要重视自身综合能力及素质的培养与提升，从而让自己成为企业最需要的人才，走到哪里都受人欢迎。

5　成为解决问题的高手

在变幻莫测的职场中，总会发生各种各样的突发事件，处理时如果采用常规的方式，则可能走不少的弯路；而如果采取灵活的方式，摆脱固有的条条框框的束缚，用另一种方法去解决，有时能取得更好的效果。

作为一名员工，肯定会在工作中碰到很多不顺利的事。当你在工作中遇到难题时，如果能打破常规，运用自己的大脑解决问题，采用灵活的方式去处理，肯定能赢得老板的青睐。

一次，一所大学图书馆的自来水设备出了故障，不久，水便溢得满地都是，致使许多珍贵的图书浸泡在积水中。设备修好后，如何挽救被水泡湿的书籍，成为员工讨论的话题。如果采取一般的干湿方式，就会毁掉这些珍品。于是，大家都在想办法。

其中有一个曾经从事过罐头生产的图书管理员想到一个好办法。他们以前在制造罐头时，为排除水果中多余的水分，采用的是低温存放和真空干燥的手段。如果把这些湿透的图书当成水果，能不能在同样的条件下，既蒸干湿书中的水分，又使图书完整无损呢？他把自己的想法告诉了馆长，没想到馆长竟然同意了他的设想，决定让他试一试。于是，这名管理员先将湿书放进冰箱中冷冻，然后放入真空干燥箱中。过了几天，奇迹出现了，湿漉漉的书籍散尽了水分，这批珍贵的图书终于完整地保存下来了。

身为员工，在工作中多思考，多想想，并适当地变通，有时能让我们的思维灵活起来，不受消极思维定式的桎梏，从而能在工作中随机应变，更好地处理事务。

业务员小孙试图向一家大公司推销他们的新产品——打字机，但秘书小姐却以各种理由打发他走。小孙并未因此离去，反而转向那个秘书小姐，向她推荐说："其实你可以试用这台打字机，非常不错的！"

秘书看到这台新型打字机，非常高兴，马上就想试试。小孙花了10分钟解释使用方法，然后就回去了。

第三天，小孙又来到这家公司，这次秘书小姐不但对他非常礼貌，而且还主动让他与经理直接会谈。在谈及打字机的特征及使用方法时，他说："还是请您的秘书为您说明好了，她知道我们的新产品，使用起来非常方便。"说着，便请她来为自己宣传。

最后，他接到这家公司的一批购货单。

同样的道理，有时在工作中的一点新构想，就能使你得到成功机会。

在一次酒会上，有7个来自不同国家的人。酒会规定：每个人都要宣传自己国家有什么好酒。中国人把茅台拿出来了，酒盖一启，香气扑鼻，征服了在场的所有嘉宾。俄国人拿出了伏特加,英国人拿出了威士忌,法国人拿出了XO,德国人拿出了黑啤酒,意大利人拿出了红葡萄酒,都赢得大家的称赞。到了美国人这里,美国人找了个空杯子,把茅台等几种酒都倒了一点,晃了晃。什么酒?鸡尾酒!综合就是创造。他哪有东西,只不过把别人的东西拿来,把好的东西综合起来罢了。

在公司里,你要想使老板看重自己,就要让他信任你;要想让老板信任你,就要做到面对任何问题处之泰然,并妥善解决。善于动脑筋分析问题并妥善解决问题,会给老板留下深刻的印象。老板最需要的就是这种人。

热爱工作的员工都具有良好的思考能力。一位老板在他的回忆录中写道:有些员工接到指令就去执行,他需要老板具体而细致地说明每一个项目,而他本人只是机械地执行,完全不去深思熟虑任务本身的意义,以及可以发展到什么程度;我认为这种员工是没出息的,因为他们不知道能力对于人的发展是多么的重要;不思进取的人由接到指令那一刻开始,就感到厌倦;他们不愿多花半点脑筋,简直像一部机器,输入了程序就无须思考地把工作完成。

企业发展中总会不可避免地遇到各种问题的困扰。社会不是学校,没有现成的解决方法写在书本上让你来学,很多具体的问题都需要在工作中自己根据经验、开动脑筋灵活地想办法来解决。可能没有任何人来教你,但既然是你的工作,你就有责任克服困难,把它做好。如果你不善于妥帖地解决问题,不能承担责任,这既是你自己的不幸,也是你老板的不幸。

在工作中遇到各种困难时,不要企图逃避,不要没有主见,依赖他人,要敢于独立思考,拿出自己的意见来。不管是对是错,尽了力就好,起码我们可以从这个过程中学到一些东西。如果你总是依赖别人的意见,你将逐渐失去独立思考的能力。

对于本职范围的事,不必事事禀明老板,要敢于拿主意,否则会显得无能。尽量让问题在你那里解决,不要留给老板或上司。当周围的人都喜欢找你解决问题时,你就具有了胜人一筹的竞争优势,老板也了解你的真实水平。

不管在哪个领域中，都有高手、专家、智囊一类的人物，当我们在这方面有问题时第一个想到的就是他。

以前，这种专家大多是积累了丰富人生经验的老前辈。但现今是知识爆炸、信息多样化的时代，恐怕一个前辈已经很难胜任这样的角色了。拿IT或其他高端技术的行业来说，二三十岁的年轻人才可能是老师。不管你的年龄有多大，只要你掌握着别人没有的信息，那就会有很多人来向你请教：你就是专家和公司的关键人才。

“有问题就去问他”，当别人一有问题就想起你的时候，说明你在该领域的知识已经非常丰富了。为了成为这种人，你必须对这个领域进行深入的研究。在公司，如果你成为这样的“高手”，一定会在公司中占有特殊的位置，成为对公司极有价值的人物。

6 遵守规则：纪律保证执行力

在工作中，纪律是成功的保证，更是落实工作中不可或缺的一部分。遵守纪律，是一个员工、一个团队和一个公司在复杂多变的竞争环境中生存、发展乃至成功的基础。那些无视纪律，不愿意遵从公司政策规范，认为“随时可以辞职”的员工，既不利于公司的发展，个人的前程也必将被葬送。

一个具有强烈纪律观念的员工，一定会积极主动，忠诚敬业；同样，一个有纪律的团队，才能够团结协作，富有战斗力和进取心。纪律永远是公司不断发展的基础。对公司和员工来说，没有纪律，就没有执行力。

小郭是杜邦公司的销售员，他非常有个性，凭借自己出色的能力和自信，很快便从一线队伍中脱颖而出，取得了不错的业绩。但是小郭非常讨厌填写各式申请、报表，也很厌恶公司提倡的数据分析、流程表等。他认为，销售业绩决定一切，客户第一，自己第二，公司第三。小郭也不喜欢参加各种会议，实在推脱不了时，也是坐在最后一排想自己的事。他不愿意总结自己业务方面的经验教训，更不屑于学习别人好的经验；对上司安排的事情,或不做或忘记,公司要他回复,需打电话才有回音。

而杜邦公司偏偏是一家有着近百年历史的“军工出身”的公司,作风严谨得近乎死板,注重流程,强调汇报,希望每一个单子都是可控的,希望每一个员工的每一天也是可控的。而小郭的个人风格与公司的管理制度大相径庭。当同期进入公司的同事不断被提拔的时候,小郭只能被要求离开公司,另谋发展。

在许多公司里,像小郭这种类型的员工普遍存在,其实这严重阻碍了自己的个人发展。对于公司而言,一个落实者,必须了解和认同企业文化,必须重视礼仪和商业规范,在公司的指示下行动。那些不愿意遵从公司政策规范的任性员工,认为“无所谓”的不稳定职员以及冷眼旁观者,都对公司的发展不利。

正如巴顿将军所言:我们不可能等到2018年再开始训练纪律性,因为德国人早就这样做了。你必须做个聪明人:动作迅速、精神高涨、自觉遵守纪律,这样才不至于在战争到来的前几天为生死而忧心忡忡。你不该在思虑后去行动,而是应该尽可能地先行动,再思考。

在战争后思考。只有纪律才能使你所有的努力、所有的爱国之心不致白费。没有纪律就没有英雄,你会毫无意义地死去。有了纪律,你们才真正地战无不胜。

巴顿是美国历史上个性最强的四星上将,然而,他在纪律问题上,在对上司的服从上,态度毫不含糊。他深知,军队的纪律比什么都重要。巴顿常常开着汽车转到各个部队,深入军营。每到一个部队他都要进行训话,诸如钢盔、护腿、随身武器等细节都要求得非常严格。或许巴顿因此而成为最不受欢迎的指挥官,但是,在他的指挥下,他的军队却成了一支顽强的、具有荣誉感和战斗力的部队。

国有国法,家有家规。军队有军队的军规,公司也有公司的纪律,纪律为的就是给事业、给落实打下坚实的基础。巴顿将军能够正确认识纪律并且严格执行纪律,这就是他取得事业成功的重要原因之一。

对于员工而言,虽然从学习规则、树立纪律意识、在要求下服从纪律,到自觉把纪律变成自己的习惯,需要一个较长的过程,需要克服自身许多不完善之处。但是,只有把遵守纪律变为自己的工作行为准则,养成无条件服从与执行的良好习惯，才能让自己怀有高度的责任心去完成工作。同时，在公司制度下工作，遵守公司纪律，也是一种职业技巧。因为公司常常会通过“制度”把资源和荣誉给予员工，假如你与“制度”格格不入，那些资源和荣誉就会与你无关。

所以，员工必须着重培养自己的执行力，认识到组织制度有规范的重要性，遵守纪律，认同企业文化，以便在激烈的竞争中具备持久的战斗力，从而取得事业上的成功。

总而言之，在现代公司制度下，做一名仅有个性和能力的员工是不够的，公司需要的是严格遵守公司纪律的员工。员工只有严格遵守纪律，方能确保执行力，保证工作落实到位。

7 落实观念：开花还须结果

强烈的“落实”观念，是落实的前提条件。有了这个前提条件，我们才能转变认识，转变行为，时时刻刻想到落实，时时刻刻注意落实，才能不打折地保证落实。

一位名人说过这样一句话：观念决定思想，思想支配行为，行为决定结果。

作为一名员工，如果没有强烈的“落实”观念，不能时时刻刻注意落实。不能时时刻刻想到落实，那么，在工作中，他就会忽视落实。他就会只唱高调，不管实效；就会见到矛盾绕着走，见到风险躲着走，见到困难往回走；就会喊得凶，抓得松。落实，自然也就成了一句空话。

有两个素不相识的农民外出打工。一个准备去上海，一个打算去北京。可在候车厅等车时，他们都改变了主意。因为他们听邻座的人议论说，上海人非常精明，外地人问路都要收费；而北京人特别厚道，见吃不上饭的人，不仅给馒头，还送旧衣服。

于是，去上海的人想：还是北京好，挣不到钱也饿不死，幸亏还没上车，否则就麻烦了；去北京的人想：还是上海好，给人带路都能赚钱，还有什么不能挣钱的？幸亏还没上车，不然就失去了一次致富的机会。

最后,他们在退票时相遇了。原来要去北京的拿到了上海的票,要去上海的得到了北京的票。

去北京的人发现,北京真的很不错。他初到北京一个月,什么事情都没干,竟然没有饿着,不仅银行大厅里的纯净水可以白喝,而且大商场里欢迎品尝的点心也可以白吃。

去上海的人发现,上海果然是一个可以发财的城市,干什么都能赚钱。带路可以赚钱,看厕所可以赚钱,甚至弄一盆凉水让人洗脸也可以赚钱。

于是到上海的第二天,他就凭着乡下人对泥土的认识和感情,在郊区的建筑工地装了15包含有沙子和树叶的土,然后以"花盆土"的名义,向搞不到泥土但又爱花的上海人兜售。

当天,他在城郊间往返了10次,净赚了100元钱。一年后,凭着"花盆土",他竟然在大上海拥有了一间小小的店铺。

在长年的奔波中,他又有了一个新的发现:一些商店楼面干净而招牌黑。他一打听才知道,原来,清洗公司只负责清洗楼面而不负责洗招牌。他立即抓住这一空当,办起了一家小型清洗公司。

不久,他的公司就有了150多名职工,业务也由上海发展到广州和深圳。

后来有一天,他坐火车去北京考察清洗市场的情况。在北京站,一个捡破烂的人把头伸进软卧车厢,向他要一个空啤酒瓶。

就在递啤酒瓶的时候,两个人都愣住了。因为5年前,他们曾经互换过车票。

故事生动而形象地说明了观念对落实的作用。实际上,我们任何一项工作任务的完成,都是抓落实的结果,而观念在这一过程之中起着决定性的作用。

假如我们缺少落实的观念,忽视了落实,不抓落实,不去真正落实,那么,任何有效的方法、创新的思路、重要的工作精神,都只能是画饼充饥而已。

假如我们缺少落实的观念，忽视了落实，不抓落实，不去真正落实，那么，任何宏伟的蓝图、辉煌的前景、理想的目标，都只能成为水中月、镜中花，不可能最终成为现实。

假如我们缺少落实的观念，忽视了落实，不抓落实，不去真正落实，那么，任何完善的措施、缜密的计划、严格的制度、正确的政策，都只能成为一纸空文。

一位哲人曾经说过：世界上只有两种力量，一种是观念，一种是剑，但观念最终总是战胜剑。观念能左右我们的思维和认识，能左右我们的行为和方式，能左右我们的目标和结果。

因此，作为热爱工作的员工，我们一定要有效地执行老板所制定的各项管理规章制度，将工作做到位，牢固地确立强烈的落实观念。

第三章　无限忠诚:热爱工作的内驱力

忠诚既是一种义务,也是一种责任;它既是一种品质,也是一种能力。忠诚胜于能力,是其他所有能力的统帅和核心。一个好员工一定是具有无限忠诚的员工,没有忠诚就没有执行力,没有执行力就没有效率,没有效率就无法创造效益。如果把企业比作一栋大厦,那么忠诚一定是支撑这栋大厦的基石。

1 忠诚:职业道德的基本元素

索尼公司有这样一句话:如果想进入公司,请拿出你的忠诚来。这是每一个意欲进入索尼公司的应聘者常听到的一句话。索尼公司认为:一个不忠于公司的人,即使他再有能力,也不能录用,因为他可能给公司带来比能力平庸者更大的破坏,索尼公司不喜欢“叛徒”。

来自马来西亚的一位公司老板不无遗憾地坦言:在中国,有些员工似乎更乐于把公司当作是一家福利机构,或是自己另谋高就之前的跳板、垫脚石。他们没有责任感,谈不上与公司荣辱与共,更谈不上忠诚。

当公司要求员工必须忠诚于它的时候,员工却在想:这要看对我有什么好处了。那么还有哪个公司会喜欢这样的员工呢?忠诚,是现代社会的谋职理念。每个组织都需要对组织忠心不二的成员,这是组织存在、发展的基础条件,也是所有组织成员形成道德规范的必要条件。公司用人的宗旨或者员工做事的标准,不仅仅在于员工自身的才华,忠诚的道德理念也起着决定性的作用。

只有所有的员工对公司忠诚,才能发挥出团队力量,才能拧成一股绳,劲往一处使,推动公司走向成功。同样,一个员工,也只有具备了忠诚的品质,他才能取得事业上的成功。

忠诚也是做人之本。你可以尽职尽责地完成自己的工作,也可以投机取巧;可以一如既往地维护公司的利益,也可以趁机谋私利。但是别忘了,公司可能一时难以发现,那并非意味着它永远也不会发现。所有因忠诚欠缺的行为而导致的工作差错,不仅是对自己的不负责任,还将严重地影响公司的生存和发展。

公司需要员工的忠诚,越是在困难的时候才能越体现出员工的忠诚度。有家运营非常困难的公司,甚至连工资都无法按时发放。公司的员工表现出明显的精神离职,上班时间正常工作的没有几个,大多是做自己的事情,有的甚至在互相讨论自己的退路。公司的老总没有办法,只好宣布裁员。结果马上就有一大批人,尤其是那些“精神离职”的人率先提出辞职申请,而那些依然认真做着自己本职工作的人,没有一个提出辞职的。在经历了这次磨难之后,公司总结经验,慢慢走出了困境,那些留下来的员工都受到了嘉奖。

对于那些忠诚于公司的员工,老板的心里非常清楚。也许他正在对你进行各种考察和关注,正在利用各种各样的工作培养锻炼你,正在寻找机会重用你。你应当充分发挥你的聪明才智和各种潜能,为你的职业生涯发展创造条件。由此看来,员工是公司发展的动力,公司又给员工提供了自我发展的平台。只有忠诚于自己所在公司的员工,才能在公司的发展中实现自身价值。

钱某是某公司的采购经理,但是他却经常利用职务之便收取客户的回扣。"喂,刘经理吧?我是钱某呀。我现在就在你公司附近的品牌专卖店。本来是想去拜访你的,看到这个店我就进来了。我看中了一块表,正巧它现在也打折,才七百多,可我手中没有这么多现金,想找你老兄帮忙呀。不知道方便吗?好,那就谢谢了。"钱某挂了电话,心想这块表是他的了。那边的刘经理却气愤不已:钱某太过分了,上次让自己给他买个包,说算他借的钱,可自己哪敢要呀?得罪了他就等于丢了一个大客户。即使能继续做这个生意,他也会总是挑毛病,影响自己公司的形象。这回又来了,照这么下去,自己怎么受得了呀?经过一阵思想斗争,他决定给钱某的老总打个电话。老总意识到问题的严重性,立刻将钱某开除了。

钱某贵为经理,却无视忠诚的价值,只用七百多元就把忠诚给出卖了,换来的却是被开除的下场。如此缺乏忠诚的员工,自然要受到惩罚。忠诚是职场中最值得重视的美德,因为每个公司的发展和壮大都是靠员工的忠诚来维持的。如果所有的员工对公司都不忠诚,那么这个公司的结局就是破产,那些不忠诚的员工也自然会失业。

作为公司的一员,员工应该爱护公司,和公司融为一体。除了睡觉,每个人有大半的时间在公司中度过,公司是自己的第二个家。热爱工作的员工,都具有公司意识,能和公司甘苦与共。老板不在,正是考验一个员工对公司忠诚的时候,一个优秀的员工此时更应该时刻保持应有的忠诚,绝不可因小失大,使自己作为一个热爱工作的员工所具备的道德品质因为一时的疏忽而迷失。

忠诚是现代职业道德的基本组成元素。道德是什么?道德是一种内化的标准,它起到了内在的监督和指导作用。只有在道德的指引下,人们才能知道什么事情可以做,什么事情不可以做。因此,构建自己的职业道德,构建自己对公司的忠诚,就成为了你获取公司信任,获得广阔舞台的前提。

2 忠诚:迈向成功的天梯

用人的前提是育人。栽培员工,使其成为有用之人,既是老板应该肩负的责任,又是培养骨干的重大途径。平时老板或上司应该多培养员工,有朝一日,他会给你带来意想不到的巨大利益。

热爱工作的员工,在工作中要多争取学习的机会。无论什么样的公司,老板或上司都需要忠诚的助手。如果说想在公司出人头地,尽快晋升,能够得到上司或老板的信任,忠诚是一条捷径,更是迈向成功的天梯。

你要把自己培养成一个能弥补老板或上司弱点的管理者,成为老板的左膀右臂。而成为老板右臂的时候,要考虑你与老板之间的互补关系。

无论多小的公司,老板都是一城之主,有绝对的发言权。老板和助手要想长期保持良好的合作关系是比较困难的。这样的例子有很多:在用人之际,或助手帮公司创造一定利益的时候,老板会到处宣扬他找的人是多么优秀和可靠;可是遇到某件事后,又贬低说那人不行,只是靠工资吃饭而已;同时助手也到处说老板是多么苛刻,不近人情。双方之间可能存在误会,这样对双方的形象都有损害。

由此可见,要成为老板右臂的人,必须与老板的性格相投。很多员工没有被人使唤或命令的体验,总以为老子天下第一,一点点小事动不动就发脾气,认为别人没有把他放在眼里,自以为应由他做主的事,如果没有经他允许就格外生气。因此,作为老板右臂的助手,必须是能理解老板感情变化的人,而老板也能在某种程度上加以自控,相互让步,才能很好地配合。

当然,你还可以把自己培养成一个能发挥老板长处的人为左膀。成为老板左膀的第一条件是,能辅佐老板开拓经营最得意的领域。作为老板右臂的人应弥补老板的短处,而成为老板左膀的人应辅佐老板发挥最大的长处,或能暂时代理老板的工作。老板应将日常业务工作尽量委托给他干,自己腾出时间考虑公司将来的发展。

左膀和右臂的作用正好相反,两人之间的关系如搞不好,则难以合作。合作得不好,反而会制造麻烦。因此,成为老板左膀的人,他的人品和性格相当重要。如果作为左膀者认为右臂比自己强就加以排斥,就不好相处了。成为老板左膀者应保持谦虚的态度,支持右臂者的工作,事情就好办了。

对候选干部,老板应该亲自下达特命事项。通过下达特别的工作和任务,就能了解候选干部的潜力。经过一些工作和任务,上司会发现:开始认为没有什么了不起的员工,后来却崭露头角。相反,有些原来认为很优秀的员工经过几次考验以后,又觉得没有想象的那样优秀。也就是说,老板对候选干部的任用应该慎重。

通过执行特命事项,肯定会出现有潜力、崭露头角的员工。这样的员工,哪怕只发现一个,也是很有好处的。如向他们下达特命事项,该员工与老板的交流自然会多一些。通过这样的相互交流,该员工在老板的影响下,会不知不觉地成长起来。在育人方面最重要的是人格的影响力。这种影响力越大,育人的成功率就越高。

放任自流地等待自然成长是不会成功的。有了相应的土壤,但不施肥也是不行的。尤其对候选干部,必须有这样的设想。让候选干部明确目标,然后通过自己的努力和充分利用公司提供的各种机会成熟起来。

挑选化身的第一标准就是忠诚。老板的化身,就职务而言,是公司担任要职的员工。选拔化身的标准是什么呢?根据各个公司不同的情况和老板不同的想法,各有不同。但作为一般标准,多数都会把忠诚放在首位。

某公司同时培养了两个人作为老板的接班人,让他们互相竞争。A年轻,头脑敏捷,认为他是下任老板的呼声很高,他本人也意识到了这一点，因而不时流露出自己是下任老板的言行。B的头脑并不敏捷，可人很忠厚，他总是维护A的利益，从他平时的微妙言行中，可以看出他也认为下任老板就是A。但出乎意料的是，老板挑选的接班人不A，而是B。原来，在选择A还是B上，老板费尽了心机：他认为如果A，企业会大踏步地实行经营改革，也许会发生意想不到的变化。但如果遭到失败，结果也是惨痛的。如选择B，他为人稳重，企业不会有很大的发展，但也不会因为经营失败而带来惨痛的结果。

老板决定这件事时十分苦恼，但最后决定选择B，由此看来忠诚是这位老板重视的第一原则。

现代企业中，刚入职场的人都急于表现自己，往往事情发展得不尽如人意。其实很简单，上司在考察一个员工能力的时候，不是单一的某一项，而是综合素质。应该说一年左右是一个比较关键的日子，入职一年后如果新员工还没有升职的迹象，就要考虑自己的日常工作有哪些地方做得不够。坚信只要忠实于自己的岗位，忠诚于自己的公司，升职加薪是迟早的事情。

3 永远忠诚于你的职业

忠诚是每个员工必备的职业美德。学历和技能使我们能更出色地完成某一项任务，但忠诚却是我们打开职场大门、获得畅通无阻的通行证。当一个员工具有忠诚的美德，并永远忠诚于自己的使命时，他就是一名受到上司信任、同事爱戴、下属尊敬的好员工。

无数职场成功人士的经历都证明了这样一个朴素的真理：忠诚永远比技能和学历更重要。如果你是忠诚的，公司就会信任你，并乐意在你身上投资，为你提供培训的机会，使你的技能和专业知识都能得到相应的提高；而一个无视忠诚、朝秦暮楚的人，哪怕能力非凡，也不一定会得到重用。

很多初入职场的人虽然渴望自己成为热爱工作的好员工，却往往无视忠诚，他们以为“忠诚”二字只适用于军人与军队之间，像解放军战士永远忠于自己的组织，忠于国家，忠于人民一样。在这些人眼里，忠诚是抽象的、不实用的口号，无须在自己身上体现，自己也没必要履行忠诚的义务，更不用忠诚于公司。于是，经常跳槽者有之；出卖公司商业机密来获取个人利益者有之；上班时间闲聊、干私活者有之；当着上司的面遵守公司的各项制度，上司一转身就我行我素者也有之……

事实上，成为热爱工作的好员工与普通员工的区别就是：热爱工作的好员工会像军人忠诚于自己的使命一样，忠诚于自己的工作。如果你认识到这一点，表明你已拥有成为好员工的潜质；如果你能做到这一点，你就能跨入热爱工作的好员工的行列。

为了忠诚于自己的使命，即使是在和平年代，解放军某基地司令员杨业功抱病工作，永远倒在了实验场上；为了“神六”能顺利升空并返回，作为预选队员的航天员没有普通人那么多的“双休日”，也没有普通人那么多的“花前月下”，更没有享受过普通人携妻带子四处旅游的乐趣；在战争年代，董存瑞为了忠诚于自己的使命，用血肉之躯扛起了燃烧的炸药包；邱少云为了战友的安全，忍着烈火焚烧的痛苦纹丝不动……这些都表明了解放军战士上自领导，下至普通士兵，都具有高度的忠诚感，忠诚于解放军这个伟大的组织，他们甚至无视死亡。因此，“永远忠诚”对解放军战士来说，绝不是一句不用兑现的空洞的誓言，而是一种生活态度，一种生活方式，他们日常生活中的每一个细小的点滴行为，无不体现了“忠诚”二字。

职场如战场，身在职场中的每个员工，不管你是有资历的老员工，还是初进职场的新人，都应该把“忠诚”作为一种职场生存方式，用“忠诚”去履行自己的职业使命。

周力是中关村一家IT公司的程序设计员，上司对他很信任，把设计部的工作全权交给他负责，自己很少过问一些具体的事情。刚开始，周力见上司对自己信任有加，心里很是感激，便暗下决心，一定要率领设计部的全体员工，早日完成一个重要的财务软件的设计程序，以报答公司对自己的信任和工作上的支持。

3个月后，软件已初现雏形，它比市场上正在应用的同类软件功能更齐全，使用更快捷、更方便。毫无疑问，一旦上市，该软件在同类产品中将极具竞争力。

上司对周力的表现很满意，并表示自己将尽力为周力申请“北京绿卡”，因为有了这张“绿卡”，周力就享有北京市民一样的待遇，能购买经济适用房，解决子女上学难的问题……

周力知道上司是个一诺千金的人，因此，他在工作中更加努力，为软件的上市做最后的完善工作。

就在这时，周力的一位同学从海外归来。在同学聚会上，当他偶然得知周力主持研发的重要财务软件即将上市时，立即表现出了极大的兴趣。聚会散后，这位同学邀请周力去了自己住宿的宾馆，并直接告诉了周力自己邀请他的目的，即让周力把研发成功的财务软件程序全盘告诉他，这样做得到的报酬是：周力能马上得到两把钥匙：一套位于中关村附近的商品房的钥匙；一辆凌志轿车的钥匙。另外，还有一张6位数字的支票。

面对这块从天上掉下的“奶酪”，周力心动了。他欣然笑纳了同学送给他的“礼物”，同时，也交出了所有的设计程序。

尽管周力认为自己做得天衣无缝，但上司还是抓住了他的蛛丝马迹。在公安局内，周力交出了刚到手没几天的两把钥匙，和那张还没来得及消费的巨额支票。等待周力的将是法律的严惩，他为自己的背叛付出了沉重的代价。

周力由于缺乏对公司的忠诚，为自己的行为付出了惨痛代价。由此可见，忠诚不但是我们进阶热爱工作的好员工必须具备的职业素质，还是保证我们在职场中一帆风顺的“护身符”。谁背叛了自己的组织，谁为了一己之利而出卖组织的利益，谁必将受到惩罚，这是职场人士，特别是热爱工作的员工必须记住的金科玉律。

4 忠诚第一，能力第二

用嘴说的忠诚不是真正的忠诚。忠诚，应该贯彻于每个员工职业生涯的始终。

不妨考察那些在公司中能够快速得到提升的员工，他们看起来无忧无虑，得心应手，好像没有什么苦恼。这是什么原因呢？因为他们考虑的是如何比别人做得更好，而不会心有旁骛，想着怎样找一家薪水更高的公司。因此，他们不会因情绪的摇摆而困惑。

忠诚的人总是坚守工作岗位，不肯轻易改变。即使企业有大的风浪，他们也会像轮船上的水手，镇定地掌稳船舵，继续航行。而三心二意的员工，总是这山望着那山高。他们摇摆不定，使自己的人生目标一会儿往东，一会儿又往西。

对于公司的老板而言，他更重视的是一个员工的忠诚与否。无论能力是大是小，只要这名员工能够对公司表现出足够的忠诚，老板都会对其给予足够的关注。即使是他的能力差一些，老板也会愿意对他进行培训，不惜在他的身上进行投资。

俗话说：忠诚胜于能力。在现实生活以及工作中，忠诚经常被忽视，人们总是片面地强调能力。人力资源考官在招聘新职员时，关注的总是"你有什么能力？""你能胜任什么工作？""你有什么特长？"之类关于能力方面的问题，而很少关注"你能融入到我们公司的文化中吗？""你认同我们公司的理念吗？""你如何理解我们公司的制度？"等关于忠诚的问题。

单纯强调能力的倾向非常可怕。在我们这个社会里，不乏具备超强个人能力的人。他们凭着个人能力，可以通过很多公司的招聘审查。我们经常看到这样的商业报道：某某公司的技术开发人员把公司的技术秘密泄露给了竞争对手；某某公司的战略策划人员将公司的市场开发计划带到了另一家公司；某某公司的高层主管跳槽带走了公司一大批人才……这些事情之所以发生，就是因为事件的主角能力有余而忠诚不足。正如军队士兵不忠诚可能危及国家安全一样，企业员工不忠诚可能危及企业生存。

> 高中毕业的小王和小李是一对好朋友，到广州后一直没找到工作。当口袋里的钱所剩无几时，他们无奈到了一个建筑工地打工。文凭不高，又没一技之长的他们，只能干小工，每天每人30元，具体工作是把木工钉模时落在地上的钉子捡起来。每天他俩除了吃饭的半小时时间，一刻也不停，每人足足捡有八九斤钉子。几天下来，小王暗中算了一笔账，发现老板这样做不划算，达不到节流的目的。小王决定找老板好好谈谈这个问题，但小李却极力阻止说：还是少管闲事吧，不然我们又得失业。对老板忠诚的小王没同意，直接找到老板向他说明了情况：用两个人捡铁钉不合算，要求老板辞退他。奇怪的是老板听了他的话却笑了，他说：小伙子，你就是我需要的人，当即任命小王为工地上的施工员。而明哲保身的小李则截然相反，被辞退了。

当然，忠诚胜于能力，并不是对能力的否定。一个只有忠诚而无能力的员工，是无法创造价值的员工。忠诚，是要用业绩来证明的，而不是口头上的效忠，而业绩又是要靠能力去创造的。比如，一个天天跪在你面前表示忠诚于你，却不能为你做任何事的"忠诚"者，你稀罕吗？你愿意因为他"忠诚"而把他养起来吗？

既忠诚又有能力的员工更为完美。对于有能力和勤劳品质的员工，更需要培养忠诚的品质。忠诚的员工走到哪里都会受到别人的注视。无论从事什么样的工作，都会条条大路通罗马。相反，那些缺乏忠诚度的员工，不大可能为老板接受和认可。

忠诚的员工因为具有这一美德而必然得到丰富的回报，同样，不忠诚的员工也必须接受陋习给自己带来的恶果，承受着自己的痛苦。

一个人只有心无杂念、中正平和时，才可能以一种睿智的眼光正确认识到自己遭受的苦难。那些挫折实际上是对忠诚的考验，可以肯定的是，雇主更愿意信任那些能力中等但十分负责敬业的人，而不会尊敬一个能力一流却毫无忠诚度可言的人。

将忠诚当成一种习惯，能够很快地从工作中学到更多的东西，积累更多的经验；将忠诚当成一种习惯，更受人尊重，很容易感染他人，因而也更能引起老板的关注。

5　忠诚的员工人人爱

员工对公司的忠诚是要经受考验的。忠诚的话谁都会说,可谁又会真正理解其中的含义呢?

小康曾去某家大公司应聘部门经理,公司老板告诉他说先要试用三个月。然而老板却把他派到商店做销售员。一开始小康不能接受,但最终他还是熬过了试用期。后来他搞清楚了老板把他调到基层去的原因:他开始对行业不熟悉,不了解公司的内部情况,只有从最简单的事做起,才能全面了解公司,熟悉各种业务。

小康应聘的是部门经理,公司老板却让他从基层做起。尽管这样,他最终还是坚持做完了。事实证明,他的选择是对的,他经受住了老板对他的考验,熟悉了公司业务,全面了解了公司,对公司的规划有了明晰的了解,积累了经验,这些都为他今后的工作奠定了基础。试用期后,他正式就任部门经理,领导员工创造了优秀的业绩,为公司的发展做出了巨大贡献。六个月后,由于业绩出众,小康获得了升迁。小康在处理公司事务时游刃有余,一年之后,由于总经理调走了,他也自然而然地成了总经理。

当然,忠诚并不单单代表是对某人的忠心,它在本质上是一种负责的职业精神。它实际上更是一种敬业精神,而不单纯是对某个公司或老板的忠诚。

有时你会发现,老板总是“刁难”你,这是因为他器重你,他想考查你的忠诚度。一旦考查证明你是忠诚的,你就将被重用。当然,无论是出自内心的给予,还是情愿让老板“刁难”你,忠诚都是一种感情和行动的付出,有付出就一定有回报。

永远不要认为忠厚老实就意味着软弱无能,阴险狡诈则可百般钻营,从而风光无限，这是很多人的一种片面的理解。事实上，这只是事物的表象，他们没有真正搞清楚事物的本质。投巧者不会有高尚的品德，而忠诚的人也不可能沾染不良的恶习。忠诚的人将因为情操高尚而尽享人生乐趣，而阴险狡诈之人则肯定要受心理的煎熬。

朗讯CEO鲁索说：我相信忠诚的价值，对公司的忠诚是对家庭忠诚的延续。我从柯达重回朗讯，承担拯救朗讯的重任，这是我对公司的一份忠诚。我一直把唤起员工对公司的忠诚作为自己努力目标。

世界上很多顶级的CEO都把忠诚作为企业文化中的重要组成部分，或者把忠诚作为员工对于公司的一种精神理念，用来增强整个公司的凝聚力。

忠诚无论作为一种优秀的传统精神，还是作为现代公司的一种公司精神，它不仅护卫责任，它本身也是一种责任。在一家公司，老板需要的是一批忠诚于公司的员工。因为忠诚，他们才能尽心尽力，尽职尽责；因为忠诚，他们才能急公司所急，忧公司所忧；因为忠诚，他们才敢于承担一切。

忠诚是一种归属感，一个员工不仅意识到自己属于这家公司，而且认为他必须为这家公司做些什么。

对一家公司而言，员工对公司忠诚将大幅提高公司效益，增强凝聚力，提升竞争力，使公司在风云变幻的市场中立稳脚跟。对一个员工来说，忠诚可以有效地使自己与公司相结合，把自己真正当成公司的一分子。

我们需要忠诚的员工！这是老板们共同的心声。因为老板知道，员工的不忠诚会给公司带来灾难。

甲公司和乙公司是竞争对手，乙公司的生意红火，甲公司则一直受到乙公司的压制，但想不出制胜对手的良策。终于，他们想方设法寻找关系，接近乙公司的一名仓库主管，让其暗中出卖商业机密。这个主管在利益的驱使下，利令智昏，把自己公司的库存数量、货品结构、价格策略一一泄露。几经交手，商界风向大变，乙公司节节败退，最后元气大伤而倒闭。甲公司却起死回生，反败为胜。公司倒闭了，乙公司的仓库主管的工作也到了终点。当他以功臣的身份来到甲公司,准备大干一番事业时,却被对方告知:对于你这种蛀虫,我们也是不欢迎的。他气愤不已,骂他们是冷血无情,利用完了就一脚踢开,可是却毫无办法。

现代公司生存发展的核心竞争力是以企业文化为基础的,职业道德与员工素质恰恰是企业文化的重要组成部分。因此,维护公司利益已经成为判断和衡量员工的基本准则。很难想象哪家公司能够容忍背叛公司的行为。对于那些出卖公司利益换取竞争对手一点点回扣的人,即使是在对手那里也得不到尊重,反而会使人家时时处处提防着你。职业道德与人格是密不可分的。做事先做人,一个人格不健全的员工是很难获得成功的,纯粹的利益分享只是暂时的,获得别人认可的前提是对人格的认可。

对事业、公司的忠诚一旦养成,就会积累成职业责任感和职业道德。而这些是任何一家公司任何一个老板都最需要的。你拥有了这些品质,无论你到什么地方都会获得老板的看重,所以你就永远也不会失业。

另外,一个员工是否以公司为家,以公司的事业为自己的事业,其所能做出的成绩和发挥出来的潜能是大不一样的。确实安下心来做事,平庸之人也会努力学习,不断进步,关键时刻甚至能超水平发挥;对公司没有归属感,随时准备出逃的员工,其神思必定恍惚,其用心必定不专,即便有高水平,也很难发挥。

如果你能忠诚地工作,就能赢得老板的信赖,从而给你以晋升的机会,并委以重任。在这样一步一步前进的过程中,你也不知不觉提高了自己的能力。

6 危难时刻显忠诚

员工只有与公司共患难,才能与公司同成长;只有抓住机会证明自己的忠心与称职,老板才会感受到你的忠诚,你才能有发展的机会。

在现代公司,并不缺乏卓尔不群的员工,而是缺少能与公司共命运的员工。所有的现代公司都在努力寻找这样的员工。

福特公司作为世界500强公司之一，之所以能够成长为世界一流公司，正是因为其始终拥有一批世界一流的员工在和自己一起奋斗，与公司共命运、共患难。

1956年，美国福特汽车公司推出了一款新车。这款汽车式样、功能都很好，价钱也不贵，但是很奇怪，汽车的销路一般，比公司所预想的还要差。

公司的高层非常着急，这样的销量连成本都收不回来，他们想了很久都找不到提高汽车销量的好办法。这时，在福特汽车销售量居全国末位的费城地区，一位毕业不久的大学生，对这款新车产生了浓厚的兴趣，他就是艾柯卡。

艾柯卡起初只是福特汽车公司的一位见习工程师，与汽车的销售毫无关系。但是，公司老总因为这款新车滞销而着急的神情，却深深地印在他的脑海里。他开始琢磨：我能不能想办法让这款汽车畅销起来？终于有一天，他灵机一动，有了一个好办法。他快速来到经理办公室向经理提出了一个创意，即在报上登广告，内容为：花56元买一辆56型福特。

这个创意的核心是：谁想买一辆1956年生产的福特汽车，只需先付20%的货款，余下部分可按每月付56美元的办法逐步付清。

公司经理觉得他这个方法很棒，于是便采用了。结果，创意所带来的效果很好，"花56元买一辆56型福特"的广告人人皆知。不但打消了很多人对车价的顾虑，还给人们以"每个月才花56元，实在是太合算了"的印象。

在随后的短短3个月中，该款汽车在费城地区的销售量，就从原来的末位一跃而为全国的冠军。艾柯卡也因此得到了老板的重用，被破格调到华盛顿总部，并被委任为地区经理。此后，每当公司面临重重危机之时，艾柯卡总是能够挺身而出，为福特做出了巨大贡献。不过，福特汽车公司董事长小福特却对艾柯卡进行排挤，这使艾柯卡处于一种两难境地。但是，艾柯卡却说："只要我在这里一天，我就有义务忠诚于我的公司，我就应该为我的公司尽心竭力地工作。”

尽管后来艾柯卡离开了福特汽车公司,但他仍很欣慰自己为福特公司所做的一切。对此,他说:“无论我为哪一家公司服务,忠诚都是我的一大准则。我有义务忠诚于我的公司和员工,到任何时候都是如此。”

艾柯卡的故事给予我们这样的启示:能与公司同命运、共患难,主动帮助公司解决问题的员工,最容易在人才济济的职场之中脱颖而出,得到高薪的职位和公司的赏识。

公司的成长就像个人的成长一样,都不是一帆风顺的。谁都希望自己所在的公司能够不断发展壮大,但是,一个公司在发展的过程当中,难免会陷入困境。而此时,正是考验员工忠诚度的最佳时机。

俗话说:疾风知劲草,烈火炼真金。在关键时刻如果你能够坚守自己的岗位,为公司献计献力,为老板排忧解难,帮助公司顺利渡过难关,公司和老板就会因你的忠诚表现而信任你。虽然处于困境中的公司不能马上为你提供更为优厚的条件,但一旦公司渡过危机,它便会给予你更高的回报。

实际上,你所在的公司就是一条航行于惊涛骇浪中的船,每一个员工都是船上的水手;一旦上了这条船,员工的命运就和公司的命运紧紧拴在一起了,它需要所有的员工全力以赴把船划向成功的彼岸。但是,在很多员工的眼里,似乎从来没有把公司发展当成自己的责任,而是想方设法去谋取更多的薪水。一旦公司出现困难、陷入困境的时候,便会另谋出路。这样的员工谋取到的只是一份可以生存的工作,永远难以在一生中取得任何成就,实现自己的抱负和人生价值,甚至还会因缺乏忠诚而失去工作的机会。

总之,公司的危难是检验忠诚的最佳工具。与公司同命运、共患难,永远是员工忠诚于公司的最好行动。

7 绝对隐私:严守公司秘密

现在的公司在用人时,通常将道德和才能放在了一样重要的地位。不论一个人的能力有多强,他如果不诚实,人品不好,那也是万万不能用的。严守公司的秘密,是员工的基本行为准则,更是事业的需要。机密关系到公司的成败,关系到上司的声誉与威望。员工一定要牢记祸从口出的道理,对保密做到守口如瓶。严守秘密,是员工取信上司的重要一环。

如果一个员工思想松懈,说话随便,说了不该说的话,有意或无意地泄露了公司的秘密。那么,轻则会使上司的工作处于被动,带来不必要的损失,重则会给公司整体上造成极大的伤害,造成不可挽回的影响。这是员工对上司的一种极不负责的态度,势必会使上司在各个方面处于不利位置。这样的事,即使发生一桩,也会使上司难堪,对你留下不好的印象。所以,事关公司机密,员工一定要处处以公司的利益为重,处处严格要求自己,做到慎之又慎,戒之又戒。

现代公司的竞争越来越激烈,为了不给竞争对手以可乘之机,每家公司都很看重自己的商业机密。但是任何一家公司都难以保证其每一位员工都能做到严守公司秘密。现实中,不可避免地会出现员工泄露自己公司商业秘密的情况。有的是因为粗心大意导致泄密,有的是因为员工缺乏商业机密的相关知识而在无意中泄密,有的则是员工由于经不住各种诱惑而恶意出卖公司的机密。如果说是前两种情况导致公司机密泄露,还有情可原的话;出于个人私利而恶意出卖公司的商业机密,则关系到员工的品德问题,任何一家公司和老板都不希望看到这样的员工出现在自己的公司。

一次,S市的F公司向警方报案称,据客户反映,同在S市的Y公司向其推销和F公司相同的混凝土减水剂产品,产品性能与F公司极为相似,疑为F公司原工程师N等违法侵犯其公司商业秘密。

警方迅速成立了专案组,展开调查取证和缜密侦查。经鉴定评估,N盗窃的技术资料属于公司技术秘密,F公司评估该技术价值为920万元人民币。

据了解,F公司的混凝土减水剂产品,在中国市场约占40%的份额,产品市场前景非常看好。2004年8月,F公司为防止商业秘密外泄,与时任工程师的N签订了一份《保密协议》,经公证处公证,双方约定:N离职后不得向其他公司提供F公司的技术或商业秘密,离职后3年内不得进入从事与F公司产品相同的企事业单位工作。而N则可以得到每月400元的额外保密费,离职也可得到一年的工资补偿。

2006年4月,背负《保密协议》的N向F公司提出了辞职,当公司要求其办理移交手续时,发现共106页机密实验资料遗失。原来N已经为自己留好了退路,2006年3月,商人L因为看好混凝土减水剂产品的市场前景,准备成立Y公司,遂以高薪报酬和15%的公司股份为诱饵,请N指导采购、安装设备。2006年4月,Y公司成立后,在N的直接指导下,使用F公司的产品配方和生产技术,生产出了同样品质的混凝土减水剂产品。N还把F公司的客户资料提供给L,打开了产品的销售渠道。

为扰乱警方视线,Y公司老板L还使了一招"移花接木"之计,通过朋友关系与某设计研究院签订了一份虚假的"混凝土减水剂产品"技术转让协议,把签订协议时间故意提前到2006年3月,但骗局最终被警方揭穿,最终受到了法律的严惩。

当一个人失掉了应有的职业道德,一起失掉的还有尊严、诚信、荣誉以及个人真正的前途。作为一名员工,应该时刻牢记自己的角色。你要为公司争取利益,而不是为自己。只有公司"发达"了,你才会跟着"发达",千万不能越位。

现在职场上的人大都有这样的苦恼,那就是一些关系非常要好的朋友会从他们那里打听他们公司的一些秘密,他们往往很为难,处理不好就会陷入尴尬的境地。美国前总统罗斯福的故事,可以让我们从中得到启发。

罗斯福曾经就任美国海军助理部长。有一天,他的好朋友来拜访他。聊天时朋友问起海军在加勒比海一个岛屿建立基地的事。“我只要你告诉我……”这位朋友说，“我所听到的有关基地的传闻是否确有其事。”朋友要打听的事在当时是不便公开的，可是，如何拒绝是好呢？罗斯福望了望四周，压低嗓音向朋友问道：“你能对不便外传的事保守秘密吗？”“能！”好友连忙答道。“那好！”罗斯福微笑着说：“我也能！”罗斯福轻描淡写，仅用3个字，就把这样的事处理得巧妙而又得体。

竞争的激烈也是导致泄密事件时有发生的原因。有的老板为了达到打败对手的目的，可能会利用一些诱惑来诱使对手公司的员工背叛自己的公司，进行非正常的竞争。他们往往会许之以重金，或者是诱人的高职位；但等他们的愿望实现后，他们肯定不会将之前的许诺兑现。因为他们也一样会怀疑这样的人一旦进入公司，以后同样会做出出卖公司利益的事情。许多人容易被这样的诱惑打动，而失去做人的原则。他们以为自己能够因此而得到比原来更多的利益，但实际上他失去的会更多，而且永远也找不回来了。

在物欲横流的今天，人很容易背叛自己应有的职业道德而出卖别人或公司，因此能够守护应有的职业道德的就显得更加可贵。坚持自己应有的职业道德，需要鉴别力也需要抵抗诱惑的能力，并能经得住考验。当你遵守应有的职业道德于你所在的公司时，你所得到的不仅仅是公司对你更大的信任，还会有更多的收益。

一个不为诱惑所动，能够经得住考验的人，不仅不会失去机会，相反会赢得机会，还有别人的尊重。做一个有职业道德的人，最起码的一点，就是要保守公司的秘密，这是对每一个员工的要求。所以，这个行动从工作一开始就要践行。

8 对老板百分百忠诚

一份对世界著名企业家的调查中问道：您认为员工应具备的品质是什么？他们无一例外地选择了“忠诚”。忠诚是职场中最应值得重视的美德,因为每个企业的发展和壮大都是靠员工的忠诚来维持的。

本杰明·富兰克林说过:如果说生命力使人们前途光明,脚踏实地使人们现实,那么深厚的忠诚感就会使人生正直而有意义。

忠诚是人类最重要的美德之一。忠实于自己的公司,忠实于自己的老板,与同事同舟共济、共赴艰难,将获得一种集体的力量,人生就会变得更加饱满,事业就会变得更有成就感,工作就会成为一种人生享受。相反,那些表里不一、言而无信之人,整天陷入尔虞我诈的复杂的人际关系中。在上下级之间、同事之间玩弄各种权术和阴谋,即使一时得逞,甚至取得一点成就,但终究不是一种理想的人生和令人愉悦的事业,最终受到损害的还是自己。

对于企业来说,忠诚能带来效益,增强凝聚力,提升竞争力,降低管理成本;对于员工来说,忠诚能带来安全感。因为忠诚,我们不必时刻绷紧神经;因为忠诚,我们对未来会更有信心。

出色的业绩离不开忠诚的扶助,就像鱼儿离不开水一样自然。正如牧师法兰克·格兰先生所说:假如你对他人很忠诚,你可能会受到欺骗;但如果你从不忠诚,那么你的生活将会无比痛苦。可惜的是很多人都忘却了这样珍贵的告诫。当他们看到别人因阴险狡诈而侥幸获得了一点点好处时,就彻底抛弃了对"你的生活将会无比痛苦"的恐惧。他们在工作时投机取巧,不全心全意地对待工作,在执行任务时他们想着怎样才能蒙混过关,当工作遇到阻碍时他们往往"兴奋无比"——"终于有理由停下来了",而不是想办法解决问题。当他们抱着这种态度去工作时,可以想象他们的业绩会有多糟。

另外,要认可企业的运作模式,由衷地佩服老板的才能,保持一种和企业同命运的事业心。即使出现分歧,也应该树立忠诚的信念,求同存异,化解矛盾。当领导和同事出现错误时,坦诚地向他们提出来。当企业面临危难的时候,和它同舟共济。

也许你的上司是一个心胸狭隘之人,不能理解你的真诚,不珍惜你的忠心,那么也不要因此而产生抵触情绪。上司是人,也有缺点,也可能因为太主观而无法对你做出客观的判断,这个时候你应该学会自我肯定。只要你竭尽全力,做到问心无愧,你就会在不知不觉中提高自己的能力。

绝大多数人都必须在一个社会机构中奠基自己的事业基石。只要你还是某一机构中的一员,你就应当抛开任何借口,投入自己的忠诚和责任心。一荣俱荣,一损俱损。将身心彻底融入公司,尽职尽责,处处为公司着想,对投资人承担风险的勇气报以钦佩,理解管理者的压力并给予体谅。

在工作中,忠诚就意味着把老板交代的任务当作自己的职责,当作自己为之努力的目标,企业就是自己的事业,企业的发展就是自己事业的发展。因为忠诚,可以和同事协调合作、同舟共济,与企业同进退、共荣辱,在集体中获得力量,获得精神上的满足,使人生更加饱满,更加有成就感,这时候,工作将不仅仅是谋生的手段,更是一种人生的享受。

揭冬是一家大公司的技术部经理,不仅技术过硬,也懂得管理,带着一大帮技术员工圆满地完成了公司的好几个大项目,因而深得老板的赏识。

一天,一位外商请他吃饭,几杯酒下肚,那个人很严肃地对他说:“最近我正与你们公司洽谈一个合作项目,如果你能把相关的技术资料提供给我一份,将对我很有帮助。”

揭冬皱皱眉头:“这样的事情不好吧?涉及公司的机密……”

那个商人凑近了,低声说:“放心,我不会亏待你的。”说着把一张15万美金的支票递给了揭冬,“这事儿不会有第三个人知道。对你不会有任何的影响。”

面对那15万美金的支票,揭冬动心了。

结果在谈判中,他所在的公司损失很大。事后公司查明了真相,不仅辞退了揭冬,连那15万美金也被公司追回作为赔偿。而且,揭冬从此背上了背叛的污点,没有哪个老板愿意用这样的人,揭冬的下场可想而知。这就是背叛忠诚的结果。

这样的事情在竞争激烈的今天是比较常见的。面对种种的诱惑,对员工来说,无异于一颗定时炸弹,一个陷阱,同时也是一个考验。而能够在诱惑面前选择坚持忠诚的员工,才是对企业、对自己负责的员工,所得到的不仅仅是企业对你的更大信任,你的所作所为还会使对方感受到你的人格力量,你将征服更多的人。一个不为利益所动、选择忠诚的员工,不仅不会失去机会,相反,还会得到更多的机会,因为每个企业都需要这样的员工。这样的人也一定能够取得事业的成功。

当然,忠诚并不是要你一味地、无条件地听老板的话,而是要学会做一个真正忠诚的员工。

在工作中如果你把忠诚单纯理解为从一而终,那么你错了。忠诚是一种职业的责任感,是你承担某一责任或者从事某一职业时所表现出的敬业精神。然而,不可回避的是,现在绝大多数的人,尤其是职场新人,他们工作的时候,想到的只是如何能够帮自己获得最大的收益、最快的成长。他们把敬业当成老板监督员工的手段,把忠诚看做是管理者愚弄下属的工具,认为给员工灌输忠诚和敬业思想的受益者是公司和老板。其实不然,忠诚并不仅仅有利于公司,其最终和最大的受益者是你自己。忠诚铸就信赖,而信赖造就成功。一旦养成对事业高度的责任感和忠诚,你就能在逆境中勇气倍增,就能让有限资源发挥出无限价值的能力。

因此,忠诚于公司,忠诚于老板,实际上就是忠诚于自己。但是,真正的忠诚不是一味阿谀奉承,也不是用嘴巴说出来的,它需要经受考验。

现代企业召唤那些把身心彻底融入公司,尽职尽责,处处为公司着想,理解老板的苦衷的员工,只有那样,企业才能进步,员工自身也才会飞速提升。

对公司来说,忠诚会使公司的效益得到大幅度提高,还能增强公司的凝聚力,使公司更具竞争力,能让公司在变幻莫测的市场中更好地立足。对于员工来说,忠诚能使你更快地与公司融为一体,真正地把自己当成是公司的一分子,更有责任感,对将来更加自信。

如果你渴望成功,那就要保持忠诚的美德,让它成为你工作的一个准则,并在此基础上逐步培养正确的道德观,发展真正的好品格,这样,老板总有一天会给你理想的回报。

忠诚不是获取利益和晋升的资本,它应该是伴随一个人一生的品质。你选择了忠诚,那么利益和机会就会因忠诚而来。尤其是你取得了一定的成就,为老板所器重,掌握着公司商业机密的时候,面对诱惑,忠诚就是抵挡诱惑最坚实的盾牌,否则,败下阵来的结果会让你输得更惨。

9 跳槽:检验忠诚的试金石

在企业界,老板希望员工忠诚于企业,让企业始终有一批忠诚的员工扛着,而无须经常去寻找合适的人才,寻找人才毕竟是一种既花费成本,又很麻烦的事情。但忠诚是相互的,要一个员工忠诚于企业,那么企业老板也应忠诚于员工,而且,这家企业必须是员工值得忠诚的。一家企业没有吸引力,人才也不会忠诚于它。

李梅在一家文化公司上班,公司发展了两年多,一直不温不火。她处在一个主要管理者的位置,公司大部分事务都是她主持,员工一拨儿接一拨儿地换,她始终坚持着,由于薪水不高,加上自己感觉年龄越来越大,经济也陷入困境,她想另谋出路。她知道她一走公司将会瘫痪几个月,尤其是跟老总的关系,他不会想到她要走;最近经常找她谈公司的前途。李梅心里很矛盾,最终还是选择了跳槽。

跳槽不是对忠诚的背叛,但如果频繁地跳槽就是对忠诚的背叛。

如果你打算忠诚于一个企业,就不要随便选择它;如果你忠诚于一家企业,就不要轻易离开它。忠诚于你的公司,忠诚于你的老板,多一点耐心,不到万不得已不要跳槽。因为每跳一次槽,你在公司所做的一切努力都将失去,包括你创造的业绩,你留下的好印象,你建立的人际关系。再者,即使你最终选择跳槽,你也要在公司留下美好的印象,以及在这个行业留下美好的印象,让下一位老板看上你。如果是下一位老板来挖你,那么,你的高职位和高薪水自然就来了。

许多公司花费了大量精力去培训员工,但有些员工在积累了相应经验后,却常常一声不吭就销声匿迹了。这种人对公司是没有忠诚可言的。留在公司的则总是抱怨公司和老板的苛刻,经常把一些不快都推到公司和老板身上,这显然有失偏颇。

缺乏忠诚度,外面看来受损害的是这家公司,但深入来看,这对员工的损失更大,因为不管是就个人资源的积累,还是由此造成的“吃着碗里的望着锅里的"坏习惯,都大大降低了员工自身的价值。那些人不明白自己真正需要的是什么,摆不正自己的位置,从而错误估计了现状。在这种情况下,跳槽就很可能不利于他们以后的发展。

人的一生曲曲折折,可能要走很多弯路才能达到自己理想的目标。同样道理,在工作中不可避免地要换一些工作,但明智的转换应该从属于自己长远的人生整体规划。鲁莽跳槽,可能会在短期内增加你的薪水,但如果过于频繁,甚至成了习惯,那就对你的人生和事业长远发展有害无益,进而影响了你的人生规划,这就会因小失大,得不偿失了。

克拉斯是著名的银行家,也是一位明智的人。他在年轻时也经常换工作,但他始终都有一个固定的目标,那就是成为某家大银行的领导。他在交易所里上过班,也在木料公司打过杂,还干过出纳等十分琐碎的工作。经过千辛万苦,最后终于实现了自己的梦想。克拉斯认为:任何一个卓有成就的人士,都会不可避免地经历很多磨难,也可能会在不同的部门做事。我们当然希望可以在一个机构里学到一切知识,但这种情况很少见。在这种情况下,要好好考虑,究竟想做什么,可以做什么,为什么要这样做。

很多人工作一不如意就撂挑子或跳槽,人际关系不好也跳槽,看到可以多赚几个钱的工作也跳槽,甚至没有任何原因也跳槽。在他们眼里,下一个工作肯定比现在的好,一切问题都能以跳槽的方式解决。这样,跳槽者的工作就是跳槽。慢慢地,他们就失去了自我,失去了以前那种积极努力的工作精神,一有困难就退缩,遇到麻烦绕开走。出现这种状况是危险的,换工作并不能解决工作中遇到的问题。任何工作都有可能出现困难,以不负责的态度对待工作,只会毁了自己的大好前途。

在现实生活中,许多年轻人心态不正,工作没有方向,遇难而退,眼高手低,失去了做事所应具备的最宝贵的品德——忠诚,以致碌碌无为,事业无成。

当一个员工被要求去做一件他不应当承担的工作的时候,他会在嘴上答应而在心里有这种"我被聘来不是为了做这种事情的"的想法。这时他就等于站在了一块涂了油的木板上,而且这块木板正在向大海滑动。当这块木板倾斜到一定角度的时候,他就会被大海的怒涛所吞没。

实际上除了他自己，没有人会倾斜这块致命的木板。这块木板倾斜的原因就是：他对于经过的其他船只以及岸上活动的兴趣，要比他在船上所做事情的兴趣大得多。

因此，在一家成功的公司里被招聘而来的员工是不会被轻易解雇的，只有那些站在涂满了油的木板上的人才会最终因木板的倾斜而掉进海里。

忠诚是你在公司里生存的最大保证，动不动就跳槽，既损害了公司的利益也阻碍了你的生涯规划，是个双输的行为。

对公司来说，忠诚会使公司的效益得到大幅度提高，还能增强公司的凝聚力，使公司更具竞争力，能让公司在变幻莫测的市场中更好地立足。对员工来说，忠诚能使你更快地与公司融为一体，真正地把自己当成是公司的一分子，更有责任感，对将来更加自信。

渴望成功，那就要保持忠诚的美德，让它成为你工作的一个准则，并在此基础上逐步培养正确的道德观，发展真正的好品格，这样，公司总有一天会给你理想的回报。

第四章　工作操守：让敬业成为一种习惯

敬业是一种理念，一种行为模式，一种可以实施的公司计划，是一条通向卓越的阳光大道，敬业成就卓越。敬业会使人在面对工作时做到全力以赴，自动自发，不找借口，立即行动。一家要想在竞争中立于不败之地的企业，必须有一批敬业的员工，并形成一种敬业的文化。

1 敬业:开启成功的金钥匙

不管你从事的是哪一种工作,成功的基础都是你的敬业态度。你的敬业度决定了你在职业上的成就。

《普赖尔报告》曾经对美国排名前200位的企业总裁进行调查,问卷当中有这样一个问题:在你碰到过的成功人士当中,以下哪个方面是他们成功的主要原因:

①人际关系;②决心;③敬业;④知识;⑤运气好。

有40%的受访者选择"敬业",选择"决心"的有38%,两者合起来占到了78%。曾经有人问爱迪生成功的秘诀是什么,爱迪生回答说:我为了解决一个问题,会持续不断地努力,投注无数的精力和体力而不感觉疲倦,这就是我成功的秘诀。

由此我们看到,这些杰出人士成功的秘诀是敬业。

> 20世纪50年代初,有一位叫柯林的青年,每天很早就来到卡车公司联合会大楼找零工做。不久,一家可乐工厂需要人手去擦洗工厂车间的地板,其他人没有一个应征的,但柯林去了。因为他知道,不管做什么,总会有人注意的。所以他打定主意,要做最好的抹地工人。
>
> 有一次,有人打碎了50箱汽水,弄得满地都是黏糊糊的泡沫。他很生气,但还是耐着性子抹干净地板。
>
> 第二年他被调往装瓶部,第三年升为副工头。
>
> 他从这次经历中学到了一个重要的道理:一切工作都是光荣的。他在回忆录中写道:永远尽自己最大的努力,因为有眼睛在注视着你。
>
> 许多年以后,全世界的目光都凝注在他的身上——美国前国务卿柯林·卢瑟·鲍威尔。

美国哈佛大学对1000名成功者的研究发现,促使这些人成功的因素中,积极、主动、努力、毅力、乐观、信心、爱心、责任心……这些态度因素占到了80%左右。

有一家集团公司的行政总监,在他成为行政总监之前,不过是公司行政部的一名普通职员。从他进入公司那一天起,他就非常努力、敬业,总是主动承担责任。很多工作虽然不是他分内的事,但他还是主动做得完美。他每天第一个到办公室,最后一个离开。虽然没有人承诺给他加班费,他还是经常加班,为的是不让工作拖到第二天。他总能提前完成主管交办的工作,并且做得很好。

他这样做时,自然也有同事嘲讽他,但他不在乎,依然坚持自己的工作态度和做事原则。因为他做得多,对公司了解的层面也越多,掌握的技能也越多,公司也就越需要他。

他的表现,部门经理看在眼里,总经理也看在眼里。总经理在交了一两件事给他办之后对他产生了信任,之后便交给他更多的任务让他去完成,并有意让他参与公司的一些重要会议。有同事对他说:"总经理增加你的工作量,你应该要求加薪。"但他没有要求加薪。他知道自己已经得到很多——他在很多方面其实已经超过同部门的老员工,这种收获绝对不是薪水所能换来的。

总经理给他增加任务实际上是在考察和培养他。总经理早就对原来的行政总监不满,行政总监年龄虽不大,却一副老气横秋的样子,自负傲慢又不肯承担责任,出了问题总为自己找一大堆借口。

在经过一段时间的考察和培养后,总经理做出了决定——解聘原来的行政总监,让这个普通的职员取而代之。人事命令一公布,整个集团为之哗然。人们议论纷纷,这时总经理说出了自己的看法:这个年轻人身上有一种最宝贵的东西,这也是我们公司所需要的,且是很多员工所缺少的,那就是勤奋、敬业和忠诚。我承认他的管理能力和经验都还欠缺,文凭也不高,但只要勤奋、敬业和忠诚,就什么都学得到。我相信他一定能够胜任行政总监的工作。

事实证明，总经理的决定一点也没有错，这个年轻人只在刚上任的一两个月里感到有点吃力，之后就逐渐游刃有余了，因为他勤奋、敬业和忠诚。

由此可见，敬业对于成功是多么重要。同样，只有拥有了敬业员工的企业才能持续发展。

敬业是立业的前提和基础。有了敬业精神，才能有立业之志；有立业之志，才能成立业之才。敬业精神会化苦为乐，化复杂为简单，化踌躇为果断。所以，在工作中，敬业会让我们产生无穷的毅力和决心，最终达到立业的目的。

2 敬业比能力更重要

一个员工能力再强，如果他不愿意付出，他就不能为企业创造价值；而一个愿意为企业全身心付出的员工，即使能力稍逊一筹，也能够为企业创造最大的价值。一个人是不是有能力固然很关键，但最关键的还是这个人是不是一个敬业的员工。

真正敬业的员工会不管职位高低，不论从事的工作是不是自己所爱，都会兢兢业业、全心全意地投入。

在工作中，总是有许多员工爱作壁上观，他们希望等到“万事俱备”之后才投入其中。当报酬令他们感到满足的时候，他们才愿意投入一些心力；当他们确定自己的努力会受到注意的时候，才会多做一些本分之外的努力。

如果把工作比作航船的话，敬业的员工总是坚守着航向，这个航向是他们自己给自己确定的，即使有大风大浪，他们也能镇静地掌稳船舵，驶向远方。相反，那些缺乏敬业精神的员工，他们的航向一会儿往东，一会儿往西，他们的许多时间都浪费在寻找工作上，但却一次次被拒之于工作的大门外。

有本书叫《不可阻挡》，书中记述了“推销英雄”比尔·波特的故事：

比尔·波特是美国成千上万的推销员中的一个。与其他人相同的是他每天早上起得很早,为一天的工作做准备;与其他人不相同的是,他每天要花3个小时的时间到达他要去的地点,不管多么痛苦,比尔都坚持走这段令人望而生畏的路程。对他来说,工作就是他的一切,他以此为生,同时以此体现生命的价值。他热爱他的工作,也因此而忠诚于他的工作。

然而,不同的是,他比一般人要艰难得多。他出生于1932年,母亲生他时难产,镊子不慎夹碎了他大脑的一部分,导致他患上了大脑神经系统瘫痪,以至于影响到他说话、行走和对肢体的控制。比尔长大后,州福利机关将他定为“不适于被雇用的人”,专家也认为他永远不能工作。

然而母亲却没有对儿子失望,她总是鼓励比尔去做一些力所能及的事情,她一次又一次对他说:“你能行,你能工作,能自立!”比尔得到母亲的鼓励,开始从事推销工作。他从来没有将自己视为残废人。最初,他向福勒刷子公司申请工作,这家公司拒绝了他,并说他根本不适合工作。其他几家公司以同样的态度拒绝了他。但比尔没有放弃,最后,怀特金斯公司很不情愿地接受了他,但也提出了一个条件——比尔必须接受没有人愿意承担的波特兰、奥根地区的业务。虽然条件苛刻至极,但毕竟有了第一份工作,比尔当即答应了。

1959年,比尔第一次上门推销,犹豫了4次,他才鼓起勇气按响门铃。第一家人没有买他的商品,第二家、第三家也一样……但他坚持着,即使人们对他的产品丝毫不感兴趣,甚至嘲笑他,他也不灰心丧气。终于,他取得了成绩,由小成绩到大成绩。

他每天工作及路上的时间大约有14个小时,当他晚上回到家时,已经是筋疲力尽。他的关节会痛,偏头痛也时常折磨着他。每隔几个星期,他都要打印一份顾客订货清单。由于他有一只手,这项别人做起来非常简单的工作,他却要花去10个小时。他辛苦吗?当然辛苦,但心中对公司、对工作、对顾客的热爱支撑着他,他什么苦都能吃。慢慢地,在比尔负责的地区,有越来越多的门被他敲开,有越来越多人购买他的商品,他的业绩不断增长。在做到第24年时,他已经成为销售技巧最好的推销员。

进入20世纪90年代时,比尔已经60多岁了,怀特金斯公司已有了6万多名推销员,并且在全国建立了连锁机构,比尔再也没有必要上门推销了。但此时,比尔已成为了怀特金斯公司的"产品",他是怀特金斯公司历史上最出色的推销员,也是最敬业的推销员,公司以比尔的形象和事迹向人们展示公司的实力,并把公司的第一份最高荣誉"杰出贡献奖"颁给了比尔。

比尔·波特能够成为推销英雄,完全在于他的敬业精神。他的敬业精神弥补了他自身因生理缺陷造成的不足,奇迹般地让他成为推销技巧最好的推销员。而比尔的故事也进一步说明了敬业比能力更重要的道理。

对一家公司来说,员工是老板最重要的资本,品牌、设备或产品都无法和他们相比。员工创造了一切,包括产品、服务、客户等。员工的敬业程度是公司顺利发展的保证。如果他们拖拖沓沓,做事漫不经心,缺乏向上的斗志,那么这些消极因素最终都会在公司的生产和销售中表现出来。

不敬业的员工或许可以享受暂时的"清闲",却失去了重要的成长机会——什么都不做,从哪里去学习技能,从哪里去积累经验呢?他们不仅是在逃避职责,更是对自己能力的践踏,对自己开拓精神的扼杀。

在现实生活以及工作中,敬业的精神经常被忽视,人们总是片面地强调能力。的确,战场上直接打击敌人的,是能力;商场上直接为公司创造效益的,也是能力。而敬业,似乎没有起到直接打击敌人和创造效益的作用。可能正是因为这一点,导致人们重视能力而忽视了敬业。

其实,你从事什么职业或在哪个领域工作并没有多大关系。你一直会有让自己多做一些事情的机会,而不只是光尽到自己的能力而已。你可以选择忽略它们,也可以选择把提供附加价值作为一种生活习惯,超出本分之外的努力以及杰出的表现,才是成就事业的关键,这就是敬业的精神。

3　因为敬业，所以出色

只有敬业，才能让你在自己的工作中出类拔萃，既能够提高自己的业务能力，为未来的发展铺平道路，又能够把现在的工作做得更好，赢得老板的青睐，得到更好的提升。

美国著名作家阿尔伯特·哈伯德说：一个人即使没有一流的能力，但只要你拥有敬业的精神，同样会获得人们的尊重。即使你的能力无人能比，却没有基本的职业道德，也一定会遭到社会的遗弃。

的确，敬业的人能从工作中学到比别人更多的经验，而这些经验便是你向上发展的阶梯。就算你以后更换了工作，从事不同的职业，丰富的经验和好的工作方法也必会为你带来强有力的帮助，你所从事的任何行业都会极容易获得成功。

李嘉诚之所以能够成为香港首富，与他的敬业精神密不可分。

李嘉诚14岁时，由于生活所迫，他不得不中途辍学，过早地踏入社会，肩负起了生活的重担。

起初，李嘉诚在一家茶楼当跑堂。香港的广东人有吃早茶的习惯，店伙计每天必须在凌晨5时左右赶到茶楼，为客人们准备好茶水茶点，于是李嘉诚每天天未亮就得起床，赶往茶楼。茶楼工作异常辛苦，工作时间长达15小时以上。李嘉诚是地位最卑下的堂仔，大伙计休息时，他还要待在茶楼侍候客人。晚上是茶客最多的时候，茶楼打烊时，已是夜半人寂了。李嘉诚经常累得两眼发黑两腿发软。李嘉诚后来对儿子谈起他少年的这段经历时，感慨地说："我那时最大的希望，就是美美地睡三天三夜。"

尽管这样想，但他不敢有丝毫懈怠。经营钟表公司的舅父送给他一只小闹钟，让他掌握时间。李嘉诚每天都把闹钟调快10分钟定好响铃，最早一个赶到茶楼。后来，他将这一习惯保留了大半个世纪。而在今天，大家都知道李嘉诚的手表永远比别人的快10分钟，这早已成了商界津津乐道的美谈。

正是因为找工作的艰辛，才使李嘉诚更加珍惜这份来之不易的工作，他真诚敬业、勤勉有加，很快便赢得了老板的赏识，也成了加薪最快的堂倌。

在茶楼工作的两年中，李嘉诚见到了形形色色的人和事，学到了许多书本上学不到的东西，生活的残酷和世人的冷眼也激发了他出人头地的欲望。

17 岁时，李嘉诚毅然离开了茶馆，到一家塑胶厂当了推销员。推销产品需要到处跑，十分辛苦，但他对此早已习惯。因为在茶馆当跑堂时，每天少说也要跑上百八十里。他善动脑筋，根据不同的对象，灵活地推销产品。

由于他刻苦钻研，任劳任怨，业绩卓著，年仅 20 岁就被提升为业务经理。年轻的李嘉诚已初露锋芒，崭露头角，在顽强的拼搏中，他不仅站稳了脚，而且养活了全家人，成为香港商界一颗令人瞩目的新星。在随后几十年的创业中，他依然保持着兢兢业业的工作态度，最终开创了属于自己的事业。

敬业不仅仅是一个概念，更是一种实际行动。当把敬业变成一种职业习惯时，我们就会发现，我们不但可以从中学到许多知识，积累许多经验，还能从全心全意、尽职尽责投入工作的过程中得到快乐。

众所周知，“飞人”乔丹是 NBA 的灵魂，他曾率领芝加哥公牛队数次勇夺冠军。不管是带球过人、跳投、抢篮板球，还是扣篮，他都能够完成得十分漂亮。如果说他的身体素质无人能及的话，他的敬业精神更是让人敬佩。一次，他发着高烧，被肠炎折磨着，一整天滴水未进，但是他仍旧坚持参加了比赛，并在客场独得 38 分。终场时他已经筋疲力尽，倒在队友皮蓬的怀里。所有看到这一幕的人，无不为之动容。

正是凭借着这样令人感佩的敬业精神，乔丹成为 NBA 赛场上不倒的旗帜，成为众多球迷心目中的“飞人”。

有人问英国哲人杜曼先生，成功的第一要素是什么？他回答说：喜爱你的工作。如果你热爱自己所从事的工作，哪怕工作时间再长工作再累，你都不觉得是在工作，反而像做游戏。

无论从事什么工作，都应认真对待，使自己乐在其中，那么即便是最平凡的工作,也能带给你成就感。

老板最欣赏那些具有实干敬业精神的员工,所以只有踏踏实实地做好现在的工作,将敬业精神彻底融入你的工作当中,你才能得到老板的重用,赢得未来。无论从事什么行业,只要你尽心尽力去做,最终一定会更加出色。

4　策马扬鞭:敬业让你更勤奋

一个人的进取与成才,外部因素固然重要,但更重要的是自身的勤奋与努力。勤奋工作能激活人内在的激情,能驱使人增长才干,热爱人生。

生活中随处可以看到这样的人:他们似乎只有等到别人强迫他们工作时,才会去工作。但他们对于自己的学识和才能却仿佛一无所知。他们从来没有真正考虑过,自己体内到底有多少智力与体能,遇到任何事情,他们似乎都是以敷衍的态度,用极少的精力漫不经心地处理。他们似乎宁愿永生永世待在山谷里,也不肯用力气、花心思向山上攀登,不肯下决心登上山巅,把广袤的世界看个清楚。

不管是谁,如果遇到事情不肯振作精神,不以热忱的态度,不使出全身的力气,不深切地感到长此以往自己前途的可悲,那他绝对不会干出什么事业来。世界上的各种伟大事业没有一件是只想"填饱肚子"的人,或者"得过且过"的人干成的。做成这些大事业的,都是那些意志坚定、不畏艰苦、勤奋敬业的人。

在一般人的眼里,汉夫雷·戴维肯定算不上命运的宠儿。由于出身贫寒,他接受教育和获得科学知识的机会都很有限。然而,他是一个有着真正勤奋刻苦精神的青年。当他在药店工作时,他甚至把旧的平底锅、烧水壶和各种各样的瓶子都用来做实验,锲而不舍地追求着科学和真理。后来,他以电化学创始人的身份出任英国皇家学会的会长。

年轻的约翰·沃纳梅克每天都要徒步 4 英里到费城,去那里的一家书店打工,每周的报酬是 1.25 美元。后来,他又转到一家制衣店工作，每周的工资多了25美分。从这样的一个起点开始，他勤奋刻苦地工作，不断地向上攀登，最终成为美国商业巨子。1889年，他被哈里森总统任命为邮政总局局长。

要想脱颖而出，必须付出比以往更多的勤奋和努力，拥有积极进取、奋发向上的决心，否则你只能由平凡转为平庸，最后变成一个毫无价值和没有出路的人。

勤奋刻苦是对敬业的最好注解。要做一个好的员工，就要像那些石匠一样，一次次地挥舞铁锤，试图把石头劈开。也许100次的努力和辛勤的捶打都不会有什么明显的结果，但最后的一击，石头终会裂开的。成功的那一刻，正是你前面不停地刻苦努力的结果。

为了取得更好的工作成就，加薪也好，提升也罢，你必须不断地奋斗，而勤奋刻苦地训练专业技能尤其必要。如果你是有志于工作的人，每天都应该把这个问题在自己的心中问上几遍：我勤奋吗？

勤奋敬业的精神是走向成功的坚实的基础，它更像一个助推器，把你自己推到上司面前。如果有一天你得到了升迁，你应该自豪地对自己说：这都是我刻苦努力的结果。

勤奋工作的习惯是成功的点金术。那些出类拔萃的人物，那些将勤奋的准则奉为金科玉律的人们，将使整个人类因他们的工作而受益。再也没有什么比偷懒和做事磨蹭更能阻碍一个人成功的了——它会分散一个人的精力，磨灭一个人的雄心，使我们只能被动地接受命运的安排，而不是主动地去主宰自己的生活。

要想把自己变成一个勤奋的人，需要从以下几个方面努力。

首先，牢记自己的梦想。只有给自己一个奋斗的理由，你才能坚定信心，锲而不舍。有太多的人只为工作而工作，或只为薪水而工作，所以他们往往会把工作当成一项讨厌的责任，或者是惩罚，这种思想注定了他们只会偷懒和拖拉。而如果你把它当成实现梦想的阶梯，每迈上一个阶梯，就会离梦想更近一点，你还会那么痛苦吗？

其次，学会用心工作。很多老资格的公司员工习惯于只用手工作，因为这些工作他们已经很熟悉了，闭着眼睛都能做好。然而只用手工作会使人们把10年当作1天来过，10年以后，他们只掌握了一种工作方法。

也就是说,10 年来他们在自己的工作上没有任何进步,这对于处在人才竞争日益激烈环境的现代人来说,无疑是十分糟糕的。勤奋工作不仅是要尽善尽美地完成工作,还必须用你的眼睛去发现问题,用你的耳朵去倾听建议,用你的大脑去思考、去学习,把 10 年真正当作 10 年来过,那么 10 年之后你所具备的才能还愁不被老板赏识吗?勤奋工作不是机械地工作,而是用心在工作中学习知识、总结经验。在上班时间不能完成工作而加班加点,那不是勤奋,而是不具备在规定时间里完成工作的能力,是低效率的表现。

再次,自己奖励自己。勤奋总与“苦”和“累”联系在一起,如果长期处于苦和累的环境中,你可能会厌倦,甚至放弃。所以,适时地奖励一下自己非常重要。当自己掌握了一种好的处理工作的方法,或工作效率提高了 1 个小时时,不妨去看一场向往已久的演出,或者为自己准备一顿丰盛的晚餐。这样的奖励往往会刺激你更加努力地工作。

勤奋并不是要你一刻不停地干,把自己弄得筋疲力尽只会导致低效率。所以,工作累了的时候不妨花上几分钟的时间放松一下,给自己紧张的大脑“换换挡”。

最后,成功之后还要继续努力。勤奋通向成功,而成功也很可能会成为勤奋的坟墓。有一项调查表明,诺贝尔奖的获得者获奖之后的成就、论文篇数等远不及其获奖前的一半。

成功之后就不再努力的例子并不鲜见。很多人在凭借着勤奋努力终于被上司所提拔和重用之后,就觉得应该放松一下了——为自己前段时间那么辛苦的工作补偿一下,结果又回到原来的那种好逸恶劳、不求上进的生活状态中去了。请记住萧伯纳的名言:人生有两出悲剧,一是万念俱灰,二是踌躇满志。这两种悲剧,都会导致勤奋努力的中止。在取得了一个小目标的成功之后,要树立自己的大目标,告诉自己还有更加美好的前途在等着自己,使自己重新振作,继续勤奋,永不满足。

在职场中永立不倒的英雄所凭借的绝不是安逸中的空想,而是踉跄中的执著,重压下的勇敢,逆境中的自信,艰苦中的勤勉和奋发,是在任何环境中的扎实工作和锲而不舍的求知精神。这是他们成功的秘诀,也是所有想成功的人必须具备的崇高美德。

5 用心工作:做好在职每一天

齐格勒说:如果你能够尽到自己的本分,尽力完成自己应该做的事情,那么总有一天,你能够随心所欲地从事自己想要做的事情。反之,如果凡事得过且过,从不努力把自己的工作做好,不用心做好在职的每一天,就永远无法达到成功的顶峰。

在职场中,老板最欣赏那些能用心做好在职的每一天的员工。从来没有什么时候,老板像今天这样,青睐能用心做好在职的每一天的员工,并给予他们如此多的机会。各行各业,人类活动的每一个领域,无不在呼唤能自主做好手中工作,用心做好在职的每一天的员工。

能够用心做好在职的每一天的员工和凡事得过且过的员工之间,最根本的区别在于:前者懂得为自己的行为结果负责,这种工作态度常能感化"铁石心肠"的老板。而后者在工作中却常抱有这样一些想法:

我今天终于完成了我的工作。

速度要快,质量在其次,差不多就行了。

现在的工作只是跳板,不需要我认真对待。

我的工作能够得到他人的帮助就好了。

你一旦被这些想法控制,不管你的工作条件多么好,交付你的工作多么简单,你也很难全心全意投入工作,圆满地做好自己的工作。对这种员工,老板会时刻准备辞掉他。

在这个充满诱惑的时代,人人都渴望成功。几乎所有人都梦想一觉醒来就变得富有。如果说在物质匮乏的时代,阻碍人们走向成功的首要因素是人们没有梦想的话,那么现在,阻碍人们成长和成功的正是这些不切实际的梦想。

浮躁的工作态度使人们难以沉下心来做好每一天的工作。他们认为现在的工作太平凡乏味,根本不值得自己投入精力去做,对待工作敷衍了事,能应付就应付,能推诿就推诿。整日不是抱怨上司不识"千里马",就是为自己的"怀才不遇"而愤愤不平,牢骚满腹。

心态浮躁的员工常常看不起现在的工作,认为凭自己的能力应该承担更重要的职责,享受更高的待遇。这些员工整日忙于抱怨自己的工作,没有时间和精力认认真真地做好现在的工作,以至于工作常常出现问题,使得上司不敢把重要的工作委托给他们。

心态浮躁的员工将希望完全寄托在“伯乐”身上,认为之所以在这家公司遭受挫折,原因就在于没有“伯乐”发现自己。这家公司没有“伯乐”,如果继续在这家公司待下去,那么自己的“卓越”才能肯定会被埋没,唯有离开这家公司,进入有“伯乐”的公司,自己才有出头之日。正是抱着这种寻找“伯乐”的思想,他们不断跳槽,希望以此改变自己蹉跎的职业轨迹。可如此跳来跳去,不但没有越跳越高,实现自己的远大梦想;相反,却因为能力不足、学习不够、品质污点而虚度了整个人生。

张山是一家快速消费品公司的员工,他已在这家公司工作两年了。工作条件虽不算很好,但能学到一些东西。他每天按时上班,按部就班地工作,倒也轻松自在。一次他参加同学聚会,发现大家都发展得不错,都比自己好,于是,他开始对自己的现状不满意了,考虑要向老板要求加薪,否则就找机会跳槽。终于有一天,他找到了一个机会向老板提出了加薪的要求。老板只是笑笑,没有理会他。从那以后,张山再也打不起精神工作了,他开始敷衍工作。一个月后,老板把他的工作转交给了其他员工去做,大有“清理门户”的意思。因为张山也早就不想在这里“委屈”自己了,便递交了辞呈。没想到的是,接下来的几个月里,他并没有找到更好的工作,不是条件差,就是薪水更低。他只能怀着懊悔的心情找了个不如以前的工作来做。

正如张山一样,许多整天想要跳槽的人,工作反而越换越差,因为他们根本无暇在自己的专业领域里积累经验,使自己的实力更上一层楼。反倒是那些平常不以跳槽为念、全心全意工作的人,往往能够有大展宏图的机会。

由此可见,员工的浮躁不但对企业有害,更会危害到员工自身。成功者的经验告诉我们:不管你的能力有多强,你都必须从最基础的工作做起,用心做好在职的每一天。职场永远不会有一步登天的事情发生,任何人要想脱颖而出，唯一的机会就是把现在的工作做好，在普通平凡的工作中创造奇迹。

用心做好在职的每一天，踏踏实实做好现在的工作，做一名优秀的员工，才能逐渐积累自己的经验，提升自己的能力，增长自己的学识，从而获得职业发展的机会。

6 敬业：从珍惜岗位做起

珍惜岗位是一条实现自己人生价值的必经之路。只有踏踏实实，充分利用自己在岗位上的时间，刻苦钻研，奋发图强，才能获得人生的成功。

工作岗位是人生旅途拼搏进取的支点，是实现人生价值的基本舞台。珍惜岗位，就是珍惜生命，进而提高自己的人生价值。

然而，很多人在工作中却不珍惜自己的岗位，总是心浮气躁，好高骛远，这山望着那山高，没有立足本职埋头苦干，当然他们也不会有建功立业的成就感。这种人一见到别人做出了成绩，就会因羡慕而嫉妒，进而大发“英雄无用武之地”的牢骚，似乎自己没有成就，不是主观不努力，而是岗位不合适。于是，一旦领导将他们放到某个重要岗位上，他们又会因沾沾自喜而乐以忘忧，以至于成天在“一杯茶水一包烟，一张报纸看半天”中消磨时光。至于人生的理想，奋斗的激情，进取的潜能，创造的才智，统统都在这种舒适安逸中泯灭殆尽，到头来，难免一生庸庸碌碌、无所作为。可见，不珍惜岗位，实际上就是苟且偷安、敷衍人生，最终是对自己生命的浪费。

有人或许会说：重要的岗位容易调动人的积极性，而平凡的岗位很难让人产生敬业之情。但是并非如此。就一个城市而言，没有人当市长不行；同样，没有人做清洁工也不行。想当市长的人很多，想扫地的人肯定很少。可是，市长只需要一个，清洁工却需要几千人，甚至几万人。即使这样，如果清洁工不认真工作，不珍惜自己的工作，他同样会失去这一份工作。作为一个单位、一个部门的领导，则更应该加倍地珍惜自己的工作，因为，你不珍惜你的岗位，自然会有人来替代你。

珍惜岗位，实际上表现的就是一种敬业精神。当前我们很多人在学习西方企业的精神和文化,其实我们更应该学习中华民族的优良传统。一千多年前的诸葛亮就曾以“鞠躬尽瘁,死而后已”名垂千古。2003 年“非典”横行,在那场没有硝烟但很悲壮的战争中,许多医生和护士冒着生命危险始终坚守在自己的岗位上,他们用血肉之躯抵挡病毒的侵袭,为的是挽救更多人的生命。正是他们才使得我们最终取得了这场战争的胜利,他们正是我们“努力工作,珍惜岗位”的学习楷模。

珍惜岗位每一天,是一条实现自己人生价值的必经之路。只有踏踏实实,充分利用自己在岗位上的每一天,刻苦钻研,奋发图强,才能获得人生的成功。

小李现在已是月薪逾万元的银行业务主管,手下管着十几个业务员。可是,谁也不曾想到,5 年前他曾经当过男保姆,帮助别人修理过电器,还给雇主修剪过草坪。当初他在大学里学的是技术专业,由于就业形势不好,自己便抱着先就业后择业的心态,当时恰逢一家男保姆公司招聘,他不顾家人的反对前去应聘。从小在农村成长的经历让他非常珍惜这份工作,虽然身为大学生,可他在工作中从未把自己当作大学生看待,他时刻对自己说:我在这个保姆岗位上,我就是个保姆,就应该干好自己的本职工作。所以,只要顾客一个电话,他就会随时上门安装电线或是修理电脑,只要他能做的,他都尽一切努力为客户服务。

从男保姆公司出来后,他又在一位同事的引荐下来到了一家银行信用卡部做业务员。这份工作也十分锻炼人,有时他一天要跑七八家公司,做的工作就是向人家推销银行的信用卡,跟一般公司的销售员差不多。一次,一家公司的保安把他挡在门前,更恶劣的是,对方竟将他的包抢过来扔到了地上,业务资料顿时散落一地。他觉得自己的自尊心受到了很大的伤害,这次他没有忍气吞声,而是亲自跑到对方的主管科室据理力争,硬是让这个保安给自己赔了礼。这些工作经历让他学到了很多东西,他觉得其实职业并没有贵贱之分,每一行都能锻炼自己。到了年终,他凭自己的出色努力获得了单位销售第一名,也因此获得了到香港和新西兰免费旅游的奖励。更令他激动的是,银行

破格提拔他担任业务部的主管。

既然机会难得,低职位的工作岗位也要珍惜,最起码可以积累经验,为下一份工作做积累。千里之行,始于足下,先找到立足点很关键,无论从事哪种工作,社会经验值都会有所提升。尽管相关从业经验非常重要,但很多公司也会首先考虑求职者的综合能力和潜质。所以,最初找到什么样的工作不是最重要的,重要的是珍惜你的工作岗位,并在工作过程中不放弃学习的兴趣和对能力的培养,不断清晰和接近自己的职业目标。

当年年轻的帕瓦罗蒂从师范学院毕业后,问他父亲:“我是选择当歌唱家呢,还是当老师?”父亲回答说:“你如果想同时坐在两把椅子上,只会从椅子中间掉下去。生活要求我们只能选择一把椅子坐。”同样,如果你不珍惜自己的岗位,好高骛远,这山望着那山高,到头来只会一事无成。也许你觉得自己的岗位很平凡,那么请你回头看看掏粪工人时传祥、石油工人王进喜、公交车售票员李素丽……他们中的哪一个不是在平凡的岗位上做出了不平凡的成绩?也许你觉得自己的岗位很辛苦,那么“宝剑锋从磨砺出,梅花香自苦寒来”的道理你该懂吧!没有辛勤的耕耘,又哪来丰收的喜悦?

珍惜岗位更是一种对自己、对企业、对国家认真负责的表现。当今的社会竞争激烈而残酷,你只有勤勤恳恳地努力工作,才能保证自己的岗位不被别人取代。珍惜岗位就是珍惜自己的就业机会,拓展自己的生存和发展空间。有人说失去的时候才会懂得珍惜,如果你对工作总是漫不经心,做一天和尚撞一天钟,不珍惜自己的岗位,总是以为自己是在为别人、为企业、为国家工作,到头来损害的不光是企业的利益甚至国家的发展,自己也会因此而丢掉手中的饭碗,到时候恐怕会后悔莫及。

更大的成功和更高的薪水需要我们从珍惜自己的岗位做起,企业的发展和壮大需要我们从珍惜个人的岗位做起。

7 心无旁骛:让敬业成为一种精神

每一个老板都清楚自己最需要什么样的员工,每一个员工都代表着公司的整体。所以，你不要以为自己只是一名普通的员工，其实你能否担当起你的责任，做好你的工作，对整个企业而言，同样有很大的意义。

如果一个人连本职工作都做不好，敬业精神又从何谈起？要敬业就必须做好本职工作，把本职工作做完善，而不是敷衍了事、得过且过、做一天和尚撞一天钟地混日子。

做好本职工作是一个人最基本的职业道德，也是一个最起码的标准。但是，有许多人连这个最起码的标准也达不到。

做好本职工作是一个永恒的主题，无论你是领袖还是百姓，无论你是教授还是农民，无论你是领导还是员工。只有做好自己的本职工作才算是称职的员工，否则你就是一颗松动的螺丝钉。一颗松动的螺丝钉可能导致车辆刹车失灵，可能导致飞机失事，后果是不堪设想的。如果全社会的人都在努力地做好自己的本职工作，全社会的各行各业就会欣欣向荣、朝气蓬勃。

有这样一则故事：

一个漆黑的大雪天，约翰·格林中士正匆匆忙忙地往家赶。当他经过公园时，一个人拦住了他。“对不起，打扰了先生，您是位军人吗？”看起来，这个人很焦急。约翰不知道发生了什么：“噢，当然，能够为您做些什么吗？”

“是这样的，刚才我经过公园时，看到一个孩子在哭，我问他为什么不回家。他说，他是士兵，他在站岗，没有命令他不能离开这里。谁知道和他一起玩的那些孩子都跑到哪里去了，大概都回家了。天这么黑，雪这么大，”这个人说，“我叫他回家。他说不，他必须得到命令，站岗是他的责任。我怎么劝他回去，他也不听，只好请先生帮忙了。”

约翰和这个人一起来到公园，在那个不显眼的地方，有一个小男孩儿在那里哭，但却一动不动。约翰走过去，敬了一个军礼，然后说：“下士先生，我是中士约翰·格林，你为什么站在这里？”

“报告中士先生，我在站岗。”小孩儿停止了哭泣，回答说。

“天这么黑，雪这么大，为什么不回家？”约翰问。

“报告中士先生，这是我的工作，我不能离开这里，因为我还没有得到命令。”小孩儿回答。

“那好，我是中士，我命令你回家，立刻。”约翰的心又为之震了一下。

“是，中士先生。”小孩儿高兴地说，然后还向约翰敬了一个不太标准的军礼，随即撒腿就跑。

约翰和这位陌生人对视了很久。最后，约翰说：“他值得我们学习。”

小男孩儿的倔犟和坚持看起来似乎有些幼稚，但在这个孩子身上体现的对于本职工作的这种坚守很多成年人无法做到。

我们这个世界就像一个大机器，每一个人都是机器上的一个齿轮，每个齿轮的松动都会影响其他齿轮的正常运转，进而影响到整个机器。对于这个社会如此，对于社会中的一个单位或企业，也是如此。

你是否趁经理不注意时偷偷开小差，或者在上班煲电话粥，就像在学校上课时趁老师不注意偷偷地摆弄新买的铅笔刀？又是否将本来属于自己的工作推给其他的同事，总认为别人比自己干得少？抑或当老板布置一项任务时，你不停地提出这项任务有多艰巨，暗示老板是否在你完成任务之后给你加薪或者你做不成也情有可原，因为这的确不是一项容易完成的任务？

现实中，这样的员工为数不少，要不然有问题的企业也不会那么多，顾客的满意度也不会那么低。

做好本职工作，就是从现在做起，从自己做起。具体说要主动承担工作责任，知难而进，以大局为重，以公司的利益为重，尽心尽责，乐于奉献；要加强学习，提高业务能力，提高自身的综合素质，在做好公司、部门交代事情的同时，献计献策，乐于创新，力争为公司的发展做出更大贡献；要结合公司的企业文化，规范行为，树立起正确的人生观、价值观、世界观，真正做到“把职业当事业，把企业当家业”。

很多企业都在要求员工要有敬业精神，其实，只要把本职工作做好了，就为敬业打下了坚实的基础。然而，却有很多员工连本职工作都难以做到不出现任何漏洞和差错，甚至还因本职工作没有做好而影响其他的工作难以顺利进行和开展。做好本职工作也是一种敬业，不过这种敬业是应该的、必需的，不可以出现漏洞或差错的。

对待亲人我们能够无私奉献，如果我们像对待亲人一样对待自己的工作，就自然能把工作做好。不论是做什么工作，那都是企业的需要；如老板认为没必要时，自会调整工作方向，让你从事其他工作。每样工作自有用处，甚至不可或缺。既然应承了工作项目，就应当义不容辞，一心一意做好它。

凡事就怕"认真"二字。对你的工作如心无旁骛地认真研究，抱有好奇心，并尝试去喜欢它，就会觉得有趣，也自然渐渐熟练。将手头的工作做精、做好、做透，自然而然就有了一种敬业精神。

8　演好人生的每一个角色

在人生这个大舞台上，永远只有小演员，没有小角色。这其中的差别，完全看我们自己如何对待。

演艺圈流行"没有小角色，只有小演员"的说法，这和我们的工作中"没有卑微的工作，只有卑微的工作态度"有异曲同工之妙。对于职场中人来说，如果总是认为自己的工作无关紧要，抱着无所谓的工作态度，那么什么样的工作也难以做好。工作对于我们每一个人来说，都是重要的。抱着敷衍的态度工作是永远也不可能在工作中得到收获的。

人生就像一个大舞台，我们每一个人都是演员，扮演着不同的角色。也许我们从事的是很平凡、很普通的职业，也许我们现在就是一个跑龙套的小演员，但是请记住，小演员身上也能放射出巨大的光芒，这完全取决于我们自己的心态。

小唐是计算机博士，现在是某IT公司的技术总监，在这个令人称羡的职务背后其实还隐藏着小唐当年求职时的苦涩。有谁想得到，当初博士刚毕业时他也过了半年的"家里蹲"，即使后来进了公司，也只是一个办公室助理兼杂务的小弟。

最初，小唐找工作时抱着非500强企业不去，非管理层不干的宗旨，导致求职处处碰壁，因此一毕业就失了业，在家里待了大半年。其间，几乎所有的博士同学都步入了工作岗位，虽说他们的收入也未达到当初为自己设下的标准，“但是有一定的工作积累总比‘家里蹲’好吧，”一位昔日的同窗好友这么告诫小唐，“你呀，也别整天想着自己是个博士，这个不做那个不干的，得先让企业有机会了解你，知道你有真才实学才行啊。”

一语惊醒梦中人，之后小唐调整了心态，索性收起自己的博士文凭，而只拿出本科文凭，结果很快被一家电脑公司聘用了，让他做一些简单的电脑操作。当然由于是新人的缘故，老板也让他处理一些办公室杂事，并要求他协助其他同事共同完成一些项目。对此，小唐没有任何怨言，老板当初给小唐的工资比一般本科生还略逊一筹。但是小唐却干得很认真，每次加班总会发现他的身影，几个月下来，公司上下都很喜欢他。

后来，小唐在半年的公司小结中发现了一些公司内部程序上的错误并向老板提出修改方案。老板的眼睛是雪亮的，升了他的职，让他享受大学生的待遇。不久，老板发现他的程序设计和经营管理水平明显比公司其他管理人员和专业人员高出一筹，感到非常奇怪。此时，小唐终于亮出自己的博士底牌，老板先是大吃一惊，怪自己这么久对他大材小用了，后经研究决定重金聘用他，让他负责全公司的业务运作。

在人生这个大舞台上，永远只有小演员，没有小角色。这其中的差别，完全看我们自己如何对待。

如果我们用“小”的心来演绎自己的人生，那么你只能是一个不受重视的小角色。如果我们用“大”的心去演好每一个角色，那么，即使是一个小角色，也能演出主角的风采。

在工作中，有时候我们无法选择自己的任务，但是我们可以选择自己对待工作的态度。对于那些需要我们做好的工作，不管任务大与小、难与易，对我们来说都是应该认真对待的。即使是那些看似微不足道的小角色，我们也不能敷衍了事，而是应该尽心尽力演好。

艾森豪威尔年轻时，一次晚饭后，他跟家里人一起玩纸牌游戏。很不幸的是,连续几次他拿到的都是很坏的牌。于是他很不高兴,总是不停地抱怨,甚至几次想扔下手里的牌不玩了。这时,妈妈严肃地对他说道:“如果你要玩,就必须用你手中的牌玩下去,不要抱怨那些牌有多不好。”

艾森豪威尔愣住了,这时母亲又说:“我们的人生也是如此,发牌的是上帝,你无法选择。但是,不管怎样的牌你都必须拿着,你能做的就是尽全力求得最好的结果。”

从此以后,母亲的话成为艾森豪威尔的座右铭。他一直牢记着母亲的这句话,从未再对生活有过任何抱怨,而是以积极乐观的态度去面对遇到的每一次挑战,尽力地做好每一件事。他一步步成为将军、盟军统帅,最终成为美国第34任总统。

对于员工来说,“出演小角色”的机会是没有办法选择的,在工作中,你可能接到任何一件工作任务,不管难易,你都必须完成,这个时候抱怨和逃避是没有用的,只有迎上去勇敢地接受才是唯一的办法。如果你认为那个职位太低,你当然可以放弃那份工作,但是同时,你也放弃了一次锻炼自己的机会,甚至放弃了一个提升自己的机会。

演员可以从出演小角色的过程中锻炼自己的演技,为自己提供增进演技的机会。而员工则能够在做好那些看似微不足道的工作中积累工作经验,也让老板把关注的目光投到自己身上,进而获得晋升和重用。

9　敬业才能乐业

任何一家公司,如果没有敬业精神作支柱,那么这家公司倒闭只是早晚的事情;任何一名员工,如果缺乏敬业精神,那么他丢掉工作也是迟早的事情。敬业既是公司发展的需求,同时也是自我发展的需要,因为敬业才能乐业。

敬业的员工对自己的职业水准有很高的要求:精益求精,永远对工作现状不满意,永远在改善工作。这种敬业精神,在个人职业生涯发展道路上,直接决定着事业发展的高度。

如果你去问今天的大专院校的毕业生，工作好不好找？相信有相当一部分会说不好找；如果你去问今天的公司经理，人才是不是很易得？同样也会有相当一部分会说找个合适的人才并不容易。而其中的原因，绝对不是仅仅用“信息不对称”所能解释的，更主要的是由于人们缺乏敬业精神。

从这个角度说，敬业精神又是一种职业能力。所以，缺乏敬业精神就不单单是职业道德的问题，同时，它更是一种职业能力的缺失。

在工作中，有了敬业精神我们就会深深地喜欢上我们所从事的职业，由此我们才会专心致志地从事我们所做的事情，从而达到专业的高度，专家才会成为赢家，如此才能更好地成就我们的事业。

汤姆·布兰德起初只是美国福特汽车公司一个制造厂的杂工，然而，由于他的敬业精神，他获得了快速的成长，并成为福特汽车公司最年轻的总领班。在有着“汽车王国”之称的福特汽车公司里，30岁不到就升到总领班的职位，的确不是一件容易的事，他是怎么升起来的呢？

汤姆·布兰德是在20岁时进入工厂的，工作一开始，他就对工厂的生产情形做了一次全盘的了解，他知道一部汽车由零件到装配出厂，大约要经过13个部门的合作，而每一个部门的工作性质都不相同。

他当时就想：如果自己想要在汽车制造这一行做一番事业，就必须对汽车制造的全部过程都能有深刻的了解。于是，他主动要求从最基层的杂工做起。在福特汽车公司，杂工不属于正式工人，也没有固定的工作场所，哪里有零活就要到哪里去。而正是因为这项工作，汤姆才有机会和工厂的各部门接触，因此对各部门的工作性质有了初步的了解。

在当了一年半的杂工之后，汤姆·布兰德申请调到汽车椅垫部工作。不久，他就把制椅垫的手艺学会了。后来他又申请调到点焊部、车身部、喷漆部、车床部等部门去工作。在不到三年的时间里，他几乎把这个厂各部门的工作都做过了。最后他又决定申请到装配线上去工作。

尽管汤姆·布兰德干得非常起劲,可是父亲却对他的那些举动十分不解,他问汤姆·布兰德:"你工作已经三年了,可总是做些焊接、刷漆、制造零件的工作,这样恐怕会耽误你的前途吧?"

"爸爸,你不明白,"汤姆·布兰德笑着说,"我并不急于当某一部门的小工头。我是以能胜任领导整个工厂为工作目标,所以必须花点时间了解整个工作流程。我现在正在把我的时间用来做最有价值的事情,因为我要学的,不仅仅是一个汽车椅垫如何做,而是要知道整辆汽车是如何制造的。"

当汤姆·布兰德确认自己已经具备管理者的素质时,他决定在装配线上崭露头角。汤姆·布兰德在其他部门干过,懂得各种零件的制造情形,也能分辨零件的优劣,这为他的装配工作增加了不少便利。没有过久,他就成了装配线上最出色的人物。很快,他就晋升为领班,并逐步成为15位领班的总领班。

在竞争越来越激烈的现代职场,敬业精神是成就大事不可或缺的重要条件。它是强者之所以成为强者的一个重要原因,也是弱者变为强者应该具备的职业品质。你如果在工作中具备敬业精神,那么无论从事什么行业,你都将是所在领域里出类拔萃的佼佼者。

杰克·韦尔奇曾经说过:任何一家想靠竞争取胜的公司必须设法使每个员工敬业。具有敬业精神的人是企业争抢的香饽饽。员工敬业的最直接结果就是促进企业的不断发展。而希望自己的事业兴旺发达,则是每个老板的愿望。本着这样的愿望,他自然就会需要一个、几个乃至一批兢兢业业、埋头实干的下属。你如果具有这样的品质,那你必然是深受老板欢迎的人。而且,你的这种敬业精神也会在一定程度上感染你身边的其他人,形成良好的工作氛围,你会受到同事的欢迎。因此,你被认可、被重用、被提拔将是再自然不过的事情了。

敬业是乐业的前提和基础,没有高度负责的敬业精神,乐业也就无从谈起。无论时代发生怎样的变化,敬业精神永远熠熠生辉,闪烁光芒。你不要埋怨任何人,不要抱怨自己的怀才不遇,放弃平庸,端正态度,树立敬业、乐业的精神,在人生的舞台上激情演绎。

第五章　工作职责：心中常存责任感

热爱工作意味着责任。责任是一种与生俱来的使命，它伴随着我们生命的始终，我们每时每刻都要履行自己的责任。责任是一种认真的态度，一种自律的品格；责任是一种使命，一种对完美的追求；责任是道德的承载，一种荣誉和欢乐。承担责任，可以让人变得更强；播种责任，可以收获更多的成就和回报。

1 工作意味着责任

大发明家爱默生这样描述责任:责任具有至高无上的价值,它是一种伟大的品格,在所有价值中它处于最高的位置。

责任,从工作的意义上说,是一种自然而然的使命,它伴随着每一个生命的始终。工作意味着责任,只有那些勇于承担责任的人,才有机会被赋予更多的使命,才有资格获得更大的荣誉。一个缺乏责任感的人,或者一个遇事推卸责任的人,不但会失去社会对自己的基本认可,而且会失去别人对自己的信任与尊重,甚至也失去自身的信誉和尊严。

我们要清醒地意识到自己的责任,并勇敢地扛起它,无论对于自己还是对于社会都大有裨益。一个人无论在什么情况下都不可以没有责任感。任何时候,我们都不能放弃肩上的责任,扛着它,就是扛着生命的信念。

无论你所做的是什么样的工作,只要能认真地、主动地担负起责任,就必然会获得尊重和敬意。有的责任担当起来很难,有的却很容易,无论难还是易,不在于工作是什么,而在于做事的态度。态度决定一切,责任感决定一切。

世界上所有的人都是紧密联系、相辅相成的,所有的人共同努力,郑重地担当起责任,才会有生活的宁静和美好。任何一个人懈怠了自己的责任,都会给别人带来不便和麻烦,甚至是更加严重的后果。

我们的家庭需要责任感,因为责任感让家庭充满爱。我们的社会需要责任感,因为责任感能够让社会稳健地发展。我们的企业更加需要责任感,因为责任感让企业富于凝聚力、战斗力和竞争力。

正是从以上意义上讲,工作就意味着责任感。没责任感,玩忽职守,便是放弃工作中最可宝贵的东西,那么势必为此付出沉痛的代价。

2002 年 9 月的一个晚上,某市第二中学 1500 多名学生在从该校教学楼东西两个楼道口下楼时,教学楼的一段楼梯护栏突然发生坍塌。由于楼道内没有灯光,十分黑暗,而且楼道内拥挤,致使下楼至此的学生中有很多人摔下楼梯,最终酿成21人死亡、47人受伤的惨剧。

仅一天时间,警方就公布了事故调查结果:学校基础管理工作非常混乱。其一,事故发生地的楼梯12盏灯中1盏没有灯泡,其余11盏不亮。事故发生的当天下午,还有老师向校长反映灯泡照明问题,校长却说“管灯泡的人员不在”,未及时处理潜在的安全隐患;其二,技术监督部门怀疑该校教学楼楼梯护栏实际使用的钢筋强度没有达到相关标准;其三,学校在这座教学楼未经验收的情况下就投入使用;其四,事故当天,应该带班在岗的校长敷衍塞责,正与市教委、本校和其他学校的18位老师在当地一家酒店喝酒。

这场惨剧的出现绝非偶然,相关人员在工作中忽视责任、玩忽职守,是这场事故的直接原因。放弃了在工作中的责任,便无异于放弃工作本身,后果是严重的,代价是巨大的,到头来自己也必定会因此受到应有的处罚。而如果在工作之中恪尽职守、兢兢业业,那么即使在平凡的岗位上,也会做出不平凡的业绩。

王平是退伍军人,几年前通过朋友介绍到一家工厂做仓库保管员,虽然工作十分清闲,无非就是按时关灯,记得关好门窗,注意防火防盗等琐事,但王平却非常负责,丝毫也不敢疏忽大意,他不仅每天做好来往工作人员的提货日志,将货物码放得有条不紊,而且还从不间断地对仓库的各个角落进行彻底的打扫清理。

3年下来,仓库没有发生一起失火失盗案件,其他工作人员每次提货也都会轻而易举找到所提的货物。在工厂建厂20周年庆功会上,厂长按老员工的级别,亲自为王平颁发了5000元奖金。一些老职工对此感到意外,王平才来厂3年,凭什么能拿到老员工的奖项?

厂长猜到了大家的心思,于是说道:“你们知道我这3年中检查过几次咱们厂的仓库吗?一次也没有!这不是我不关注这件事,其实我一直很了解咱们厂的仓库保管情况。作为一名普通的仓库保管员，王平能够始终做到不出差错，而且积极配合其他部门人员的工作，对自己的岗位恪尽职守，真正做到了爱厂如家，我觉得这个奖励他当之无愧！”

在人生的舞台上，我们每一个人都承担着不同的责任，从某种意义上说，每个人对各自角色饰演的最大成功就是对责任的完成。正是责任感，让我们在困难时能够坚持，让我们在成功时保持冷静，让我们在绝望时仍保有希望，因为我们的努力和坚持不仅仅是为了自己，更是为了别人。

社会学家戴维斯说：放弃了自己对社会的责任，就意味着放弃了自身在这个社会中更好的生存机会。漠然放弃承担责任，或者忽略、推卸自身的责任，这就等于在可以自由通行的路上自设路障，最终吃亏的也只能是自己。

2 三分能力，七分责任

现代企业用人，不仅重视员工的知识与技能，也同样重视员工的责任感与使命感。责任感与能力并存的员工是企业真正需要的人才。只有那些勇于承担责任的员工，才会得到公司与老板的认可，才会受到上司的赏识与重用，才会为同事所接纳与尊重。责任感与能力，共同打造一名员工在职场上的核心竞争力。

对企业而言，员工的责任感比能力更加重要。你的能力再强，如果你不愿付出，或者疏忽大意，敷衍了事，不但不能为企业创造价值，相反还会产生负面影响。而一个有责任意识的员工，即使在能力上稍逊一点，但他忠于职守，尽心尽力，每天比别人多做一点，久而久之也能够为企业创造价值。因此，评价一个员工，能力占三分，而责任感要占到七分。

马虎是主管过磅称重的小职员，到一家钢铁公司工作还不满一个月，他发现很多矿石并没有经过充分的冶炼，一些矿石中甚至还残留有未被冶炼好的铁。他想：如果继续这样下去的话，公司岂不是会有很大的损失。于是，他找到了负责该项工作的工人，跟他说明了这个问题。

这位工人说:“如果技术有了问题,工程师一定会跟我说,现在还没有工程师跟我讲这个问题,说明现在还没有出现你说的情况。”

马虎又找到了负责技术的工程师,工程师自信地说:“我们的技术是世界一流的,怎么可能会有这样的问题?”工程师并没有重视马虎所说的问题,还认为一个刚刚毕业的大学生,能明白多少,不会是因为想博得别人的好感而表现自己吧?

但马虎一直认为这是个很大的问题,于是他拿着没有冶炼好的矿石找到了公司负责技术的总工程师,他说:“我认为这是一块没有冶炼好的矿石,你认为呢?”

总工程师看了一眼,说:“没错,哪儿来的矿石?”

马虎说:“我们公司的。”

“怎么会?我们公司的技术是一流的,怎么可能有这样的问题?”总工程师很诧异。

“工程师也这么说,但事实确实如此。”马虎坚持道。

“看来是出问题了。怎么没有人向我反映?”总工程师有些发火了。

他立即召集负责技术的工程师到车间,果然发现了一些冶炼并不充分的矿石。经过检查发现,原来是监测机器的某个零部件出现了问题,才导致冶炼的不充分。总经理知道了这件事后,不但奖励了马虎,而且还晋升他为负责技术监督的工程师。总经理不无感慨地说:“我们公司并不缺少工程师,缺的是负责任的工程师。对于一个企业来讲,人才是重要的,但是更重要的是真正有责任感的人才。”

矿石冶炼不充分这样的技术问题,根本不是过磅称重的小职员考虑的事,公平称重才是自己的责任,那个小职员是真正负责的人。

商场如战场,责任的观念在企业界同样适用。每一位员工都应当服从上级的安排,应当暂时放弃个人的一些考虑,全心全意去遵循所属机构的价值观念。大到一个国家、军队,小到一个企业、部门,成员是否能够坚决地履行他们的责任将决定最终的成败。即使是细微之处,一点责任感的缺失，都会给员工自己和公司造成意想不到的后果，因此“三分能力，七分责任”这样的说法很有道理。

在公共洗手间，一位老板听到隔壁小间里一直有一种奇特的响动。由于这响动时间过长，而且也过于奇特，因此不觉引起了他的好奇，他走了过去。原来，小间里一个小伙子正在修理马桶的冲刷机构。

“是有人派你来修理的吗？”

“不是，我不是修理工，我是一位刚刚毕业的大学生，现在正在找工作呢。我刚刚上完厕所以后，发现这个冲刷设备出了问题，冲了多次都没有把脏东西冲下去，我认为这种设备结构和原理都不复杂，我能把它修好。”

说完，他仍旧一个人蹲在那里，认真地修理着。

过了一会儿，随着“哗”的一声，小伙子高兴地说：“好了，终于修好了！”接着他用洗手液把手洗干净了。

正在他转身要走之际，这位一直站在卫生间门口等候的老板叫住了他：“喂，小伙子，你到我公司来工作吧！”

原来他早已被小伙子如此强烈的负责精神感动了。

后来的事实说明老板的眼光是不错的，小伙子的工作业绩和实干精神赢得了一次又一次晋级加薪。

在实际工作中，责任感常被忽视，人们只是片面地强调能力。诚然，工作中能力很重要，可关键在于，一个员工即使能力再强，如果他无心付出，甚至根本就不愿意付出，那么他是不可能为公司创造太大的价值的。而一个愿意为公司全身心付出，高度负责的员工，即使能力稍逊一筹，也能创造出价值来。更何况对企业而言，员工的责任感和使命感是无法用价值来衡量的宝贵的财富。

三分能力，七分责任，这种理念不是对能力的否定。一个富有责任感然而毫无能力的人，同样是无用之人。能力、责任感兼备的员工才是现代职场的完美员工。

3 分清责任:问题面前敢负责

在一家企业工作,首先你要清楚你在做什么。只有做好自己分内工作的人,才有可能再做其他的事情。相反,一个连自己工作都做不好的人,怎么能让他担当更重的职责呢?总有一些人认为,别人能做的事自己也能做,实际情况是,越这样想的人越什么事也做不好。

如果我们明白自己的责任是什么,就会向目标更接近一步,如果你每承担一项新的工作,或者担任一个新的职位,你能问自己"我的责任是什么",相信你会一步步走向成功。

"明白自己的责任是什么"包括以下几层意思:

一是要弄清楚自己该承担的责任,而不是没有责任;

二是要明白自己该负有哪些责任。只有明白了,你才可能承担起属于自己的责任;

三是要明白自己的责任是什么,不要推卸责任;

四是弄清了自己的责任后,你才知道自己能承担起这份责任。

三国时期,蜀汉丞相诸葛亮挥泪斩马谡后自降三级官职,是"明白自己的责任是什么"的著名案例:

公元228年春,诸葛亮正式出兵北伐。为了获取全胜,诸葛亮特别选中马谡来担任先锋。当诸葛亮的主力部队到达祁山时,打了曹魏军队一个措手不及,汉阳、南阳等地的吏民纷纷起兵反魏归蜀,战局对蜀军十分有利,但是,马谡这时在街亭(今甘肃秦安县东北)却出了问题。他率军进至街亭时,遇到了魏将张郃所率主力部队的抵抗。马谡违背了诸葛亮原先的部署,又不听从部将王平的建议,在寡不敌众的形势下,被张军队杀得大败。街亭失守,使诸葛亮十分被动,一场十分有利的胜局顿时变成败局。尽管诸葛亮十分爱惜马谡的才华,但为了严明军纪,他毅然按照军法处斩了马谡,还上疏朝廷,自请贬官三级,追究个人"不能训章明法"、用人不当的责任。

事后，部下蒋琬认为诸葛亮在天下尚未平定时杀智谋之士，太可惜了。诸葛亮却认为：孙武、吴起之所以能够天下无敌，是由于执法严明；现在天下分裂，北伐战争刚刚开始，如果松弛法纪，还靠什么去讨伐敌人？蒋琬等人认为此言甚是，后人对诸葛亮“挥泪斩马谡”的举动评价很高，以“法加于人也，虽从死而无怨”来称赞他赏罚分明、勇于负责的精神。

在第二次世界大战时期，同样也有一个著名的“首先明白自己的责任”的案例：

据英国《泰晤士报》报道，盟军最高司令艾森豪威尔将军的参谋长费雷德里克·摩根中将早在1942年底和1943年初就对诺曼底登陆行动有了长时间的周密策划，但是，英国首相丘吉尔和艾森豪威尔都对这一计划能否取得成功表示怀疑。

当时，艾森豪威尔甚至用铅笔在草稿纸上写下了他将在登陆行动失败后宣读的文字，全文如下：我们在瑟堡—阿费尔地区登陆时，未能找到令人满意的据点，我已下令撤回部队。我是依据我得到的最佳情报做出发动进攻的决定的。空军和海军部队表现出了英勇无畏和忠于职守的精神。如果这次登陆行动失败，责任由我一个人承担。

在这一事件中，艾森豪威尔表现出了崇高的职业精神。他清楚自己的责任是什么，虽然他完全可以将责任推给执行命令的将领，或者推给作战的士兵，但是他没有那么做。虽然他可以找出各种借口为自己开脱，诸如天气问题、装备问题、敌人太狡猾、消息泄露等，但他没有寻找任何借口。这一点，在今天的职场上很有借鉴作用。

遗憾的是，在职场上，很多人不清楚自己的责任，却非常“清楚”他人的责任。当工作出了问题，他们不会在自己身上找问题，而总是说“这是某某的责任”。尤其是责任模棱两可或在责任共担的情况下，他们总会想方设法把自己的责任推得一干二净。

周先生两年前担任某公司的财务总监。一次，下属的财务部在计算客户返利时，多算了五万元，而这五万元肯定收不回来。

老板知道这事后很生气，他把周先生叫到办公室。“你手下的人出了问题，这么长时间，你竟然没有发现？”老板问。

“这些返利通常是由营销部报到财务部，财务部签了字之后我再签，我事情太多，当时没看明白。”周先生答。

“没看明白？难道你的事情比我还多？”老板反问道。他把周先生叫来问话，实际上也并不是要周先生承担损失，只是给他敲警钟，不要让类似的事情再发生，周先生却以事情多为由推卸责任，首先从态度上就不过关，这一点令老板很失望。

周先生自知话没说对，赶紧表示立即处理此事，但他出口的话更糟糕：“我立即去处罚财务部经理。”

“处罚财务部经理？”老板终于愤怒了，“难道你认为自己就没有责任？难道你认为处罚就能解决问题？我本来不想处罚任何人，但我现在觉得你才最该受到处罚，你的责任意识差到让人非常失望的地步了！这事应该由你负全部责任！”

作为财务部总监，财务部出了问题，他是有责任的。周先生的问题在于没有明白自己的责任，而是一开始就为自己开脱，进而拿下属来垫背，这是让老板愤怒的根本原因所在。

工作中谁都不希望出现失误，但一旦做错了事，就不要推卸责任。然而，生活中为自己的错误竭力开脱的人却比比皆是，他们以为这样会把责任推得一干二净，可以保全自己“从不犯错”的良好形象，殊不知，上司能够容忍员工犯错，却无法宽恕一个人推脱责任。

在老板看来，一个员工对待错误的态度可以直接反映出他的敬业精神和道德品行。一个称职的员工，对于自己应该承担的责任就该负责，而不是随便找个理由推脱。

埃克森石油集团的副总裁爱德·休斯说：工作出现问题是自己的责任的话，应该勇于承认，并设法改善。慌忙推卸责任并置之度外，以为老板不会察觉，未免太低估老板的能力了。我不愿意让那些热衷于推卸责任的员工来做我的部下，这会使我不踏实。

推脱责任有害无益，它会断送你的前途，并注定你平庸的结局。所以，要想成为一个热爱工作的员工，就要竭力避免推卸责任的言行，树立起主动承担责任的良好形象。

4 机会就在责任中

热爱工作的员工会始终明确自己肩上的责任，因为他清楚一点：明确了责任，也就是找到了机会。事情多并不可怕，让你做的事情越多，表明你越重要，事情少，没事干才是可怕的，这意味着你已经成为一个无用之人了。责任和机会是相伴随的，没有责任就没有机会，责任越大，机会越大，责任越小，机会越小。

很多走上工作岗位的年轻人常常千方百计地寻找更好的工作机会，事实上，机会就在每一个人的身边，只是有些人不善于把握而已。敢于担当责任，努力做好眼下的事情，你将会发现机会无处不在。

罗列是优秀的电脑推销员。一天，一位顾客来到他的电脑直销店挑选电脑，顾客看了店里所有的电脑之后，没有看中任何一种电脑，正准备离开。这时，罗列轻轻走过去对他说："先生，我可以帮助你挑选到你最满意的电脑，我是这里的推销员，我很熟悉附近的电脑直销店，我愿意陪你一起去挑选，而且还可以帮你砍价。"

顾客同意了罗列的请求，罗列带着他来到了别的电脑直销店，顾客把所有的电脑店都看了一遍，还是没有挑选到最满意的电脑。

最后，顾客对罗列说："我还是决定买你的电脑。老实说，我决定买你的电脑并不是你的电脑比其他店里的好，而是你对顾客负责的精神感动了我。到目前为止，我还没有享受过这种宾至如归的服务。"

结果，顾客从罗列那里买了好几台电脑，而且，顾客还在他的朋友圈内为罗列免费做广告，介绍了很多客户到罗列的电脑直销店来买电脑。

上述案例并不鲜见，在我们身边，很多人都曾经面临重大责任，所不同的是，有的人却认为责任是麻烦事，是强加在自己身上的包袱，没有认识到责任就是机会,所以一见到责任就不自觉地逃避,结果把本属于自己的机会也“避”掉了。

社会学家戴维斯说:放弃了自己对工作的责任,就意味着放弃了自身在这个社会中更好的生存机会。同样,如果你放弃了自己对工作的责任,就意味着放弃了工作和成就事业的机会。有这样一个真实的故事:

> 小陈大学毕业后应聘到一家投资公司,工作不久,部门经理给他配置了一台笔记本电脑,这台电脑是以前部门其他人员使用过的,小陈接过电脑后发现,电脑里还有一些以前的文件,他想:既然这台电脑交付我使用,这些旧文件就应该是没有用处了吧。于是,他就把电脑上全部文件删除了。过了几天,部门经理问他:“你笔记本电脑上的文件还在吗?”小陈回答:“不是没有用了吗?我已经把它们全都删除了。”经理听后立时脸都白了,这是他们部门10多位员工花费了数天工夫撰写的一份投资项目评估报告,当时没有备份,而且现在老板在谈判中正急需这份文件。结果,小陈就这样被辞退了,离他参加工作还不到3个月。

从这个案例中我们可以肯定,小陈的部门经理首先是有过错的,他在交付电脑的时候,没有对新员工交代清楚,将文件备份或者进行检查,但是小陈作为一名员工,同样难逃责任,难道不应该问问你的经理这些文件是否有用,本来是一件非常简单的事情,他却没有做到,为什么?缺乏责任意识。

不愿承担责任,是人的一种本能,也是人的一种劣性;每个人都可以把理由往别人身上推,每个人都能够在别人那儿找到借口,可我们有没有想过一个基本的问题:不想担当责任,还想要轻轻松松地领取薪水,天下恐怕没有这样的好事存在,即便有,这样的好事也绝不可能长久。不愿意承担责任的员工,早晚要被扫地出门,即使侥幸没有被赶走,也会因为长期不承担责任,长期得不到锻炼而能力退化进而被淘汰。

一位成功学的大师说过:认清自己在做些什么,就已经完成了一半的责任。只有责任界限模糊的时候,员工才容易互相推脱责任。在一家企业里,每个员工都有自己的责任。认清自己应当承担哪些责任,这是落实责任的前提。

所以，作为一名员工，要时时刻刻提醒自己：明确了责任就能发现机会。因为责任和机会是成正比的。没有责任就没有机会，责任越大机会越多，责任越小机会越少。因为机会从来不是独来独往，它要么牵着责任的手，要么和责任合二为一。

5 只有责任，没有借口

任何困难都有解决的办法，关键是我们对待困难的态度。当遇到困难时，平庸的员工不是主动去找方法解决问题，而是千方百计找借口回避问题；而优秀的员工则是把问题当成机遇，坚定"一切皆有可能"的信念，积极寻找解决问题的方法，在问题中发掘成功的契机。

在工作遇到困难时，你首先考虑的是全力加以解决，还是寻找借口推卸责任？在现实中，多数人选择了后者：客户太挑剔，否则早成交了。经理没布置清楚……殊不知，在领导看来，这样的借口无非是在推卸自己的责任，非但不能掩盖已经出现的问题，减轻自己所要承担的责任，而且会使领导对你的印象大打折扣。

其实，困难不会因借口而消失，只有主动寻找方法解决，才能使事情得到圆满的解决。一个为领导所信赖的好员工是不会被外界的困难、不如意的条件、接踵而至的压力与挑战所吓倒的，相反，他们在面对困难时会主动负责，让问题止于自己。

焦力和孟飞是某快递公司的两名新员工。他俩是工作搭档，工作一直都很认真，也很卖力。老板对他们的工作很满意，然而后来发生的一件事却改变了老板对他们的看法。

一天，他们负责把一件大宗邮件送到码头。这个邮件很贵重，是一个古董，上司反复叮嘱他们要小心。没想到，送货车开到半路却坏了。孟飞说："怎么办，你出门之前怎么不把车检查一下，如果不按规定时间送到，我们要被扣奖金的。"焦力说："我的力气大，我来背吧，距离码头也没有多远了。而且这条路上的车特别少，等车修好，船就开走了。""那好，你背吧，你比我强壮。”孟飞说。

焦力背起邮件，一路小跑，终于按照规定的时间赶到了码头。这时，孟飞说：“我来背吧，你去叫货主。”他心里暗想：如果客户能把这件事告诉老板，说不定还会给我加薪呢。他只顾想，当焦力把邮件递给他的时候，他却没接住，邮包掉在了地上，“哗啦”一声，古董碎了。

“你怎么搞的，我没接你就放手。”孟飞大喊。

“你明明伸出手了，我递给你，是你没接住。”焦力辩解道。

他们都知道，古董打碎了意味着什么。没了工作不说，可能还要背负着沉重的债务。果然，老板知道了此事，自然少不了一顿训斥。

“老板，不是我的错，是焦力不小心弄坏的。”孟飞趁着焦力不注意，偷偷来到老板的办公室，对老板说。老板平静地说：“谢谢你，我知道了。”

随后，老板把焦力叫到了办公室。“焦力，到底怎么回事？”焦力就把事情的原委告诉了老板，最后焦力说：“这件事情是我们的失职，我愿意承担责任。另外，孟飞的家境不太好，如果可能的话，他的责任我也来承担。我一定会弥补上我们的损失的。”

接下来他们一直在等待处理的结果，但是结果很出乎他们的意料。

老板把他们叫到了办公室。老板对他们说：“公司一直对你们很器重，想从你们当中选择一个人担任客户部经理，没想到却出了这样一件事情，不过也好，这会让我们更清楚哪一个人是合适的人选。我们决定请焦力担任公司的客户部经理，因为，一个能够勇于承担责任的人是值得信任的。”与此同时，孟飞接到了一纸辞退通知书。

其实，古董的主人已经看见了他们在递接古董时的动作，他和老板说了这件事。老板当然知道了事情发生的始末。

领导会把机会给那些遇到困难不找任何借口，主动承担责任去解决问题的员工。这样的员工不一定有超凡的能力,但却一定有超凡的心。他们能够积极主动地抓住并创造机遇,而不是一遇到困难就逃避、退缩,为自己寻找借口。

事实上,遇到困难找借口、推卸责任是小聪明,敢于承担责任、对结果负责才是大智慧。与其挖空心思找各种理由来推卸责任,还不如像焦力那样,想想怎么做才能真正承担起责任,把出现的损失降到最低。因为你在承担责任、对结果负责的过程中,会学到许多知识、增长不少的工作经验,同时好的工作结果又能获得企业和领导对自己的信任与认同,进一步发展自己。

在遇到困难时,我们怎样才能勇敢承担责任而不找借口呢?

人活在世上,困难挫折在所难免,主要看一个人用什么样的心态去对待,困难好似弹簧,你弱它就强,你强它就弱。天无绝人之路,在困难和挫折面前,丢掉悲观失落的情绪,保持自信心是至关重要的。只有首先相信自己,别人才会相信你。自信的源泉来自对自我的全面认识,关键是对自己能力的认识。随着自信的不断提升,个人能力也随之得到相应提高。有实力,人也会更加有自信,才会得到别人的信任,才会在各自的领域获得更好的成就。我们有理由相信开放的眼光、踏实的行动和自信的胸怀,才是迈出承担责任的第一步。

温斯顿·丘吉尔说过一句话:困难就是机遇。机遇往往隐藏在困难中,如果我们正视困难,每天给自己打打气,坚定地走自己的路,那么,就可以在解决困难中获得自己意想不到的机会。因为,困难就是表现自己才能的绝佳机会,如果你是金子的话,解决棘手问题的同时可以展现自己不同凡响的综合素质,让领导刮目相看。

有这样一个真实的故事:

在20世纪70年代中期,索尼彩电尽管在日本声名远扬,但在美国却并不为人们所接受,它在美国被放在商店最不起眼的角落里,而且已是蒙尘垢面,在这样一种情况下,卯木肇接受了开拓索尼彩电在芝加哥市场的任务。在一位又一位负责人空手而回、无功而返的情况下,卯木肇没有找任何借口,而是欣然前往,迎接挑战,这也是信心和勇气的体现。

卯木肇来到芝加哥,看到索尼彩电在芝加哥的现状,他下定决心,一定要找到彩电在当地"无人问津"的原因。他通过调查知道:原来是前几任负责人采取的销售措施不当而引起的。在这种情况下,卯木肇完全可以像他以前的同事一样,带着市场已被破坏的借口回家。但是卯木肇并没有这样做,他下定决心一定要找到一只"领头羊"来销售索尼彩电。因此他三次登门,请求芝加哥最大的电器销售公司——马歇尔公司试销索尼彩电,他采取多种方法,重塑索尼形象,又成立了特约维修部。马歇尔公司被他的诚心和耐心所感动,终于答应试销索尼彩电并且取得了成功。

事实上,把事情"太困难,太无头绪,太麻烦,太花费时间"等种种理由合理化,确实要比相信"只要我们足够努力,就能完成任何事"的信念要容易得多。但如果你经常为自己找借口,你就不能完成任何事,这对以后的职业生涯也是极为不利的。卯木肇的成功启示我们:只有抛弃找借口的习惯,积极寻找解决问题的办法,任何困难都有迎刃而解的可能。

6　小题大做,责任到底

任何一件工作,只要是你应该做的就应该把它做好,负责到底,否则就不如不去做。皮尔·卡丹曾经对他的员工说:如果你能真正地钉好一枚纽扣,这应该比你缝制出一件粗制滥造的衣服更有价值。这句话说明了一个人最重要的不是做什么工作,而是把自己的工作负责到什么程度。看来小题大做,很有必要。

做任何工作都应该把自己的责任心放在第一位,这是做工作的前提也是做人应该具备的基本素质。一个人放弃了自己的职业素养,就意味着放弃了自身在社会中更好的生存机会,最后摔跤绊倒的也只能是自己。想在工作中取得更好的收益,办法只有一个,那就是全力以赴地投入工作。但遗憾的是,很多员工的想法恰恰与此相反,他们认为公司不是自己的,自己只是一个普通员工,没必要累死累活地替别人工作。有些员工甚至不把工作当一回事，认为工作就是混一口饭吃，他总是采取一种应变的态度：此处不留爷，自有留爷处。稍微不如意就想办法走人，却从不反思自己的过错或者将眼光放长远一点。这样的态度无异于不给自己留后路。其实，唯有那些真正认真负责，对待工作如同对待自己的私事一样的员工才会笑到最后，最终获得别人无法取得的成就，以及广泛的赞誉。

> 比利时有一部著名的基督受难舞台剧，演员辛基格几年如一日在剧中扮演受难的耶稣，他高超的演技与忘我的境界常常让观众有一种错觉，那就是像真的看到了再生的耶稣。
>
> 一天，一对夫妇在演出结束之后来到后台，想见见扮演耶稣的演员辛基格，并希望能有幸与他合影留念。合完影后那位丈夫一回头看见了靠在旁边的巨大的木头十字架，这正是辛基格在舞台上背负的那个道具。
>
> 丈夫一时兴起，对一旁的妻子说："你帮我照一张我背负十字架的相吧。"于是，他走过去想把十字架拿起来放到自己背上去，但他费尽了全力，十字架仍纹丝未动，这时他才发现那个十字架是一个真正用橡木做成的沉重的十字架，而不是一个简单的道具。
>
> 最后，他不得不气喘吁吁地对辛基格说："道具不应该都是假的吗？你为什么要每天都扛着这么重的东西演出呢？"
>
> 辛基格说："如果感觉不到十字架的重量，我就演不好这个角色。在舞台上扮演耶稣是我的职业，和道具没有关系。"

辛基格的这一番话是否可以道出所有成功者的秘诀？

在职场生涯，我们必须为自己争取一席之地。但是，无论在哪个行业，我们始终都不能对自己的工作掉以轻心。如果我们是一个钉纽扣的职员，就应该把钉纽扣的工作干得无可挑剔，完美无缺。而不是觉得自己的工作不够重要，就可以马虎草率，就可以吊儿郎当。因为，如果你连一点小事都做不好，你的上司永远都不会给你机会让你去做大事，你在小事上就已经将自己做事的缺陷暴露无遗，上司会认为大事你就更不可能做好了。所以，在你做小事的时候一定要想着做好，做大事的时候也一定要想着做好，不要将自己的工作当作儿戏。

东京一家贸易公司有一位小姐专门负责为自己公司的客商购买车票。她常给德国一家大公司的商务经理购买来往于东京、大阪之间的火车票。不久,这位经理发现一件趣事:他每次去大阪时,座位总在右窗口,返回东京时又总在左窗边。有一次这位经理是实在忍不住了就询问这位小姐其中的缘故。小姐笑答道:"车去大阪时,富士山在您右边,返回东京时,富士山已到了您的左边。我想外国人都喜欢富士山的壮丽景色,所以我替您买了不同的车票。"就是这种不起眼的小事,使这位德国经理十分感动并对自己的合作伙伴产生了无比的信任,于是,他把对这家日本公司的贸易额由600万马克提高到1200万马克。他认为,在这种微不足道的小事上,这家公司的职员都能够想得这么周到,那么,跟他们做生意还有什么不放心的呢?

工作无小事,正如海尔集团张瑞敏所说的那样,把平凡的事干好就是不平凡,就是成功。古人教育我们"一屋不扫,何以扫天下",这句话永远都是我们应该谨记的工作格言。在任何岗位上都是责任与权利并存,不能够承担责任的人就不能够享有与之相对应的权利。逃避责任就是逃避权利,不要妄想没有付出就有收获的结果,如果你愿意享有权利,那就先负起你该负的责任。

7　不做推脱责任的逃兵

世界上没有不必承担责任的工作,工作就意味着责任。而且,职位越高、权力越大,肩负的责任就越重。没有责任心的人永远都担不起重任,也就没有什么资格去羡慕别人的权力。在职场中,你永远都不要在责任面前后退,因为,一个人的责任心决定了他在企业中的位置。

大多数人都愿意得到更多而付出更少,似乎唯有这样才可以证明自己的聪明。但如果你仔细观察,细心领悟,你会发现那些负责的人往往不会想得太多,他们只想让自己负责的工作做到最好,只会尽力付出,但是工作给予他们的却可能很多。

硕士毕业后，小雪应聘到一家外企。她每天上班的工作就是拆应聘信—翻译—翻译—拆应聘信。工作量大、枯燥、索然无味，她却忙得热火朝天。可小雪不急不躁，一直耐心仔细地做。10天后，小雪被提升为人事部经理。升迁的理由是：一个名牌大学毕业的硕士生，每天千篇一律地拆信，不厌其烦地整理出有价值的信，推荐给上司，展示了她人事管理的才能。总裁认为：小雪能够尽职尽责，忠于职守，干一行爱一行，把自己岗位上的每一件事情都办得非常出色，企业需要的就是这样的放到哪里都能发光的人，理所应当是这一批应聘者当中的第一位升迁者。

任何一个老板都不希望自己的助手是一个不负责任的人。在他们心里，有责任心的人一定会努力、认真工作；有责任心的人一定会工作细致，听从安排，肯于协作；有责任心的人做每一件事都会坚持到底，不会中途放弃，说到做到，有个交代；有责任心的人一定会按时、按质、按量完成任务，解决问题，能主动处理好分内与分外的相关工作，有人监督与无人监督都能主动承担责任而不推卸责任。这样看来，你应该很明白一个有责任心的人是多么值得信任了。

早上，行政部经理急冲冲地跑进总经理办公室，向总经理汇报说厕所冲不干净，希望可以装配水箱加压装置。总经理听后大怒："厕所不干净都来找我？"行政部陈经理赶忙解释说："我已经多次和集团工程总监反映水压不够的问题，但工程总监坚持认为是使用厕所的人没有冲水，而不是新办公楼的水压问题，反而埋怨我们行政部没有做好卫生宣传工作。"听后，总经理立刻委派助理到厕所进行实地"考察"，并以"实战"测试厕所的水压。下午，总经理助理向总经理汇报，8个厕所共32个厕位，其中8个存在水压问题，主要集中在办公楼第4层。于是，总经理立刻责成行政部经理进行协调。第二天，行政部经理将书面报告呈交给了总经理。根据集团工程总监的意见，由于加压泵将耗费10万元投资，于是他建议增加2名后勤人员专门负责厕所卫生。总经理考虑到人员成本的问题，没有批准报告，于是该问题被暂时搁置。1个月后，由于董事长办公室的厕所进行维修，董事长在光临4楼厕所的时候不幸目睹了“惨象”。董事长大怒并立刻找到行政经理当面怒斥。行政经理听后委屈地解释说:“1个月前,我已经将解决该问题的书面报告呈交总经理,但由于人员成本问题总经理没有批准。”董事长困惑了:1个月的时间加三个部门共同努力,为什么厕所的冲水问题还没得到解决?1个月后问题依然没有得到解决,责任应该由谁来承担?如果连厕所卫生都解决不了,那公司的务实、求真、高效的管理方略何年才可以实现?

这个故事从一个侧面展示了一个企业中大家对待工作的态度。从这个例子中可以看出,所有的员工只要碰到问题都会往后退,不会有人站出来承担责任,而一旦遇到邀功的事情,各人的反应就大不相同了。在责任面前,最小的事可以演化成大事,可以让任何一个员工说那不是我的原因。结果,这个企业就很可能成为一个瘫痪的企业。

在工作中没有人可以做到万无一失,所以,需要每一个员工有主动承担责任的勇气。这种做法固然有一定的压力,却是最起码的做人要求,也是做事业的要求。如果你的推卸责任成了一种习惯,那你就会因为害怕承担责任而失去被委以重任的机会。

是你的责任,你就该负责到底;而不要对自己说,那不关我的事;更不要对别人说,那不关我的事。尤其是对于热爱工作的员工而言,主动承担责任会让你有机会得到除了金钱之外更重要的发展机遇和增长知识的机会,所以,做人要有平常心,做事要有负责心。

8　责无旁贷:对自己的行为负责

责任是人生最根本的义务,没有责任感的人永远不会有突出的成绩。

下班的时间已经到了,商场经理丁力收拾好东西正准备回家。这时传来了敲门声。“请进。”丁力回答道。一个小伙子走了进来。“冯木,你有事吗?”冯木是商场笔记本电脑销售员,做这份工作时间还不久,业务还不很熟练。但他为人诚恳、热情,对工作也很认真，大家都很喜欢他。

冯木一脸严肃，手里还拿了一个信封。“对不起，经理。今天我犯了一个严重错误。”原来冯木一时大意把一台价值两万元的笔记本电脑，以一万元卖给了一位顾客。他是特意来向经理承认错误的。

“我为我的错误感到羞耻。这一万元是我这几年工作攒下的，请你收下，作为我对公司的赔偿。如果你要开除我，我不会有任何怨言。”说完将手中的信封递给了丁力。丁力接过信封放到了桌上，然后问道：“你知道那位顾客的联系方式吗？你去找过他吗？”

“我知道的，他付钱时留下了联系方式。我没有去找他。为什么要去找他呢？是我把两种笔记本电脑弄混了，是我工作的失误，我不想给你带来太多的麻烦。”

“所以你就用自己的存款填补那一万元？”丁力说。

“是的，经理。这是我的错，我希望能够弥补它。”冯木诚恳地答道。

“你这种勇于承认错误的精神，我表示赞同，”丁力说，“这样吧，这一万元我先收下，我现在就同你一起去找那个顾客，”

故事的结局是：那个顾客爽快地补交了一万元。丁力不仅没有辞退冯木，而且把那一万元还给了他。

人非圣贤，孰能无过，知错能改，善莫大焉。发现错误的时候，不要采取消极的逃避态度，而是应该想一想自己怎么做才能最大限度地弥补过错。只要你能以正确的态度对待错误，勇于承担责任，错误不仅不会成为你发展的障碍，反而会促使你不断地成长、进步。任何事情都有它的两面性，错误也不例外，关键就在于你从什么样的角度去看待它，以怎样的态度去处理它。

如果只是顾全面子，不敢承担责任的话，那最后吃亏的只能是你自己。假如你犯了错且知道免不了要承担责任，抢先一步承认自己的错误，不失为最好的方法，自己谴责自己总比让别人骂好受得多。有些人认识到了自己的错误，但没有勇气承认，而把犯错的理由归结于别的因素。在他们看来承认错误就意味着要受到责罚，却不知道领导则认为沉默和狡辩就意味着逃脱责任。如果勇于承认错误，并把责备自己的话说出来，十有八九会得到宽大处理。

美国塞文事务机器公司前董事长保罗·查来普说："我警告我们公司的人，如果有谁说'那不是我的错，那是他（同事）的责任'，被我听到的话，我就处分他。如果你站在那儿，眼睁睁地看着一个醉鬼坐进车子里去开车，那他出了车祸就是你的责任。如果看到一个没有穿救生衣、只有 2 岁大的小孩单独在码头边上玩耍，你必须跑过去保护那个 2 岁的小孩才行。"

企业要求的是，不论是不是你的责任，只要关系到公司的利益，都该毫不犹豫地加以维护。如果一个员工想要得到提升，任何一件事都是他的责任。如果你想使企业相信你是个可造之才，最快的方法，莫过于寻找并抓牢促进企业利益的机会，哪怕不关你的责任，你也要这么做。

只有积极主动对自己的行为负责，才是企业当中的最佳员工。如果你推卸责任，即使你再有才能也不会得到重用。

小黄在一家工厂任技术员，经过几年的实践锻炼，在老同志的帮助下取得了一定的成绩，并且被提拔成车间副主任，负责车间的生产技术工作。

一次，车间的生产线发生了问题，产品质量也受到了影响。他看过之后，便立即断言是原料的配比不合适，认为在投放一家新的企业提供的原材料后，原有的配比必须改变。但调整之后，情况仍不见好转。此时，另一位技术人员提出了不同的见解，认为问题的症结并不是新的原料或原料配比不合适，而在于设备本身的问题。对此，小黄从内心觉得技术员的看法很合理，但是，他觉得自己是负责全车间技术与工艺的领导，如今自己的判断出现了失误，就必须承担一定的责任。于是，他一方面继续坚持自己的看法，另一方面也布置专人对设备进行必要的维修和调整。但是由于贻误了时机，问题最终还是爆发了，给公司造成了巨大损失，小黄在羞愧之中提出辞职。

工作无小事，更无小错，1%的错误往往就会带来 100%的失败，所谓

“失之毫厘，谬以千里”就是这个意思。面对犯错的最佳对策应该是勇敢承担责任，是自己的责任就要全力承担，一定不能推卸，要诚恳地承认错误，并积极地寻求补救的办法。如果不是由于自己的过失造成的，也不要急于替自己辩白，应首先着眼于公司的利益，等事情得到了妥善处理再说明情况。如果你确实被误会了，你的同事和上司也会在事实中看到真相，还你一个清白。

9 排除万难：完成任务不打折

在战争年代，为了完成上级交代的任务，有的战士不惜牺牲生命为代价；在现代公司里，虽然没有需要员工用生命为代价去完成的任务，但是也需要为了能完成任务而克服一切障碍、勇往直前的员工。然而遗憾的是，在很多公司里却经常出现这样的情况：

“吴明，关于‘完美’第二代财务软件的开发任务就交给你了。”总经理充满期待地说。

“这个……我恐怕不行，难度太大了，您交给康凯吧，他不是从美国回来的吗？肯定能做得比我好！”吴明回答道。

“庆东，我们公司决定去哈尔滨成立分部，公司决定由你去负责，怎么样？没问题吧。”

“当然没问题。但是，我是南方人，您现在让我去哈尔滨，夏天还凑合，冬天怎么办？我不习惯在寒冷的地方工作。”

“北方冬天有暖气。”经理解释道。

“但是，总得出门吧，哈尔滨的冬天很冷的！”

“王秀，这个月的销售任务一定要完成呀，不然公司就会陷入困境。”

“我也想完成啊！可是，你是知道的，咱们销售部门除了我之外，其余全是招聘进来的新员工，他们业务不熟练，我一个人再努力也无济于事呀！”

“肖华，这次和对方的谈判咱们只能赢，公司能否挺过这道难关，就全靠你了！”

“经理，我知道这次谈判事关公司前途，但是我心里可没底，咱们一个小公司，要实力没实力，要人才没人才，人家可是同行业中的翘首啊！”

毫无疑问，抱着以上心态的员工，无论他在哪个公司工作，成为优秀员工的机会都有可能为零，因为一有困难就退缩，一遇阻力就放弃的人，永远也不可能成功，也永远不会获得上司的青睐。虽然他们的抱怨和担心都是客观存在的事实，但是，身为员工，为公司排忧解难，主动承担艰巨的任务，并想尽一切办法去完成，是每个员工应该做到的。当公司给你一项艰巨的任务时，你应秉持的唯一态度就是乐意接受并克服一切障碍，保质保量地完成。

李兵是一家贸易公司的业务员。一次，他出差到上海时，无意中得知在上海的一位外商手里有一批钢材，当时国内钢材价格急剧上涨，如果能谈妥这笔生意，利润非常可观。然而，当李兵找到该外商时，发现好几家同行也在与其接洽，而且他们显然是有备而来，有的公司连合同样本都用中、英文两种方式拟好了。而李兵呢，除了带着“诚意”和“勇气”之外，他什么也没有。为了争取这笔生意，李兵一面积极与外商的秘书接洽，一面申请公司支援，由于公司以前没有和外商做过钢材生意的经验，因此根本拟不出相关的谈判条例，包括合同都不知道怎么拟订，但是经理却通过电话给李兵下了一条“死命令”，只许成功，不许失败。在没有外援的情况下，李兵明白要完成任务一切只能靠自己了。于是李兵开始设法使自己从没有外援的失望情绪中振作起来，并开始积极行动。

李兵认为自己目前最需要的是一份国际市场上的最新钢材交易价格。于是，他打开随身携带的手提电脑，从网上下载了一些关于这方面的资料，对国际上的钢材交易价格心里有了底后，李兵立即开始了下一步的行动，他必须在最短的时间内拟出一份规范的、符合国际钢材交易的中、英文合同，可英文不是李兵的特长，更何况合同里面肯定会运用到很多专业术语。怎么办呢？

李兵首先想到的是请翻译公司帮自己拟一份合同，但是不巧的是，当时正好是星期天，翻译公司没人上班，如果等到星期一，在时间上肯定是来不及了。李兵知道时间对于他来说是多么的重要，他想：无论如何今天我必须得拿到一份符合规范的中、英文合同。于是，李兵在宾馆的房间内来回走动着，思考着怎样才能在最短的时间内得到一份合同范本。突然，他想起了自己在一次同乡聚会上，认识的一位叫小强的老乡，他是北京某高校国际贸易专业毕业的，应该具备这方面的知识。于是，李兵立即与小强联系，不巧的是，小强在广州出差，他告诉李兵，如果在北京，他能帮上这个忙，但现在在广州，他也心有余力不足，因为他手头也没有这方面的材料，同时他提醒李兵，外贸合同非常复杂，专业术语以及一些其他细节稍有疏忽，就会给己方带来不利。

听了小强的话后，李兵虽然很失望，但他没有想到过放弃。于是，李兵又把电话打到了自己一位大学同学那里，请求其帮助。这位同学现在是一位公务员，虽然自己不懂这方面的知识，但他很乐意帮助李兵。在挂断电话后，这位同学立即调动自己的所有关系，很快就找到了一位对书写外贸合同非常有经验并且精通谈判的专业人士。在这位专业人士的帮助下，晚上 8 点钟时，李兵的电子邮件里已有了一份详细的关于钢材贸易的中、英文合同范本。

就这样，几经周折，李兵终于准备好了谈判时必须准备的资料。星期一上午，李兵带着这些资料自信地走进了外商住宿的宾馆。

在众多的竞争对手中，李兵终于笑到了最后。当他拿着签好的合同回到公司时，经理说："我没想到你能拿回这份合同，因为如果是我自己处在那样的环境下，我可能也做不到，但你能克服那么多障碍做到了，而且做得非常好，这就证明你的与众不同。对了，香港总公司刚好要从内地分公司里选一名优秀的年轻人到总部去锻炼，我已把你的名字报上去了。”

也许你会说“李兵真幸运”。的确，李兵是幸运的，因为他的付出得到了回报，但是，你想过没有，李兵的幸运是他不畏困难、克服一个个障碍，并最终完美完成任务换来的。假如李兵被困难吓倒，或者根本就没有勇气去克服工作中出现的障碍，那么他绝不会成为“幸运者”，更不可能成为上司眼中的好员工。

如果缺乏勇气和信心，即使最简单的工作，在我们眼里也会变得如同上天摘星星一样困难；而有了勇气和信心，我们才会想尽办法去克服工作中出现的任何困难。当你能克服一切障碍，100％完成任务时，你的勇气和信心就证明了“我是优秀的”、“我是杰出的”、“我是值得信赖的”。而所有的管理者，都不会忽略这种员工的存在。

当工作中出现阻碍时，要开动脑筋想办法，必要时要懂得寻求帮助，而不只是一味蛮干。要知道，解决问题不是仅有热情才行的，还要有技巧，有智慧。

10　勇挑重担，挑战极限

在每个人的职业生涯中，都会遇到一些艰巨的、高难度的工作，而你用什么样的态度去对待，就会有什么样的收获。假如在高难度的工作面前，你毫不犹豫地勇挑重担，并尽一切努力去完成时，相信上司会对你刮目相看；假如你找各种理由为自己辩护，从来不敢接受高难度的工作，那么，你一辈子就会平平庸庸。因此，一个人是平庸还是优秀，不是上天所赐的，而是由他自己的工作态度所决定的。要想拒绝平庸，就不能拒绝高难度、有挑战性的工作；要想让自己优秀，当公司有高难度的工作时，就要站在上司面前，大声说“交给我吧”。而具有这种胆识和魄力的人，将来一定能成为所在的那个行业的佼佼者。

杜娟是某建筑公司设计部的一名员工。在一次会议中主任说：“3个月后，龙园工程就要公开招标了，公司正在做各方面的准备工作，但重点在我们部门这一块，因为参加竞标的几家公司的实力都相差无几，关键点在于谁的设计图纸更科学、更实用、更符合招标单位的理念，谁就能中标。因此，我希望大家能主动请缨，接受这项任务。”

主任的话说完后，大家都面面相觑，谁也没表态，因为每个人心里都明白，这是一件棘手的事，不要说3个月的设计期限太短，就是设计完成了，如果没有中标肯定要负一定责任的，因为公司非常重视这次投标，已开始投入了大量人力、物力，一旦失败，公司遭受的损失是巨大的。而且现在建筑行业里竞争极为激烈，龙园工程又是市里的形象工程，如果谁能中标，带给公司的不仅仅是巨大的利润，还有声誉和其他无形的资产。因此，每个参与投标的公司，都是志在必得，但与此同时，它带给设计人员的压力也是巨大的。

过了好一会儿，依然没有人开口，大家都沉默着，会议室的气氛有点紧张起来。就在主任的脸色越来越难看时，杜娟站起来说：“主任，交给我吧，我将竭尽全力完成好图纸的设计，绝不拖公司的后腿！”

“你……”主任的语气带着明显的怀疑，说实话，当初杜娟进设计部时他就不同意，因为他认为建筑这个行业是男性的世界，他甚至有句口头禅：建筑让女人走开！但当初是经理坚持要录用杜娟的，因此他不好再坚持自己的观点，虽然杜娟到设计部后的表现可圈可点，但主任还是没有觉得杜娟有挑大梁的“能耐”。

“主任，我知道这次设计事关公司的发展前途，但我不是头脑发热，一时冲动，我是经过深思熟虑才做出决定的。在3个月前，当我知道龙园工程要启动时，就利用双休日做准备工作了。这是我准备的资料。”说完，杜娟把资料递了上去。

“杜娟，你可要想好喽，这不是意气用事的时候。”主任接过资料时，仍不放心地说。

“主任，请您相信我，我会全力以赴的。”

“好！我希望你不要让公司失望，我和其他同事会配合你的。”主任说。

主动接受了别人避之唯恐不及的“烫手山芋”后,杜娟立即着手图纸的总体设计。她不仅利用双休日回学校找原来教过自己的老师,请教设计理论方面的知识,还到工地上向有经验的老师傅请教一些具体的设计细节;回到办公室后,她又把自己设计的总体构想反复与同事们讨论,认真倾听他们的意见。设计好每一个局部后,她都要与主任一起反复斟酌,看其是否符合整体规划,是否与其他建筑和谐。

3个月后,图纸如期完成了。

当公司中标的消息传到设计部时,主任说:“杜娟,你勇于承担高难度任务的精神值得我们学习,公司要是多有几个像你这样的年轻人,那就不愁没有竞争力,不愁没有发展、壮大了。”

“杜娟,谢谢你!”经理也亲自来看望杜娟和设计部的其他员工。

“其实,这也不是我一个人的功劳,当初我之所以有勇气承接设计任务,心里也有点担心,但是我又想到,只要接受任务后,设计部和公司就是我最强大的后盾,有这样可靠的‘大后方’,我就不再犹豫了。在设计的这3个月里,主任和其他同事给予了我最大的支持,没有他们,图纸就不会设计得比较理想。”杜娟说。

“好好干,年轻人,你不但有承担艰巨工作的勇气,还有如此谦虚的胸怀,公司的未来就全靠你们了。”经理的话让杜娟备受鼓舞,她觉得自己这几个月的辛苦总算没有白费,更为重要的是,她通过自己的努力,向公司证明了“我是最棒的”。

一年后,杜娟通过自己的实力,被提拔为设计部的主任助理,能独立承担很多重要的设计工作了。而许多比她早到设计部工作的同事,至今还在“原地踏步”。

显然,杜娟的脱颖而出与她在危难之时,敢于承担艰巨的任务有很大的关系。假如她也像其他同事一样,一遇到高难度的工作就缩手缩脚,就先考虑个人的得失,或是斤斤计较其他小事,那么她今天也许还在与平庸为伍,还在设计部里默默无闻。

热爱工作的员工是不会挑剔工作的。在困难面前,他们绝不退缩,而是迎难而上,即使那件工作没有人愿意去做,他也会主动去执行,并尽职尽责,完美地完成。事实上,不管在哪一家公司,领导都希望自己的员工能主动去承担高难度的工作,而不是“挑三拣四”、“拈轻怕重”。对于公司而言,只有那些能主动执行,并把高难度的工作做得比预期的要好的人,才有机会成为公司最好的员工。

清楚地了解自己,衡量自己的实力。当自己觉得有能力去承担某一项艰巨的任务时,就不要考虑太多的外在因素,比如别人的看法、自己参加工作的时间不长等其他消极因素。只要心态是正确的,加上有完成任务的实力,那么就要大胆地勇挑重担。

11 对你的言行负一切责任

责任是每个人必备的美德。负责任的人才是成熟的人。身为员工,凡事要敢于承担、敢于负责,要视公司为自己的。在出现失误时,不要置身事外,不要采取观望态度,而应该站在公司的立场上,为公司着想,并努力负担起自己应该承担的责任,而不是选择逃避或推诿。这样才能赢得上级的欣赏、同事的信任。威廉·贝内特曾说:要想全面提升自己,你唯一要做的就是必须停止把问题归咎于自己周围的环境,以勇于负责的态度对待自己的工作,那样一切都会有所改变。

然而,很多人还是在工作中经常忽略了“责任”二字,以致经常出现这些情况:工作敷衍了事——没有责任心;工作中出现了失误,却把原因推到同事身上——推卸责任;拒绝有难度的工作——不愿意承担责任。不过,他们的行为刚好印证我们中国人那句成语:种瓜得瓜,种豆得豆。一个人在工作中也如此,你付出了多少,就能收获多少;你对工作不负责任,工作也不会给你丰盈的回报。要知道,在现代公司里,管理者越来越需要那些敢作敢为、勇于承担责任的员工,因为责任意味着忠诚,意味着全心全意地付出。

钱春林大学毕业后,受聘于一家旅游公司当导游。由于刚走上工作岗位,公司先让他接待国内较小的旅游团队,旅游的目的地也大多是国内的一些名胜景点。公司之所以这样做,是因为钱春林是新聘员工,经验不足,先让他锻炼一下,等有工作经验后,再安排他带大型团队出国旅游。但工作不到3个月,钱春林便向公司申请,要带大型团队去新、马、泰等东南亚国家旅游。

“带队出国旅游是大事,每次有经验的导游带队出境都非常谨慎,因为不像国内,在国外可要复杂得多,你觉得自己有把握吗?”经理问。

“当然,没有金刚钻,我哪敢揽这瓷器活呀。再说,我的英语表达能力你也了解,而且我也熟记了各国《旅游出入境管理条例》,带队出国肯定没有问题,我会尽心尽力、负全部责任的,我保证游客到外面吃得好,玩得开心。相信我吧,我会让他们的投诉率为零。”

面对钱春林信誓旦旦的表白,加之正值旅游旺季,公司确实缺乏好的导游,于是经理同意了钱春林的要求。在经理千叮咛万嘱咐中,钱春林带着旅游团队出发了。

然而,令经理没有想到的是,从旅游团队回国后,公司的投诉电话就响个不停,游客们都反映钱春林在国外态度恶劣,动不动就把游客晾在旅游景点,自己不知去向,让游客们等他;有时钱春林反复向大家强调10点钟集合,乘大巴去另一个景点,可当大家10点钟都上了大巴时,他自己则不见人影,让全车人等他一个人,且一等就是半小时。当有游客质问他原因时,钱春林则蛮横地说:“怎么啦,不想等,自己下车走嘛。”还有,钱春林私自更改住宿地点,把游客们带到一个卫生条件极差,饭菜不符合中国人口味的小旅馆,而不是原先在国内就约定好的那家三星级酒店;钱春林甚至不顾全体游客的抗议,私自更改旅游路线,等等。因此,游客回国后,一下飞机,有的人干脆直奔旅游公司,为自己讨“公道”来了。

为了安慰游客,也为了挽回公司声誉,经理除了郑重向游客道歉外,还承诺给全体游客一定的经济赔偿,才总算把事情平息下来。虽然如此,但还是有部分游客把投诉电话直接打到了国家旅游局投诉。经调查属实后,该旅游公司也受到了应有的处罚。

当钱春林接到公司的解聘通知时,他愤愤不平地找到经理,质问缘由。

“你自己想想,你出国前在我面前是怎样承诺的?出国后你又是怎样做的?要知道,任何一个公司都不会留用一个对工作不负责任的员工。”

“我是承诺过,可游客投诉的那些事情都是由于不可抗拒的因素造成的。”钱春林为自己辩解道。

“出了这么大的事,你不但不主动承担责任,还在为自己开脱、狡辩,你还有没有一点责任意识?你对自己的言行不负责任,对公司不负责任,你今天之所以遭到解聘,主要原因就是因为你没有责任心。一个没有责任心的员工,一个对自己的言行都不负责任的人,又怎么能得到公司长久的留用呢?你还是另谋高就吧!”

直到现在,钱春林还在边找工作,边抱怨旅游公司不近人情,没有理由就开除了他;抱怨出国旅游的那些游客多事、挑剔,为一丁点小事就投诉他……但是,钱春林却从来没有静下心来想想,自己之所以遭到解聘的命运,不是公司没有人情味,不是游客太挑剔,问题的结症就出在他自己身上——他没有责任意识,没有对自己所说的和所做的负责任。

生活中有不少类似钱春林这样的员工,他们把自己没有升职、加薪的原因,归咎于上司的任人唯亲、自己运气不好等原因,却从来没有反省过问题就出在自己身上。假如他们有强烈的责任感,能全心全意、尽职尽责地做好工作,那么,他们的期望就会变成现实,他们就有可能成为最棒的员工。

任何好的品格或者习惯,都不是天生的,而是后天培养的,责任也如此。那么怎样才能培养自己的责任感呢?首先,要端正自己的态度。态度决定一切。一个人只有具备了良好的生活态度,才会滋生出一股强烈的责任感。其次,要有远大的人生目标。目标是一盏灯,它能指引我们生

活的正确航向。在工作中,目标就是我们前进的动力,你想成为好员工,就需要比别人付出更多的努力,承担更大的责任。最后,学会自省。懂得自省的员工,不会在犯错时只抱怨他人,懂得先从自身上找原因;懂得自省的人,也善于发现自身的不足,并勇于改正,而且乐意为自己所说的和所做的负责任。

你今天拿承诺开玩笑,视信用为无用之物,明天你就会成为"地狱的鬼魂",为自己的失信付出代价。一个不信守承诺的人,不可能获得人们长久的尊敬,也不可能获得长久的成功。承诺要兑现,做事要负责。

第六章　接受工作：服从是你应尽的义务

热爱工作的员工，不仅接受工作，而且还服从公司的安排。执行的前提是认同，落实的关键在服从。一家高效的公司必须有良好的服从观念，一个优秀的员工也必须有服从意识。服从是行动的第一步，没有服从就没有执行，团队运作的前提条件就是服从，没有服从就没有一切。

1 制度面前要低头

任何一个组织都必须有制度的保障才能正常运营,企业也同样如此。每家企业都有自己的规章制度,也有自己的员工手册,这些绝不是墙上的摆设,也不是员工看完就可以抛之脑后的,而是要求全体员工严格遵守的企业法典。没有员工的严格遵守,企业的制度就形同虚设,这是任何企业都不允许的。

孟子云:不以规矩,不能成方圆。一个国家,有各种各样的法律,各种各样的制度;一个行业,有许多的行规,不管是明文规定的规则还是潜规则;一个企业,也必定有着规章、制度。

联想集团在公司成立之初,便对员工的行为提出了“四大天条”,并成为全体联想人必须遵守的规章制度,多年来一直在不折不扣地执行着,其具体内容是:不利用工作之便牟取私利;不收受红包;不从事第二职业;工薪保密。联想对凡是违犯“天条”的人,都坚决给予了惩处。

职业规章和公司制度就像是企业的“天花板”,任何人都不能逾越,否则必将受到应有的惩罚。

海尔总裁张瑞敏在各种场合讲到海尔的成长历程时,总不忘提到13条制度,其中包括不准迟到,不准早退,不准在工作时打毛衣,不准在工作时闲聊……这些看起来琐碎,细小,简单得令人发笑的规定,却切实地击中了当时海尔的管理要害。通过海尔领导者的严格管理,这13条管理规定得到了有效地执行,使海尔员工的职业素质有了很大改善。此后,海尔的管理者又逐步推出各种新的细化规章制度,做到了有规可依。渐渐地,海尔的企业管理由无序转向有序,海尔的事业也开始走向了辉煌。

同样,英特尔公司从创立开始就非常强调制度,处处都有清楚的规定,每天早上的上班制度就是最明显的例证。在英特尔公司,每天上班时间从早上8点整开始,8:05以后才报到的人,就要签名在"英雄榜"上,背负迟到的"罪名",即使前一天晚上加班至深夜的人,第二天上班时间仍是早上8点。

企业不能没有制度,制度是有序的前提。企业制定各项制度是为了更好地管理、有效地运营,其中的每一条规章制度都不是臆断出来的,而是在长期的运营中吸取了各项工作的经验教训之后,科学地总结出来的。制度是组织正常运作最基本的保证。

企业的每一个部门,都会依据本部门的职能制定相应的规章制度,以保证本部门工作顺利而高效地进行。生产部门的规章制度,是为了提高企业的生产效率和产品质量,以确保企业在市场竞争中处于优势地位;服务管理制度是为了加强企业的服务,以提升企业的形象;人力资源部门制定的规章制度,是为了更好地为企业招募和培训人才等,以提高企业人员素质……世界500强企业的管理制度都很严明,从制造、工程到财务,以及行销部门,每件事情都有清楚的规范,每位企业员工都以这些规范作为自己的工作准则。正是这些制度的制定和执行,才缔造了这些伟大的企业。

每位员工都是企业的一分子,有权利也有义务遵守企业的各项规章以及本部门的各项制度。这是企业对员工最基本的要求,做到这一点才能算是合格的职业人。一个连企业的规章制度都不遵守的员工,绝不是一个好员工,更不可能热爱自己的企业,这样的人会首先被企业淘汰。因此,我们必须时刻提醒督促自己,务必做到严格遵守企业的各项制度。

由此看来,遵守企业的规章制度,是确保服从的前提。

2 服从:公司法则,员工天职

为保证企业运行的正常,服从在任何一个组织中都是雷打不动的"游戏规则"。也许,绝对服从只适用于军队,但是,对于一家企业而言,服从也同样具有它的不可估量的价值。

职业人必须要以服从为第一要义,没有服从观念,就不能在职场中立足。每一位员工都必须服从上司的安排,就如同每一个军人都必须服从上司的指挥一样。大到一个国家、军队，小到一个企业、部门，其成败很大程度上就取决于是否彻底贯彻了服从观念。

在一家高效的企业里你会发现服从观念早已深入人心。服从是公司的重要生产力，没有彻底执行服从观念的公司是没有发展前途的。所有团队协调运作的前提条件都是服从，没有服从就没有一切，你的创造力和主观能动性一定是在服从的基础上建立起来的，否则，再好的策划也会因为没有服从做保证而搁浅。因此，公司要把服从意识作为重要的理念来看待，要下大力气在公司内部营造人人服从公司领导，人人执行公司发展战略、规划和计划的文化氛围。在公司内部，服从是公司的绝对法则，是每个员工的天职。

当然，这是一个个性化时代，谋求个人利益、追求自我实现是天经地义的。但是，个性解放与服从并不是相互对立的，而是相辅相成的。许多年轻人以玩世不恭的态度对待工作，他们蔑视服从精神，嘲讽忠诚。他们认为自己之所以工作，不过是迫于生计的需要，这样的员工在任何地方都不会有自己的成就，因此，自己的个性也只能在不服从中泯灭。因为，他们的思想和行动都严重脱离了社会的生存原则和共识，社会当然不会给他一个舞台让他表演。试想，如果社会给了他这样的平台，那么，每一个员工都会置企业利益于不顾，只为自己的利益考虑，各干各的，不服从组织调配，那整个企业的发展将会面临严重危机。

一个热爱工作的员工必须要有服从意识，因为任何一个组织都必须要有严格把关的人来领导和协调各个部门、各个岗位上的工作。上司的地位、责任使他有权发号施令，同时上司的权威和他以整体利益为出发点的战略高度不允许部属抗令而行。如果下属不能服从，那么整个组织在达成共同目标时，则可能产生障碍；反之，则能发挥出超强的执行能力，整个团队也就达到了优化组合并取得不可估量的成果。只要你的个性在整个的企业成果中显示出了突出的贡献，那证明你的个性是有价值的，企业也会很乐意地让你发挥你的个性优势；否则，你的个性就等于背离了企业导向，对企业是无益的。

人无完人，上司的决策也会有错，但是，作为一个普通的员工也好，作为一个管理者也好，你很难断定决策是对的还是错的，因为很多东西在没有最终答案之前难以确定它是对是错。当你认为他的做法错误的时候，不要与你的上司对着干,或者不服从调配。你可以大胆地说出你的想法，让你的上司明白,作为下属的你不是在刻板执行他的命令,而一直都在斟酌考虑,考虑怎样做才能更好地维护公司的利益和他的利益。但是,无论你在公司的职位有多高,只要你身为公司的员工,你就要谨记一点:你是来协助上司完成经营决策的,而不是制定决策的。如果你拒不服从,最后的结果只会是自毁前程。

麦克阿瑟不服从上级指令可是有名的。在20世纪30年代初的经济危机期间,一些退伍军人及其家属到华盛顿请愿,要求政府发给津贴。当时任陆军参谋长的麦克阿瑟到示威现场阻拦。在任总统胡佛指示麦克阿瑟不要动用军队,但麦克阿瑟对总统的指示不予理睬,用军队驱散了示威的人群。

第二次世界大战结束后,总统杜鲁门尽管对麦克阿瑟印象不佳,但还是委以重任,麦克阿瑟理所当然地成为日本的绝对统治者。他在任期间对日本的政治、经济进行了大刀阔斧的改革,使日本走上了社会经济迅速发展的道路。但他在没有经过华盛顿批准的情况下,擅自将驻日美军削减一半。麦克阿瑟的举动实属目中无人,杜鲁门大为恼火。杜鲁门曾两次邀请麦克阿瑟回国参加庆典,都被麦克阿瑟以"日本形势复杂困难"为由回绝。

杜鲁门忍无可忍,1951年4月11日,下令撤销了麦克阿瑟的一切职务。最让麦克阿瑟尴尬的是,他是在新闻广播中获悉自己被撤职的。这一消息让没有丝毫思想准备的麦克阿瑟面部表情一下子呆滞了。他万万没有想到,功勋卓著的他,会被总统撤销一切职务。

杜鲁门在解除麦克阿瑟职务时说,他之所以终止麦克阿瑟的政治生涯,既不是由于麦克阿瑟同他意见不一致,也不是由于麦克阿瑟对他本人进行人身攻击,而是由于麦克阿瑟不尊重总统办公厅,这是绝对不能容忍的。麦克阿瑟最后被撤职,就是因为他不服从上级。

可见,任何人都没有理由不服从组织的决定,也许你功勋卓著,也许你才华横溢,但当你成为组织中的一员时,你首先要做的就是服从。否则,你就将失去展示自己才华的舞台。因为,组织需要的不是你一个人的表演,而是全体成员配合默契的大型表演。

3 没有服从,不成团队

在组织活动中,任何人都去强调自己的个性,都去凸显自己的与众不同,当一项任务下来时,A 坚持这样做,B 坚持那样做,C 对 AB 双方的意见都不赞同,组织成员之间就这样互不相让,那么,这一项任务就无法完成。而任何组织的统一步伐都是在个人服从集体的基础上进行的。服从是组织合作、步调统一的必然要求。服从是团结一致的第一步,是个性服从共性的需要。

有一位很有才华的员工,讲得一口流利的英语,在跟外商谈判中,他的位置就显得尤为重要。慢慢的,他就有些飘飘然了,对于那个个头比自己矮,学历、水平和能力好像也没有自己高的上司就有些不以为然。

有一次他和上司在跟外商谈业务的 Party 上,得意地跟外商频频举杯,海阔天空地闲聊,上司频频向他示意要将合同定下来,但他却视而不见。结果这个本来可以当时就拍板的合同因为拖的时间太长被别人抢了先机,单子砸了。没几天,他就被以一个无关紧要的理由辞退了。

临走时上司告诫他:纵然再有才华,也要服从领导的安排。他这才知道自己没有找准自己的位置。正如这位部门经理所希望的,好的员工在各种场合都应当以组织为中心,突出组织的地位。如果喧宾夺主,那么整个组织的原则就无法得到贯彻,行动也会落后于别人。任何组织都不会容忍这样的个体存在,因为一个组织就像一个家庭,家庭成员不团结当然就会有许多人乘虚而入。一个公司内部存在分歧,很快就会有竞争对手知道,竞争对手也会趁火打劫。所以,一个团队,首先要在各成员服从一致的基础上统一起来,才能应对市场的残酷竞争。所以,企业在用人时并非只会看重员工的职业技能,许多优秀的职业素养往往是决定员工能否被老板赏识的关键因素。

一个团结协作、富有战斗力和进取心的团队,必定是一个有纪律的团队。同样,一个热爱工作的员工,也必定是一个具有强烈纪律观念、善于服从的员工。一家企业,如果纪律贯彻不力,下级就会斗志松懈、纪律松弛;反之,如纪律严明、赏罚有度,企业的凝聚力、战斗力就会大大提升。

一位管理者在服从这个问题上说:我每次遇到员工不服从组织调配时,都会采取一种与他人完全不同的处理方法。我的第一个行动是同这个员工商量,采取哪些具体措施以改进工作。我提出建议并规定一个合情合理的期限。这样,也许会获得成功。不过,如果这种努力仍不能奏效,那我必须考虑采取对员工和公司可能都是最好的办法。当我发现一个员工不遵守纪律、工作老出差错时,就决定不要他!因为服从组织决定没商量。

生活中没有谁一辈子不挨骂,工作中同样如此,没有谁可以保证自己不会被人骂,尤其是被上司骂。有些人被上司骂过之后觉得自己脸上无光,于是产生对立情绪,对上司的话不再听从,于是,搞得上司更加气愤难当,只有下逐客令。想想这样的结局对谁有利?工作中,最让上司恼火的就是他的话被你当成了“耳旁风”。如果你总是我行我素,觉得上司批评错了,势必会影响自己在公司里的地位。接受批评能体现对上司的尊重、对团队的服从,是一个人优秀素质的体现。

4　善于服从:参透老板那颗心

李刚到一家房地产公司从事销售工作。公司要求每一位员工,每天必须联系一处待售的房地产并将其登记在册。一天,经理知道李刚本月仅联系到两处房地产时说:“我真不理解,我想,我要是雇个傻子,在他背上挂一块牌子,那个傻子至少也能将两处房地产的售价带回来登记。”面对这样的指责,李刚强压住怒火和暴躁,愤怒地离开了办公室。他奔波了一天,终于在下班之

前赶到经理办公室，将两处房地产待售登记表扔到经理办公桌上。这次经理却轻描淡写地说："你最好明天再联系两处。"李刚生气地将手里的所有资料扔到桌子上喊道："我不干了，行不行?"说完就离开了经理室。

工作中，你是不是也有过这样的经历？那么，你想过用另一种方法处理这样的事吗？每一个老板为了成就自己的事业，都需要一些得力的员工。他们总是在千方百计地寻找自己所需的人才，而这样的人才的第一个标准就是服从，而且，服从永远都是第一位的。没有服从就没有工作的正常开展，业绩就更无从谈起，所以，服从是保持正常工作关系的首要条件，是融洽相处的一种默契，也是上级观察和评价自己下属的一个重要尺度。唯有服从才能获得上司的肯定和信任。

因此，聪明的员工在上司发布命令时，能参透他的意图，站在上司的位置上去想，这会让上司有一种安全感，他的领导才能才会在一个内部关系顺畅的团队中表现得更好。事实上，只有那些懂得服从的员工，才能从老板那里获得更多的回报，而动不动就发脾气的员工总会遭到排挤。

当然，每个人都有自己的思维和想法，但不等于每个人都有自己特立独行的权利。这个世界是一个权利与责任相互制衡的社会，如果你没有权力制约别人就不要犯错，服从对于你而言是最恰当的选择，事实上，当你学会了服从也就学会了下命令。

那些缺少服从意识的人，一定是自制意识非常差的人。而善于服从的人最终都会形成一种严谨的做事风格。一位西点军校毕业的将军说过这样一句话：为什么我们要让这些孩子经受 4 年斯巴达式的教育？他们住在冷冰冰的兵营，上午 9 点 30 分之前不能往垃圾桶里倒垃圾，水池必须始终干净，不堵塞。如此多的规定和规则，为什么？因为一旦毕业，他们将被要求全无私心地投入到一个组织中去生存。在军队的这么多时间内，他们将要吃苦，将在圣诞节远离家庭，将在泥地上睡觉。这份工作有许许多多的东西让他们必须把自我利益放在次要地位。因此，必须习惯这样。

有的人认为服从的人没有创意。脱颖而出本来是一种非常好的意识，而且是让你奋发向上的动机，但是却常常会碰到有些人走错方向，他们一心想脱颖而出，可是事情并不如他们想象的那么顺利，他们只有用错误的方式走正确的路，结果也只会是一败涂地。在我们的群体中，我们常常会发现这样的人，老板规定6点才能下班，他就偏偏要5：50分离开办公室，事实上他不是为了要争取这10分钟，而是要向大家证明他跟人家不一样。因为他要脱颖而出，但又找不到出口，所以，他就走火入魔，用其他的方法来证明他的突出，这是非常危险的。这样的员工绝对是老板的心病，即使再有才华，也只会是老板眼里的“定时炸弹”，老板会如何处理他，也就不想而知了。

员工服从与否，直接决定了上司决策的执行水平和质量。所以，如果你真有水平，想发挥自己的聪明才智，就应该认真执行上司交办的任务，巧妙地弥补上司的失误，在服从中显示你不凡的才华，这样的员工才会成为企业需要的人。

最高级的服从艺术不认为服从是一种压迫，而是一种自己的工作职责，是自己工作时的快乐。老板之所以招募员工，就是要用来解决问题，而不是制造问题。

有位以服从为美德的优秀员工在提到服从时这样说：我服从，因为我在服从中能够学到很多的东西，比如老板的决策方法；我服从，因为我在服从中能够增加自己的道德修养，我会站在别人的角度尤其是老板的角度考虑问题。这样的服从，是一种快乐的服从艺术。

因为快乐，他们会与上司成为盟友。承认上司比自己优秀，与上司成为盟友，对于上司的命令坚决服从，这会使团队的凝聚力提升，相对的战斗力也就越发强大。要让很自负的人承认“所有”的上司都比自己优秀，是不容易的。但是上司的主要工作就是发布命令、统筹全局，而员工的责任就是听从指挥。

对于老板而言，他们所必须面对的不仅仅是公司发展前景、财务状况的压力，还必须面对不断涌现的突发问题：来自于员工的不解，市场的实际压力……他们面对自己的下属不服从时，就会非常的恼火，因为那意味着自己的很多前期计划都是失败的。而优秀的员工能够体谅老板的苦衷，能够与老板配合默契，积极乐观地服从他的每一项决议。

在工作中，员工与老板必须多沟通，对于老板的命令，他自己也会喜欢员工能多提一些意见,这样让他不至于偏执。虽然决策权一直都在管理者手中,但是广泛听取员工的意见对于老板而言是有利而无害的。同时,他们更期待这些沟通意见和解决问题的方案。

5 绝不盲从:三思之后再服从

服从是员工素质的第一要素,但是老板更喜欢那些服从又不盲从,有自己的意见又能充分领会上司意见的人。这样的人才是老板期望中的优秀员工的行为。

职场中流行这样一句话:职场守则第一条:老板永远是对的;第二条:如果发现老板错了,请参照第一条。如果你遵照执行,那就是盲从。这句话强调了员工对老板的绝对服从关系,但这并不表明老板向你下达的所有指令你都必须执行,因为老板不一定永远是对的。当他出现错误的时候,他最希望的是能够有人及时地给他指出。

但是,这一切都要以服从为前提,不盲从并不代表不服从,不要为了找老板的错误而去质疑老板的命令,假如你力争证明老板错了,那么你才是真正犯了大错。

许多在职场中打拼多年的人都有这样一种深刻体会:服从一次容易,事事依从领导却很难。那些职场中的老员工几乎都曾有过刁难领导、违背领导命令的经历,虽然在平时他们大多数都能很好地与领导相处。

"服从第一"应该大力提倡,善于服从,巧于服从更不应忽视。巧妙地服从,其实也是一种人生策略。如果你是个才华出众的下属,真有能力,正确的方法不是无视领导而是认真去执行领导交办的任务,在执行中妥善地弥补领导的失误,在服从中显示你不凡的才智,这样,你就获得了优于他人的优势。

企业生存是很残酷的,稍有不慎就会翻船,企业的管理者经营一家企业就像管理一支军队,很多事自己是站在全局的利益上考虑的,在制定方针政策的时候当然会涉及员工的个人利益,但是,他必须这样做,他要求员工做的也只能是服从,不要过问太多,因为很多事没有必要解释也很难解释清楚。应酬、办公可能就已经让人身心疲惫，再做多余的事就更容易疲惫，所以，他们希望员工服从，服从再服从。但是，员工也有员工的想法，很多事是站在自己的立场上去考虑的，谈到无条件服从当然就会心生怨言，这就造成了一种矛盾。如果你是一个员工，而且希望自己在企业里继续工作就不要轻易去抗拒上司的命令。如果你觉得上司做得不对，完全可以和他商量着进行，也就是说服从而不盲从；从上司的角度而言，如果你提出的建议是正确而有效的，他也一定不会拒绝，而会高兴地接受。

任何一家公司都希望员工能忠实于自己的公司，这样才能保证公司健康、稳步地发展，如果所有的员工都能提出对公司进步有利的建议，公司当然非常欢迎。

员工对上司的服从，能够让上司拥有事业的成就感，同时还能增强他的自信心，使公司的凝聚力得到进一步的增强，让公司不断地发展。所以，很多老板在用人时不仅仅看重其个人能力，更看重个人道德和服从精神。既能灵活服从又有很强工作能力的员工是每个老板都想要拥有并重视的。而那些三心二意，只想着个人得失的员工，就算他的能力无人能及，老板也不会委以重任的。

这里讲的服从是指你的上司是值得你去服从的人，如果这位上司没有信义，没有道德，而且他要你做的是缺乏诚信道德的事，那就拒绝好了。如果为了服从于他，放弃自己的道德，那这样的服从就等于为虎作伥，也不是我们提倡的。

有时上司也会犯错，如果说在工作中遇到上司向你下达不该执行的错误命令的时候，你要仔细斟酌上司的做法是不是已经违背了做人的标准。比如上司不想见某个人或者不想听某个人的电话时，就会交代你碰到这个人找他就撒个谎回绝掉，像这样的事情，撒谎也是可以原谅的。但是，遇到这种情况员工当然要灵活变通，既不能不按上司的话做，也不能得罪那个人。假若处理不好，就会两方面都不讨好。所以，服从也是需要动脑子的，不是唯命是从。没有充分理解上司的意图，结果就会得不偿失。如果上司让你撒弥天大谎，而且还涉及道德或者犯罪，这时无论上司怎样威逼利诱，你都不能屈从。你可以适当地提醒上司这样做的危害，假如他还是执迷不悟，那你也不能同流合污。如果怕失去工作而存着侥幸心理去做，事情一旦暴露，既害了别人也害了自己。况且，这样不讲究诚信的上司往往在事发后都会丢车保帅，保全自己，反过来把事情全盘推到你的身上，利用你的服从陷害你，让你一个人背黑锅。所以，当上司让你做一件涉及违法犯罪的事情时，你一定要学会拒绝。

2003年春夏，北京遭遇“非典”，有一家公司的老板就想乘此机会报复一下竞争对手。他找来了对自己忠心耿耿的下属，让下属给防治“非典”中心打电话，谎称竞争对手的那家公司里发现了多名“非典”疑似患者。下属也没有多加考虑，就遵照执行了，为此，那家公司不得不休假了很长时间，而且很多人都被隔离观察。最后经查根本就是造谣，因为这个电话，给北京市的很多医务人员的工作造成很大的压力，严重影响了社会秩序，所以，警方经过调查，查到了那家造谣的公司。

那名下属在警方讯问人员的强大攻势下，交代自己是受老板指使。可是，这时老板却说自己并不知道这件事，更没有指使下属打电话。假如他要事先知道下属干这样的蠢事，一定会严厉制止下属的行为。就这样，这位下属毁掉了自己的前程。

服从不等于盲从，当上司向你下达指令时，要会分辨是非，学会冷静思考问题，不要因为上司的威严就盲从。

6 委曲求全：被批评也要服从

在职场中，被批评是很正常的事，不被批评的人一种是领导者，而另一种就绝对是工作做得相当好的人。从某种意义上说，如果你被批评了，那说明你在上司眼里还是有潜力的，如果不被批评，那就表明上司对你已经完全失去信心了。任何人被批评心里都不会好受，但是，作为一名员工，你应该知道要如何处理被批评这件事，而不是抵触和抗拒。当然，公开场合受到不公正的批评、错误的指责，会给自己造成被动。但你可以一方面私下耐心做些解释，另一方面，用行动证明自己。或者可找一两次机会表白一下，但要点到为止。不要过于追求弄清是非曲直，不然会让人们感到你心胸狭窄，经不起任何误解，更不要顶撞领导，因为，那是在表明你拒不服从的态度。

王子是做电视剪辑的，刚到公司，需要学习的东西很多，他经常被分派许多任务，忙得昏天黑地。一次，为了完成任务，他有半个月的时间不出房间，到最后交工的时候还被上司骂得狗血喷头。慢慢地，他就有些不愿意工作，对于上司的命令不能百分百地服从，即使接下来，抵触情绪也很高，他总认为上司是针对他个人，好像不喜欢他这个人。

其实，像王子这样的员工绝不在少数，他们往往因为一时的辛苦，就对自己的工作有所怀疑，加上上司有时会对自己出言不逊，就对上司产生抵触情绪，认为上司是故意找茬，这种思维是造成情绪对立的原因之一。其实，有一点儿经验的人都知道，这样做的直接后果就是自己受伤害。

聪明的上司会给员工公平的待遇，而员工也会以自己的服从予以回报。换一个角度想想，如果你是上司，一定会希望员工能和自己一样，将公司当成自己的家，更加努力，更加勤奋，更加积极主动。因此，你应该换角度思维，接受他的命令，接受他的批评，而不要产生对立情绪，因为，你的对立只会对自己不利。如果你过于情绪化，或者一向对上司有成见，可能会和他大吵一架，而这样只会使情况更糟。要始终坚持“对事不对人”，了解他的真实想法，顺应他的思路，冷静、客观地提出要求。不要感慨自己的遭遇，不要认为上司是针对你个人。你不能获得上司的赏识，肯定是某一方面出现了差错，你应该学会积极地检讨，检讨一下你自己的工作态度和工作成绩，如果的确不出色，那么你应该利用这个上司给你挑错的机会，充分认识自己的错误，从挫折感中走出来，而不是对抗和拒绝服从。

为了公司的利益，每个上司只会保留那些最佳的员工，而那些没有对立情绪的人绝对是其中之一。同样，为了自己的利益，每个员工都应该意识到自己与公司的利益是一致的，而不是对立的，并且全力以赴努力去工作。只有这样，才能获得上司的信任，并最终改变自己的状态。

如果你在工作中被上司批评，最好的消除办法就是积极与他进行沟通。这是解决问题的过程，不要太在意上司对你的评价，他们也是有缺陷的普通人，也可能因为太主观而无法对你做出客观的判断，这个时候你应该学会自我肯定。只要你竭尽所能,做到问心无愧,你的能力一定会得到提高,你的经验一定会丰富起来,而你的心胸就会变得更加开阔。

上司和员工的关系应该是和谐统一的,这样的公司才是朝气蓬勃的,才是不断发展进步的。有了公司的发展,也就有了员工的发展。因此,一个热爱工作的员工,应该学会服从,而不是对立,即使上司总是对你不满意,总是给你分派最重的活,老是对你批评指正,也不要产生对立情绪,因为,你要想清楚他之所以对你这样是因为他看重你,当他对你没有任何要求时,那就表明他对你不再抱任何希望,也就是他要放弃你的前兆了。要知道,有失必有得,你何不抓住机会提升自己?

7 拔除“不服”的毒刺

每一位员工都必须服从上司的安排,就如同每一个军人都必须服从上级的指挥一样。服从是一种美德。也许,在有些人看来,你的不服从似乎是一种个性的张扬,一种自我魅力的展现,但任何事都有它特定的规则。鲜花注定要有绿叶的衬托才会有它的色彩;个人注定要有组织的依托才会有他的价值。没有服从的意识就没有成功的可能。

一家优秀的公司,每个员工都应该各司其职,各就其位,做好本职工作,每个员工都应具有良好的服从观念和服从意识。一个优秀的员工要能做到:上司做决定时很好地服从;上司要求解决问题时一定顺从;与上司没有共识时尽量听从。到最需要的地方去,做必须做的事,而不是忘记自己的责任,脱离自己的岗位。

但是,每一家公司都会有一些纪律观念淡薄、服从意识差的人。这些人或是身无所长,进取心不强,对上司的命令满不在乎;或是自以为怀才不遇,恃才傲物,无视上司。这些人都是上司最感头疼的“刺头”。曾经有一位管理者这样评价自己对待“刺头”的态度:手下只要有一个“刺头”,就足够让你头痛的了。老实说,谁都不愿用这样的人,更不愿意给这个家伙提供加薪晋职的机会。

一个人要想使自己的职业生涯得到长足的发展,就要不时地拔掉自己身上的“刺”。否则，你的一生都会因为自己的“刺”大受影响。

一位长期失业的大龄青年好不容易找到一份工作。老板很大度，为了关照他，让他在公司住下，以减轻他在生活上的负担。可他却视老板的行为是一种应该的行为，把公司当成了自己家，从不会收拾一下办公室，弄得办公室臭气熏天，难以下脚。一天，他竟然在老板没有授权的情况下让同事写工作报告，甚至把一个女同事都急哭了。老板知道这件事后，当着所有同事的面斥责他，而他似乎很有一番道理，竟当面说老板没有管理才能。

试想，这样的“刺头”谁会欣赏他？在职场上，怎样适应和发展是非常重要的问题。我们既不能千人一面、人云亦云，像应声虫一样毫无创意地在一个企业里生存，又不能和上司对着干，不听话的员工往往都没有好结果。一个下属如果处处和上司唱对台戏，肯定不会得到上司的欣赏，也就永远都没有让自己风光的那一天。所以，服从是出人头地的基础。

有的员工会说：我就是不习惯上司摆架子、耍威风，这样反而让我从内心里产生与他对着干的想法。其实，许多上司在下属面前总喜欢摆“官架子”，表面看来是脱离群众，有自高自大、装腔作势的嫌疑。但从另一个角度讲，摆“官架子”的目的是上司想使下属感受到自己的权力等级和支配力。这种支配力便于上司巩固自己的地位，推行自己的政策和主张，使下属感到“服从也许是最好的选择”，而“不服从则会对自己不利”。作为下属，要理解上司“摆架子”的原因，绝不能一味反感甚至和上司对着干。也许，有的上司不仅爱摆“官架子”，而且还会有“官脾气”，作为下属不仅要能够容忍老板的怒火，还要理解上司的脾气。上司发脾气是为了推进工作，上司是掌权者，他需要利用权力管理下属，调度工作并实施惩罚和奖励。

人总是会在满意与不满意、愿意与不愿意的无休无止的交织中做自己该做的事情。在遇到自己不满意的事情时如果能以宽阔的胸怀对待自己的工作，上司会心知肚明。知道你在情感上掩藏着极大的不满，却理智地执行了他的决定，对你的气度和胸怀，他也不得不佩服甚至生出敬重之情。相反，顶撞上司，使自己与上司的关系在某个特定时段陷入紧张状态，进入不愉快的合作氛围是很不理智的，因为要缓和、改善这种僵局所付出的代价可能比你当初忍辱负重的服从还要大出几倍甚至几十倍。所以,不要在你的上司面前做一个“刺头”员工,这样只会对你自己不利,而且,一旦你这样做了只能证明你不是一个善于处理问题的人,更不是一个聪明的人。

带刺的玫瑰会伤人,刺猬更是使人敬而远之。认真地拔除你身上的“毒刺”,做一名乐于服从、善于服从的好员工。

8 找准位置:千万别越位

足球场上对越位有明确规定,在职场上,下属如果超越了自己的位置,违背了社会角色的原则,也算越位。常见的越位情况大致可以分为如下几种:

角色越位。有些场合,如宴会、应酬接待,领导和下属在一起时,应该适当突出领导,不能喧宾夺主,如果下属显示自己过多,就是角色越位。

场合越位。有些场合,领导不希望下属在场,下属一定要了解领导有关这方面的暗示,否则就会造成场合越位。

工作越位。有些工作必须由领导干,有些工作必须由下属干,这是领导与下属的角色决定的。如果有些下属为了显示自己的能力,或出于对领导的关心,做了一些本应由领导干的工作,就是工作越位。

程序越位。有些既定的方针,在领导尚未授意发布消息之前,下属不能犯自由主义。如果抢先透露信息,就是程序越位。

表态越位。表态是人们对某件事情或问题的回答,它是与人的身份相关联的,如果超越自己的身份乱表态,不仅表态无效,而且会喧宾夺主,使领导和下属都陷于被动。

决策越位。处于不同层次上的人员的决策权限是不一样的,有些决策是下属可以做出的,有些高层决策必须由领导做出。如果下属按自己的意愿去做必须由领导决策的工作就是决策越位。

在职场上无论与谁相处,都要把握好做事的分寸和尺度,扮演好自己的角色。因为,一家公司像一部复杂而严密的机器,每一个部件都在一个固定的部位发挥着不同的作用，以保障整部机器的正常运转。虽然一个热爱工作的员工必须具备全局观念和主动精神，但这有个前提是做好你自己，即首先要保证自己的工作已经圆满完成。但在企业里，恰恰有一部分人为了突出自己，老是喜欢越级活动，这些人大部分都带有对自己顶头上司的某种不信任或者不服气。这样做的结果扰乱了公司的正常工作程序，造成人为的关系紧张，反而影响了工作效率，更会影响到自己的晋升之路。

一位名牌大学毕业生进入一家IT公司，进公司之后发现很多事都不合理。如说一个连电子邮件都不会使用的人，干活少拿钱多、不干活也拿钱的家伙竟然是自己的顶头上司。他会打心里瞧不起这样的顶头上司，认为这样的人怎么能够进高科技公司，怎么还能够做自己的顶头上司。所以，他对顶头上司常常是冷嘲热讽，遇到事情也不和他研究，直接去找老板谈。刚开始老板还不介意，时间长了就提醒他不要越级，他却对他瞧不起的顶头上司出言不逊，暗示老板有眼无珠，老板立即拉下了脸。后来他在工作中处处受阻，终于有一个哥们儿悄悄地提醒他，他瞧不起的那个家伙还有另外一个身份：公司的秘密大股东之一。吓得他一身冷汗，从此对上司言听计从、毕恭毕敬。

在现实生活中，桀骜不驯者大有人在，甚至每个人都有过刁难、冲撞领导的时候，虽然到最后还是得服从权威，但这种服从却让领导的感受大相径庭。只要你能尊重领导，领导会对你有一个非常好的印象，你和领导之间也一定会建立和谐融洽的上下级关系。在工作中，无论你对领导怀有一种什么样的心态，都不可以越位，否则吃亏的只能是你自己。

9　正确对待上司过失

上司作为凡人，也可能犯错，也有缺点。做下属的，首先要在心态上调整好，不要认为上司就应该没有缺点，就应该不能犯错。换你做上司，一样有缺点，一样会犯错。对于上司的缺点，除了在心态上要接受外，还应该尽量避免它发挥作用。比如上司的演讲能力一般，就不要老是把领导推到主席台发表临时演讲。最后，对于上司的缺点、过失，我们要通过自己的长处来弥补上司的弱项，下属就成了不可或缺的人。改变一个成年人，是非常困难的事情。如果来不及避免，上司产生了过失，就需要“匡救”。但这需要注意方法，是“退则补过”。所以，我们是去“补过”，用行动去弥补过失。

焦利过去有一个非常严厉的上司，只要下属有一点点小过失，就会被他骂个狗血喷头。后来，这位上司终于离开了公司，焦利欢天喜地。新来的王经理和和气气，大大小小的工作都不厌其烦地拿来与大家商讨。起先，焦利很庆幸来了个这么民主的上司，可没过多久，新的烦恼就接踵而至。

首先大量工作毫无意义地重复返工。过去的经理虽然武断，但在他手下工作只要按他的吩咐尽心做好便是，不必过多操心。而现在的王经理一遇到工作就马上先要“听听大家的意见”，而且几乎每个手下的意见都能影响他的决定，特没主见，弄得大家经常加班，效率却很低。

其次是收入的直线下降。自从新经理上任后，由于部门业绩大不如前，部门的收入连连下滑，原先每月可以拿到3500元奖金的焦利已经连续三个月没拿到过2000元了。

最后是心理上的折磨也日渐浓郁。随着时间的推移，大家对新经理的能力纷纷表示怀疑，有些同事甚至在私下里多次跟焦利说：“论资历，论水平，论才干，他哪里比得上你？偏偏让这种人来当我们的领导！”

于是，在那次好友的聚会上，焦利把自己心中的不快一股脑儿地倒了出来。朋友七嘴八舌给他出了不少主意：有的说，跟他较劲，看看谁有实力！也有的说，找上层领导反映，撬掉他！还有的甚至建议，干脆辞职，不伺候这种“低能儿”了！

最后，焦利还是听取了父亲的建议：“不管你的上司如何低能，你都应该尽力辅佐他，在努力工作中寻找新的机遇。”

于是，焦利及时调整了心态。他时刻告诫自己，不要老把眼光盯在上司不足的方面,要全面地认识自己的上司,他肯定有过人的地方,不然为什么能力平平的他却能得到眼前的位置呢?

从那以后,焦利就尽自己最大的能力去辅佐上司。本来焦利的上司也早听说了他的才能,心里早已有所警惕。但是看到焦利如此真心诚意地辅佐自己,不仅渐渐消除了戒备,而且从心底里对焦利充满了感激和信任。

在工作中,焦利当然没有放弃寻找和创造新的机遇。在不给上司造成压力的前提下,焦利尽力抓住一切机遇展现自己的才华与能力。与不如自己的上司搞好关系,尽力为他做好工作,无非是为了韬光养晦,蓄势待发。

果然,过了没多久,焦利就引起了公司上层领导的关注。当他们向焦利的上司了解情况的时候,得到的是积极的评价和大力的推荐,于是焦利理所当然得到了晋升。

下属就应是润滑剂,通过对上司及时的"匡救其恶",使得"上下相亲",来凝聚一支优秀的团队。

当上司出现决策失误的时候,必须不失时机地用适当的方式,指出他的过失。批评上司的过失,不仅是对工作的需要,也是对上司爱戴的表现。不过,上司对自己的威信往往很敏感,这是可以理解的,因为威信是上司做好工作的条件。当你指出上司的过失时,最好恰当地注意到这一点,具体的方法可因人因事而异。

大致来说,上司有三种类型:家长型、民主型、放任型。

对待家长型的上司,可较多采用"暗示"的方法。如当上司发布了错误的指示之后,不妨这样说:我懂得您的意见,不过您看,这样干不是更好一些吗?那是一种婉转的批评,容易让人接受。

或者不妨用建设性的意见改正上司的错误指示,避免直截了当批评上司。即使是家长型的上司,对这种方法也能理解甚至感激,那是因为它既防止了可能发生的失误,还保全了自己的面子。

对待民主型和放任型的上司可以比较直率地指出他们的过失,但也要注意方式。应该考虑具体的事实,不要随意扣帽子。如对待上司的一个错误意见,有两种批评方法,"您这个意见似乎不大符合事实"和"你这个人太主观”,显然,前一种批评较容易被上司接受。当然,无论哪种上司,若在重大原则问题上出现失误,同时不可能进行从容的讨论时,那就应该直截了当地指出他的错误。这样做,可能一时会激怒上司,给自己制造麻烦,但你别无选择。

因为,对上司“明知不对,少说为佳”,为上司隐瞒过失,吹吹拍拍,是最不可取的,大多数上司都不喜欢这种势利小人。

像一个势利小人这样做,或许会得到个别上司的暂时信任,而失去的却是比上司信任更重要的东西——人格。

第七章　工作方法：运用正确的策略做事

问题总是许多员工躲避责任和努力的第一借口。但是一个热爱工作的员工总是崇尚这样的理念：他们运用正确的策略做事，不找借口找方法。方法总比问题多，凡事找方法的员工，一定是企业里优秀的员工。

1 独辟蹊径:不在一棵树上吊死

我们无一例外地被教导过,做事情要有恒心和毅力。只要努力,再努力,就可以达到目的等说法,我们早已耳熟能详。你如果按照这样的准则做事,你常常会不断地遇到挫折和产生负疚感。由于“不惜代价,坚持到底”这一教条的原因,那些中途放弃的人,就常常被认为“半途而废”,令周围的人失望。

正是因为这个害人的教条,使我们即使有捷径也不愿去走,偏要去简就繁,并以此为美德,加以错误地宣扬。

正确的方法比执著的态度更重要。我们应该调整思维,尽可能用简便的方式达到目标。你应该选择用简易的方式工作。

了解解决问题的捷径并非坏事,成功者常常采用这种方法。

一次,美国福特汽车公司推出了一款性能优越、款式新颖、价格合理的新车,但这款新车的销售业绩远远没有达到预期效果。公司的经理们绞尽脑汁也没有找到让产品畅销的办法。

刚毕业的见习工程师艾柯卡是个有心人,他了解情况后就开始琢磨怎样能让这款汽车畅销起来。一天,他向经理提出了一个创意,在报上登广告,标题是“花 56 元买一辆 56 型福特”。这是个很吸引人的口号,很多人纷纷打听详细的内容,原来艾柯卡的方法是:谁想买 56 型福特汽车,只需先付 20%的现金,余下部分可按每月付 56 美元的办法分 3 年付清。

他的建议被公司采纳,而且成效显著。“花 56 元买一辆 56 型福特”的广告深入人心,它打消了很多人对车价的顾虑,创造了一个销售奇迹。艾柯卡的才能很快受到赏识,不久他就被调往华盛顿总部为地区经理,并最终坐上了福特公司总裁的宝座。

不惧困难,相信自己,找到方法就能令你走出困境,为你赢得更多的机会,为你的事业发展开创出一片新天地。

问题不会自动消失,只有方法找对了,你才能成功地解决它。但方法不是固定不变的,也不是等来的,它需要你绞尽脑汁地去思考、琢磨、反复试验。要找到一种好方法,思维的转换非常重要。

了解解决问题的捷径并非坏事,成功者常常采用以下几种方法:

换成简单的语言。错综复杂的问题都可以分解成简单的问题或语言,例如:总销量:25873892 元;成本:14263128 元。如果科长问成本占销售量的百分之几,就可以用简单方式表示,即把销售量看成 25,把成本看成是 14,用后者除以前者就可推测出成本占销售量的 56%。无论什么问题,只要把它简单化就容易找到解决的办法。

把别人的终点当作自己的起点。博古通今、多才多艺的里欧纳尔德・文奇说:不能青出于蓝的弟子,不算是好弟子。年轻优秀的科学家皮耶・艾维迪也说:比起史坦因美兹等科学界的巨人,我们只能算是小人物。但踏在巨人肩上的小人物,却能比巨人看得更远。皮耶在钻研新课题时,常应用这句话,他把与研究题目有关的资料收集到手,然后加以阅读和检讨。

学习别人的做法。比如要推出新式录音机该怎么做?假如本身缺乏这方面的经验,若完全靠自己的构思,不仅浪费时间,还会出错。经营录音机的公司总有好几家,是消息的最好来源。但不能依样画葫芦,而是利用先进的既有经验来发挥自己的构思。不论面临什么问题,都要看看人家是怎么解决问题的,然后再加以改善。

使用淘汰法。有时因为解决问题的方法过多,反而不知如何取舍。可以采取淘汰法,把不好的逐一去掉。例如跳舞比赛,如果一次想从舞者中选出优胜者是很困难的,因此便采取淘汰法。每次评审一组,有缺点就退场,这样陆续淘汰直至两组,最后剩下优胜者的一组。当你要从几个东西中选出最喜欢的时,如果把不喜欢的逐一淘汰,事情就会变得容易了。

向别人说明。能否提出更新更好的解决办法,这与了解问题的程度有关。为了验证自己的想法,最好将计划向第三者提出。纽约某石油公司的老板常常把太太当作练习讲演的对象。这位太太对石油所知不多,却能耐着性子聆听,结果对她先生帮助很大。原来,这位经营者了解到把想法用语言表现出来后,可以发现其中的缺陷。

2 绞尽脑汁:想尽一切办法

实在是没办法！一点办法也没有！这样的话,你是否熟悉？是否你的身边,经常有这样的声音？当你向别人提出某种要求时,得到这样的回答,你是不是会觉得很失望？当你的上级给你下达某个任务,或者你的同事、顾客向你提出某个要求时,你是否也会这样回答？当你这样回答时,你是否能够同样体验别人对你的失望？

一句“没办法”,我们似乎为自己找到了不工作的理由。但也正是这一句“没办法”,浇灭了很多创造之花,阻碍了我们前进的步伐。是真的没办法吗？还是我们根本没有好好动脑筋想办法？

达理是一个18岁的男孩,他想在暑假来临之前找到一份工作。

达理在广告栏上仔细寻找,终于选定了一个很适合他专长的工作,广告上说找工作的人要在第二天早上8点钟到达36号街的一个地方。达理在7点45分就到了那儿。可他看到已有20个男孩排在那里,他只是队伍中的第21名。

形势对他而言并不乐观。怎样才能引起特别注意而竞争成功呢？这是他的问题,他应该怎样处理这个问题呢？只有一件事可做——想办法。终于,达理想出了一个办法。他拿出一张纸,在上面写了一些东西,然后折得整整齐齐,走向秘书小姐,恭敬地说:“小姐,请你马上把这张纸条转交给你的老板,这非常重要。”

“好啊,”她说,“让我来看看这张纸条。”她看了不禁微笑起来。她立刻站起来,走进老板的办公室。老板看了也大声笑了起来,因为纸条上写着:“先生,我排在队伍中第21位,在你没看到我之前,请不要做决定。”达理得到了这份工作。

一个会动脑筋想办法的人总能掌握住问题,也能够解决它。达理懂得了遇事必须想办法的道理,眉头一皱创意来,有了创意便有了优势,有了优势,机会自然属于他了。

上面讲的只是一个求职故事，但它充分说明了只要想办法就一定有办法。著名的思维学家吴甘霖先生说：我相信，更好的方法出现，很大程度上来自于是否有一个好的心态！想办法是想到办法的前提。如果让脑袋放假，就算是天才，面对问题时也会一筹莫展，所以办法是在想的过程中产生的，它不会凭空而出。

法国数学家、哲学家彭加勒曾经说过：出人不意的灵感，只是经过了一些日子，通过有意识的努力后才产生。没有它们，机器不会开动，也不会产生出任何东西来。

德国哲学家黑格尔曾这样嘲讽那些以为可以不经艰苦思索就能获得灵感的人：诗人马特尔坐在地窖里面对着六千瓶香槟酒，可就是产生不出诗的灵感来。最大的天才尽管朝朝暮暮躺在青草地上让微风吹来，眼望着天空……温柔的灵感也始终不会光顾他。

我们平时喜欢讲一句话：眉头一皱，计上心来。其实，这是在特定时期、特定人物的状况。要有好的点子和想法，应当付出更多的努力。

一名在轮船上工作的美国青年，一心一意想做百万富翁。为了这个梦想，他去请教许多人。他们告诉他：你赤手空拳要做百万富翁，必须有方法才行。

于是，这名青年开始动脑子，想主意。美国许多制糖公司把方糖运往南美洲，都会使方糖在海运途中受潮造成巨大损失。这些公司花了很多钱请专家研究，却一直未能尽如人愿。而这名在轮船上工作的普通青年却用最简单的方法解决了这个问题：在方糖包装盒的一角留个通气孔，这样，方糖就不会在海上运输时受潮了。

这种方法使各制糖公司减少了几千万美元的损失，而且简直不花成本。这个工人专利意识十分强，他马上为该方法申请了专利保护。后来，他把这个专利卖给各制糖公司，成了百万富翁。

这个点子又启发了一个日本人，他想：钻孔的方法可用于其他许多方面，不光是方糖包装盒。他研究了许多东西，最终发现：在打火机的火芯盖上钻个小孔，能够大量延长油的使用时间。他凭着这个专利也发了财。

这就是用方法获得成功的奥秘。

许多人抱怨自己做不好事情，原因可能就在缺少运用好的方法。人的智力提高是一个逐步的过程。只要你能够战胜对艰难的畏惧，并下决心去努力，你就能越来越多地找到解决问题的方法，并越来越智力超群。

3 随机应变：想好了再做

谁是最好的员工？

具有高学历，有一定的专长。不是！

能做好自己分内工作的员工。不是！

能严格遵守公司制度的员工。不是！

世界500强企业给出的好员工的标准之一是：最好的员工，不是最能机械服从并执行上级指令的员工，而是不依赖指令，能根据情况的变化，迅速调整决策去正确地做事的员工。

某服装公司新聘用了一名叫肖鸣的设计人员。上班没几天，肖鸣便告诉设计部的主管，希望主管给他时间到市场上去调查一下当年夏季将会流行哪些女式服装，以便提前做好准备。

"不行，"主管说，"这不符合我们公司的制度，我们公司一贯是在夏天开始时，再根据市场上的反映来决定设计、制作什么类型和风格的服装。现在春天刚到，你能做出什么样的调查呢？你不觉得有点早吗？"

肖鸣不认同主管的观点，因为他觉得到夏天来临时再做决定，肯定就会失去先机，而失去了先机，就等于失去了市场，失去了竞争力。于是，他在做好自己工作的同时，还是抽出了部分时间到批发市场、大型商场里与商家交流信息，甚至在网上做过一次问卷调查。在掌握了大量的第一手来自最前沿的信息后，肖鸣动手设计了几款具有古典风格的女性夏装，上报给公司后，得到了总经理的肯定。于是，公司迅速组织生产，在夏季来临之前就开始有计划地投放到市场上。果然，当年夏季刮起了"古典旋风"，肖鸣所在公司生产的一系列古典风格的夏装，由于抢占了市场先机,顺利地占领了大部分市场。等其他公司反应过来时,夏天已"悄悄过去"。

案例中的肖鸣并没有机械地执行工作指令,而是修正了指令中不正确的部分,再去执行。因此,他避免了因延误时机而给公司带来的损失。由此可见,运用正确的策略做事永远比机械地执行指令要有益得多。而一个能根据实际情况,迅速、大胆地做出正确决策与行动的员工,也正是时下公司急需要的人才。

我们可以想象,假如肖鸣机械地执行了主管的命令,等夏季来临时再做市场调查,然后再根据反馈的情况去设计服装,等服装上市时,恐怕也会像其他公司一样,哀叹夏天已过,眼看着竞争对手占领市场,自己公司则丝毫没有任何回旋余地。

任何一位睿智的管理者都知道,正确的决策不但能使工作效率得到很大提高,还能避免风险和潜在的危机。因此,那些能正确地运用策略做事的员工,无疑会成为公司培养的骨干力量。

医院里,一位刚工作不久的护士发现一位急需做心电图的病人行动不便,她立即想办法把检查设备改到病人床边进行。就在同事责怪她的行为违反了医院的规定时,这一切刚好被查房的院长看到了。院长出人意料地表扬了这名护士,并提名她为副护士长的候选人。对此,院长解释说:"医院不需要机械照搬制度的护士,一切以病人的病情为重,只要病人需要。护士可以自行决定是否需要挪动某种仪器,搬到病房里去进行检查,这一点不需要向上级申请,就算以前没有这样的先例,她们也可以这样做,而且医院将支持她们这种行为。"

由此可见,能自觉地运用正确的策略做事的员工,无论在什么行业都会受到欢迎,都会受到重用,都会从普通员工中脱颖而出,成为自己那个行业中的佼佼者。

好的方法是工作成功的一半。接受一项工作指令时,聪明的员工总是先动脑,找到完成这项任务的最佳途径后再动手;而普通员工则会机械地按照工作指令去操作,全然不顾同一件事完全可以用更好、更快捷的方法去高质量地完成。

工作任务下达后,实际情况往往与预期的有一定的差别,甚至有根本性的变化。这时,主动改变策略去完成任务,比一级一级向上级申请、等待批示后再动手要有效得多。这样做不仅省时、省力,而且能抢占先机。

任何条令和制度都是在特定条件下的产物。员工在执行任务的过程中,要根据实际情况重新制定策略,切忌死守着“教条”不放。否则,教条员工因为没有变通的能力,就会失去承担重要工作的机会。

运用正确的策略做事时,在特殊情况下,可以不经请求上级就自己做决定。但不管你怎样改变“作战方针”,大的方向不能变,原则不能丢。否则,完全脱离工作目标的决策不但是错误的,而且还是危险的,是要承担责任的。因此,决策要慎重,要充分考虑各方面的因素后再做出决定。

4 多快好省,效率至上

一位年轻人为了寄一张明信片给他女友,用了半天的时间:花了半个小时找那张明信片,半个小时找眼镜,一个半小时写明信片。剩下的30分钟则是用来想:到下一条街去寄信时是骑自行车还是步行。一般人只花10分钟时间的事情,就这样让他花了半天来犹豫不决、担心、操劳,而且疲惫不堪。

故事虽然夸张,但是在职场中,不少人也像这位年轻人一样,本来3分钟可以完成的一件事情,花了大半天还未完成。为什么会出现这种情况呢?这是因为他们在工作中没有掌握正确的方法,不知道做正确的事比正确地做事更重要。因此,这些人做起事来不分主次,不分轻重缓急,而是眉毛胡子一把抓,甚至会把一件正在做的事情放下,改做其他的事情;或者拖延,把工作完成的日期找各种理由往后推。凡此种种,都是工作效率低下的原因。

然而,任何一项工作的开展都必须考虑到效率,因为工作效率的低下意味着公司各方面的成本在增加,这样对公司和员工个人都十分不利。那么,怎样才能在工作中做到多、快、好、省呢?

首先,员工可以反省自己的工作方法是否是最快捷、最高效的;如果不是,要找出费时、费力的原因,并加以改正。在这方面吴兵就做得很好。

吴兵是一家配件加工的机修工。一天,他对师傅说:“我想把车床改装一下,这样不但使用起来更方便,而且能提高工作效率。”

“哦,我5年前就想这么做了,并且画好了图纸,但一直想等到自己的工作经验更丰富一些后再动手。”师傅说。

“我想现在就动手改进。”

“你?你凭什么呢?你一没工作经验,二没画好图纸,三没征求老板的意见。”

“是的,你说的没错,但我想用行动来证明自己的想法。”吴兵说完,便开始动手拆卸车床。

2个月后,车床改装成功。经过测试,改装后的车床性能优良,不仅能省电省力,而且还大大提高了工作效率。老板知道这件事后,亲自来到机修车间,表扬了吴兵,并宣布,以后由吴兵全面负责机修车间的管理工作,而吴兵的师傅则仍然是一名普通的机修工。

吴兵之所以能获得成功,就是因为他用自身的行动证明了一个这样的道理:说一尺不如行一寸,再好的计划,如果不去行动,也就失去了任何意义。

其次,要在工作规定的期限内高质量地完成任务。任何员工都应该保持自己工作的机动性,因为我们不可能料到什么时候会有什么突发事情,因此,尽量提前完成任务,留一点时间可以应对突发的紧急事件。

李超是某公司市场策划人员。一次,上司让他在一周内提交一份公司同类产品在南京市各大商场的销售分析报告。

接受任务后,李超没有一分钟的耽误,他立即乘车赶到南京市,又马不停蹄地到几个大的商场和批发市场做了详细调查。回到公司后,立即开始整理各种数据,并着手写调查分析报告。

同办公室的王力见了,劝李超道:“你刚从南京市回来,应该休息一天再写也不迟呀,今天才星期三呢。”

“不,我得尽快地写好报告。”

“经理不是让你星期五才上交吗?”

“没错,但我想早完成比晚完成更好。”说完,李超便埋头工作起来。

星期四下午,经理突然来到办公室,对李超说:“调查分析报告完成了吗?总公司刚才来电,要我连夜带着这份报告过去开会,因为竞争对手正在调整市场,我们也得迅速部署另一套营销方案,以应对市场的变化。”

“已经完成了。我正准备送到您的办公室去呢。”李超说。

“好样的,小伙子。我来你办公室之前是不抱希望的,因为要在这么短的时间内完成报告实在不容易,但你做到了,谢谢你!如果没有这份报告,我还真不知道怎么向总公司汇报。对了,总公司决定在南京市成立分公司,正在挑选负责人。我这次去总公司,会把你的名字报上去的。”

看到没有,李超只是在规定的时间内提前完成了工作任务,就有可能获得公司的重用。由此可见,提高工作效率不但能为公司节省成本,还能为自己升迁“加分”。

最后,工作时要保持好心情。好心情能使我们带着微笑去面对每一天的工作。而一个人如果心情愉悦,他工作的效率就会大大提高。当然,保持愉快的心情并不意味着你在办公室可以随时开怀大笑,与同事讲一些有趣的奇闻趣事,而是让自己的身心在一种自然放松的状态下,因为没有忧虑、恐惧等消极的因素的影响,从而能全身心地投入到工作中。

比尔·盖茨曾说:过去,只有适者能够生存;今天,只有最快处理完事务的人能够生存。的确,作为公司的员工,无论在什么时候,都不能拖延工作时间,热爱工作的员工都会牢记工作期限,并尽量保质、保量地把工作完成在昨天。

当你首先完成了重要而紧急的事情时,其他事情由于较简单,有时还能同时穿插着做,因此你能节约一些时间,与此同时,也能高效地完成任务。因此,当你养成首先做最重要、最紧急事情的习惯时,工作效率就会显著提高。

当你拿不定主意的时候,你要学会委婉而坚定地说“不”,这样做的目的就是把会干扰自己宝贵的自由时间的杂事迅速拒绝,虽然你的干脆、果断不可能让所有人都满意,但是至少可以使你在工作方面受益匪浅。

保持办公桌的整洁对任何员工来说都非常重要。一家公司的管理者曾说过这样一句话:一个桌上堆满很多种文件的人,若能把他的桌子清理开来,只留下手边等待处理的一些事情,就会发现他的工作更容易,也更实在。我们称之为“家务料理”,这是提高效率的第一步。

然而,很多人的办公桌却经常放着一大堆乱七八糟的文件。其实一些重要的东西是不会自动从那些纸堆中“浮现”出来的,因为,杂乱无章只会带来相反的效果。也许当你做某项工作时,你的注意力就会被横七竖八地堆放的钢笔、订书机、笔记本所吸引,过了好半天才回过神来。还有,办公桌上杂乱的东西不但制造了一种紧张和急躁感,还令人觉得你办事没有条理,思路混乱,没有能力承担起更大的责任。

5 抓大放小:集中精力做最重要的事

热爱工作的员工是这样一些人:不必想着把所有事情都做完,清楚地知道什么是必须做的事情,并按照事情的重要性排列,不必去顾及其他事情。第一件事做完后,再做第二件,依此类推;如果列出的事情没有做完也没关系,因为你已经把最重要的事情都做完了,剩下的事情以后再做。

有的人在做事的时候总是贪多,总想一下子做成几件事,这种追求面面俱到的做法,很容易一事无成。任何工作都有个轻重缓急之分。只有分清哪些是最重要的,你的工作才会变得井井有条,忙而不乱。

员工的职责就是干好自己的本职工作,热爱工作的员工在此基础上,才能够快速、准确、高效地完成上司交给的任务。这也是员工得到领导垂青的一条重要途径。

但是,每一个人生活在社会中,每天自然有许多需要做的事情,如果追求十全十美,就有可能拘泥于小事而无法正视大事,结果本末倒置。所以,我们在做一件事的时候,必须先弄清什么事才是最重要的。

有的人每天看起来都很忙,似乎总有做不完的事在等着他,于是一会儿做做这个,一会儿又做做那个,一天下来什么事也没有做好;有的人却遇事从容不迫,把注意力放在重点的事情上,结果每件事都做得非常出色。显然,集中精力做事与分散精力做事,效果大不一样。

人生就好比一壶水,如果你想把壶里的水烧开,就得注意它烧开的火候。否则,即便是把水烧到 99℃,那壶里的水依然不是你想要的开水,只能叫做马上要开的水。

我们都见过钻头,它可以在短暂的时间里钻透厚厚的墙壁,或者是坚硬的岩层。为什么一个小小钻头具有这么大的威力?物理学给我们解释了其中的道理:同样的力量集中于一点,单位压强就大,而集中在一个平面上,单位压强就会减小无数倍。所以,攻其一点的谋略是解决问题的好办法。

老板都喜欢把工作看成是自己事业的员工,喜欢工作出色的员工,喜欢那些手脚勤快的眼里有活儿的员工。眼里有活儿和忙忙碌碌不能画等号,二者之间有着本质的区别。有许多员工整天看上去都是一副十足的匆匆忙忙的神态,但就其工作效果来看并不是十分的理想,有时甚至会搞成“一团糟”,越忙越乱。

这是为什么呢?

首要的原因就是在日常工作中,分不清主次,找不准工作重点,没有将最重要的工作放到首位。这样一来,就会将自己想做的、上司交代做的以及自己周围的一些事情统统混杂在一起,被拖得不可开交、疲于奔命,忙来忙去就是忙不出个“好”来。

这是一个致命的问题,有时它或许会决定你职场上的一切。

闻名世界的哈佛商学院,每年招收 750 名两年制的硕士研究生,30 名四年制的博士研究生和 2000 名各类在职的经理进行学习和培训。在他们的教学中,经常给学生讲述一种很有效的做事方法,即二八法则。任何工作,如果按价值顺序排列,那么总价值的 80%往往来源于 20%的项目。

简单地说,如果你把所有必须干的工作,按重要程度分为 10 项的话,那么只要把其中最重要的两项干好,其余的 8 项工作也就自然能比较顺利地完成了。所以,要把手中的事情处理好,就要抛开那些无足轻重的 80%的工作,把自己的时间、精力全部集中在那最有价值的 20%的工作中去,这会给你带来意想不到的收获。

对于每一名员工来说,都应该学会运用这个方法,以重要的事情为主,先解决重要的问题,对于一些旁枝末节,可以大胆地舍弃。要知道,科学地取舍能够帮助你把事情做得更好。如果分不清轻重缓急,做事就会没有计划,就有可能错过大好的机会。为什么许多人都在勤勤恳恳地做事，但结果却不一样呢？其中一个重要的原因是有的人缺乏洞悉事物轻重缓急的能力，做起事来毫无头绪。

有一个年轻的部门经理，做事不太会权衡轻重。一天，公司的业务员拉来了一笔生意，可这位年轻的部门经理正忙着布置办公室的各种摆设。他煞费苦心地想：打字机应该放在哪里？垃圾筒放在什么地方更好？桌子怎么摆放？他想先把手头的事情做完再按部就班地处理这笔生意。结果，一个至关重要的机会白白丢掉了。

对于判断什么是"重要"什么是"非重要"的事情，这并不是什么难事，反而是轻而易举。对于大多数人来说，上司交给的事情都是重要的，问题不在于"重要"与"不重要"，而在于"重要"和"最重要"。所以"最重要"的敌人或许就是"重要"，它就像雾一样常常遮迷住你的眼睛，使你找不到方向。

为了庆祝美国的《成功杂志》创刊100周年，编辑们节录了一些早期杂志中的优秀文章，其中最令人印象深刻的是一篇摘录文章。作者西奥多·瑞瑟在爱迪生的实验室外面，狂等三个礼拜之后，才访问到这位著名的发明家。以下是访谈的部分内容：

瑞瑟："成功的第一要素是什么？"

爱迪生："能够将你身体与心智的能量锲而不舍地运用在重要的一个问题上而不会厌倦的能力。你整天都在做事，不是吗？每个人都是。假如你早上7点起床，晚上11点睡觉，你做事就做了整整16个小时。对大多数人而言，他们肯定是一直在做一些事，唯一的问题是，他们做很多很多事，而我只是先做一件最重要的事……"

当然，个人做事和在企业里做事是不一样的，但道理是殊途同归。当领导在分配给你任务的时候，有时是间接的，有时是刚刚给你下达了一个任务，紧接着又派下来一份工作，这是常有的事，你自己要分清哪个是"最重要"的，先做好"最重要"的事情，然后再去处理那些"重要"的工作。

这就需要你能准确领会出上司的意图，如果仅靠表面上去理解上司的话，那么你或许就无法真正体会到上司的真实意图。特别是有些上司在说话时习惯用一种暗示，这就更要引起你的注意。

如上司如果对你说，我最近整天忙得团团转——开会，写文件，赴约……对了，我让他们做的统计表怎么还没送来，我今晚需要看一看。还有，你将我的公文包整理好，一会儿我要去参加一个重要的会议。这时，你就应该先把上司的公文包整理好，不能耽搁他去开会，这才是最重要的事。然后，抽时间去催一下统计报表的事。如果他们做好了，拿来放在上司的办公桌上，如果还没有做好，告诉他们抓紧时间，上司晚上要用。聪明的下属一般都会选择这样去做的。

被美国《时代》杂志誉为“人类潜能的导师”的史蒂芬·柯维博士曾经这样说过：人类的重要任务，就是将主要事务放到主要的位置上。

分清主次，先做最重要的事情，这是我们提高工作效率最简洁最有效的办法。

总而言之，人人都想取得事业上骄人的成就，但是获取事业上成功的因素往往掌握在你的上司手里。那就需要你很好地完成你的上司交付给你的各项工作任务。只要你投入极大的工作热情，时刻都能做到“眼里有活儿”，分清“最重要”与“重要”之间的差别，先做最重要的事情，然后再做重要的事情，最后再做那些一般的事情。坚持这样的工作习惯，你一定会成为热爱工作的员工。

6 执行到位：第一次就把事情做对

一位广告经理曾经犯过这样一个错误：由于完成任务的时间比较紧，在审核广告公司回传的样稿时不仔细，在发布的广告中弄错了一个电话号码——服务部的电话号码被他们打错了一个。就是这么一次小小的错误，给公司带来了一系列的麻烦和损失。

我们平时最经常说到或听到的一句话是：我很忙。是的，在上面的案例中，那位广告经理忙了大半天才把错误的问题料理清楚，耽误的其他工作不得不靠加班来弥补。与此同时，还让领导和其他部门的数位同事和他一起忙了好几天。如果不是因为一连串偶然的因素使他纠正了这个错误，造成的损失必将进一步扩大。

平时，在忙得心力交瘁的时候，我们是否考虑过这种忙的必要性和有效性呢?假如在审核样稿的时候那位广告经理稍微认真一点,还会这么忙乱吗?“第一次就把事情做对”,也许这句话早已成了我们的口头禅,但一次又一次的错误告诉我们,要真正做到并非易事。

第一次没做好,同时也就浪费了没做好事情的时间,返工的浪费最冤枉。第二次把事情做对既不快,也不便宜。

第一次就把事情做对,是著名管理学家克劳士比“零缺陷”理论的精髓之一。第一次就做对是最便宜的经营之道。第一次做对的概念是中国企业的灵丹妙药,也是做好中国企业的一种很好的模式。有位记者曾到华晨金杯汽车有限公司进行采访,首先映入眼帘的就是悬在车间门口的条幅——第一次就把事情做对。

在很多员工的工作经历中,也许都发生过工作越忙越乱的情况,解决了旧问题,又产生了新故障,在一团忙乱中造成了新的工作错误,结果是轻则自己不得不手忙脚乱地改错,浪费大量的时间和精力;重则返工检讨,给公司造成巨大的经济损失。

由此可见,第一次没把事情做对,忙着改错,改错中又很容易忙出新的错误,恶性循环的死结越缠越紧。这些错误往往不仅让自己忙,还会放大到让很多人跟着你忙,造成巨大的人力和物力损失。

所以,盲目的忙乱毫无价值,必须终止。再忙,也要在必要的时候停下来思考一下,用脑子使巧劲解决问题,而不盲目地拼体力交差。第一次就把事情做好,把该做的工作做到位,这正是解决“忙症”的要诀。

你还忙吗?当然忙!但希望是忙着创造价值,而不是忙着制造错误或改正错误。只要在工作完工之前想一想出错后带给自己和公司的麻烦,想一想出错后造成的损失,就应该能够理解“第一次就把事情完全做对”这句话的分量。

企业中每个员工的目标都应是“第一次就把事情完全做对”,至于如何才能做到在第一次就把事情做对,克劳士比先生也给了我们正确的答案。这就是首先要知道什么是“对”,如何做才能达到“对”的标准。克劳士比很赞赏这样一个故事:

一次工程施工中,师傅们正在紧张地工作着。这时一位师傅手头需要一把扳手。他叫身边的小徒弟:“去,拿一把扳手。”小徒弟飞奔而去。他等啊等,过了许久,小徒弟才气喘吁吁地跑回来，拿回一把巨大的扳手说："扳手拿来了，真是不好找！"

可师傅发现这并不是自己需要的扳手。他生气地说："谁让你拿这么大的扳手呀？"小徒弟没有说话，但是显得很委屈。这时师傅才发现，自己叫徒弟拿扳手的时候，并没有告诉徒弟自己需要多大的扳手，也没有告诉徒弟到哪里去找什么样的扳手。自己以为徒弟应该知道这些，可实际上徒弟并不知道。师傅明白了：发生问题的根源在自己，因为他并没有明确告诉徒弟做这项事情的具体要求和途径。

第二次，师傅明确地告诉徒弟，到某间库房的某个位置，拿一个多大型号的扳手。这回，没过多久，小徒弟就拿着他想要的扳手回来了。

克劳士比讲这个故事的目的在于告诉人们：要想把事情做对，就要让别人知道什么是对的，如何去做才是对的。在我们给出做某事的标准之前，我们没有理由让别人按照自己头脑中所谓的"对"的标准去做。

7 化繁为简：简单才是硬道理

最容易不过的是忙碌，最难不过的是有成效地工作。而化繁为简，善于把复杂的事物简明化，是防止忙乱、事半功倍的法宝。工作中，我们经常看到有的员工善于把复杂的事物简明化，办事又快又好，效率高；而有的员工却把简单的事情复杂化，迷惑于复杂纷繁的现象，使复杂的事物越复杂，结果只能陷在屋里走不出来，工作忙乱被动，办事效率极低。这两种类型的员工其工作水平、效率的高与低，就在于会不会运用化繁为简的工作方法和艺术。

韦尔奇强调，管理不需要太复杂。作为领导者，必须具有表达清楚准确的自信，确信组织中的每一个人都能理解事业的目标。然而做到组织简化绝非易事，人们往往害怕简化。他们担心，一旦他们做事简化，会被认为是头脑不清醒。

宝洁公司的制度具有人员精简、结构简单的特点，并且该制度能与公司的行政风格相吻合。宝洁公司制度的这一特点，集中体现在该公司倡导的“一页备忘录”里。

宝洁公司的前任总经理查德·德普雷是一个做事情雷厉风行的人,他有一个习惯,就是从来不接受超过一页的备忘录,他常在退回去的备忘录上面写道:把它精简成我想要的东西。

有人质疑,如果说报告只有一页长,那么宝洁公司是如何将其处理得如此切中要害、一目了然的呢?有人经过调查,揭露了这个谜底。宝洁公司是在大量支持性数据以及依据事实分析的基础上,不惜耗费精力与时间而将报告尽量缩减,目的是尽量减少领导者或其他人的阅读报告时所需的时间。这种处理问题的方法非常精细,并且趋于完美。一页报告的威力在于,它的要点鲜明集中,比主旨散布在十多页的分散式、复杂式的报告要简洁清楚。

任何制度都可以简化,为了提高效率,管理者可以采用简便的方法加强企业内部的沟通,“一页备忘录”不失为一种行之有效的方法。

美中贸易全国委员会前主席伯纳姆在《提高生产率》一书中讲到提高效率的“三原则”:为了提高效率,每做一件事情时,应该先问三个“能不能”,即能不能取消它?能不能把它与别的事情合并起来做?能不能用更简便的方法来取代它?根据这个启示,我们在检查分析每项工作时,首先应问一问以下六个问题。

(一)为什么这个工作是需要的?是根据习惯而做的吗?可不可以把这项工作全部省去或者省去一部分呢?

(二)这件工作的关键是什么?做了这件工作之后会出现什么过去没有的新效果?

(三)如果必须干这件工作,那么应该在哪里干?既然可以边听音乐边轻松地完成,还用得着待在办公桌旁冥思苦想吗?

(四)什么时候干这件工作好呢?是否考虑到放在效率高的宝贵时间里干最重要的工作?是否为了能“着手进行”重要工作,用了整天的时间去使工作“条理化”,结果把时间用完了,而所处理的只不过是些支离破碎的事情?

(五)谁干这件工作好呢?是自己干还是安排别人去干?

(六)这件工作的最好做法是什么?是应抓住主要矛盾迎刃而解,收到事半功倍的效果？还是应采取最佳方法而提高效率？

然后在对每一项工作分析检查之后，再采取如下步骤：

省去不必要的工作；

使工作顺序合理，干起来得心应手；

两件或两件以上的工作能够合并起来做的就联系起来做；

尽可能使杂七杂八的事务性工作简单化。

预先定好下一项工作的程序。增强工作预见性，走一步，看两步，想三步，提高决策的效率和准确性，减少决策过程的时间并使决策无误。

无论在工作中，还是在生活里，为了提高办事效率，就必须下决心放弃不必要的或者不太重要的部分，用简便的活动代替那些费时费力的活动。例如，有的人尽量减少头脑的储存负担，以提高头脑的处理功能；有效地研究筛选读书的人，能把书籍区分为必读的书、可读可不读的书和不必读的书，做到多读必读书，以增加得益。有的人在生活中还采取摆设不求齐全，以减少整理的时间；穿戴不过分讲究，以减少换洗保存时间；吃喝买到家里能直接下锅的，以减少烹调时间，等等。

有序原则是时间管理的重要原则。一位著名科学家说："无头绪地、盲目地工作，往往效率很低。正确地组织安排自己的时间首先就意味着准确地计算和支配时间。虽然客观条件使我难以这样做到，但我仍然尽力坚持按计划利用自己的时间，每分钟地计算着自己的时间，并经常分析工作计划未按时完成的原因，就此采取相应的改进措施；通常我在晚上订出第二天的计划，订出一周或更长时间的计划；即使在不从事科学工作的时候，我也非常珍视一点一滴的时间。"

明确自己的工作是什么，并使工作组织化、条理化、简明化，就能最有效地利用时间。做到这一点，你就是老板和同事眼中的工作明星。

第八章　工作之魂：用激情点燃员工的心

要想成功，必须先做一名热爱工作的员工，对工作要饱含激情，始终如一，只有这样，才能找到自己真正的价值所在。拥有激情，才能出色。激情工作，就是员工保持高度的自觉性，将全身心都调动起来，最大化释放个人潜能，出色地完成各项工作。

1 境由心生:给激情安个家

心境决定环境!很多时候确实是这样,心境决定着我们的态度,决定着我们的效率。好的心境能提高我们执行的效率,提升我们的业绩。

“不喜欢手头正在做的活儿,所以我跳槽了。”“一年了,我对我的老板受够了,所以想换个工作”……生活中经常听到这样的解释。有些员工,每做一段时间就会对手头的工作没有兴趣,觉得乏味、枯燥。

这都是不热爱工作的员工最容易犯的毛病。

在赛场上夺得金牌的冠军,接受媒体采访时,说得最多的一句话就是保持了平常的心态。的确,在竞技场上保持平常心态,就能超水平发挥,取得意想不到的成绩。在职场中也是如此,只有保持一种良好的心境,才能取得出色的业绩。

实际上,很多人并不是被自己的能力所打败,而是败给了自己无法掌控的事情。在现实生活中,在激烈的竞争形势与强烈的成功欲望的双重压力下,从业者往往会出现焦虑、欢喜、急躁、慌乱、失落、颓废、茫然、百无聊赖等困扰工作的情绪,各种情绪一齐发作,常常会让人丧失对自身的定位,变得无所适从,从而大大地影响了个人能力的发挥,使自己的工作能力大打折扣。

因此,我们要使自己在工作中有上佳的表现,首先应使自己能够随时随地保持一种良好的职业心境,对于一名热爱工作的员工来讲,这样的心境更为重要。

邦迪是麻省理工学院的研究生,毕业后直接进入了美孚石油公司,不久便成为分公司销售经理的候选人。然而,邦迪进入这家公司的第一份工作只是坐在办公室里接听电话、处理文件。虽然毕业于名校,但是由于他从小在农场长大,知道幸福生活来之不易,所以他一直保持着良好的职业心态——干好身边的工作,为明天积累经验。

邦迪从到公司应聘的第一天起,就耐心地做着分内的工作,没有怨言，面试他的人事部官员觉得自己没有选错人，对他的评价很好。一年后，邦迪被派往总部接受培训。如今，他已经是这个跨国公司的一名区域经理了，负责产品的销售和开发。

身在职场，整日周旋在老板与同事之间，如同置身于一个又一个矛盾的旋涡之中，竞争与摩擦在所难免。工作的单调，同事的刁难，排山倒海般的工作安排，使越来越多的人觉得自己的工作难以忍受。事实上，这是错误的职业心态所致。下面我们列出几种常见的错误心态，帮你找到问题的症结所在，帮你找回工作的热情，重塑良好的职业心境。

认为工作太简单且没趣。有的员工觉得别人的工作既简单又有趣，而自己的工作则太简单且没趣，没法让人喜欢；有人会想，能找到一份不重复、不刻板的工作就好了。其实，大多数工作都是重复的，秘书打完一篇稿子又打一篇，医生动完一次手术又动一次，电影明星一个镜头拍完又接另一个，同样是在重复。开车是重复的工作，有些出租车司机使你的旅途很愉快，有些人却令人感到乏味，到底区别在哪儿？也许有人会说，是因为有些司机自己生活得很快乐，所以才会提供很好的服务。恰恰相反，是因为给顾客提供了很好的服务，司机的心情才变得愉悦。你必须认识到，工作是否枯燥乏味，要看你是否是一个有情趣的人！

觉得自己没有时间享受生活。如果硬把自己的生活分成工作与娱乐两部分，无疑是在跟自己过不去。换一个角度去看待我们的工作和娱乐，两者都是你的生活。爱你的工作就像爱一个人一样，开始的时候可能沉迷在新鲜、刺激中，但长远的爱一定是发自内心的。做自己爱做的事，并不是一边在热带海滩上享受，一边伸手接过工资；而是热爱一件事，并且投入所有的爱、活力和创造力，这样去工作，我们才会做得有尊严。热爱工作是一种选择，是正确的人生策略。

认为人际关系难处。很多跳槽的人嘴上说是因为不喜欢自己的工作了，或是说总在一个公司做烦了……其实更多是因为在单位里人际关系处理得不好，跳槽就成了逃避问题的唯一方案。但是，你会发现，如果你不提高处理人际关系的能力，不改进你自己，你将会一次次在不同的工作中面对同样一个问题。你应该从现在开始热爱你的工作，学习提高处世能力，把问题在现状中解除，积累丰富的经验，不断在工作中提高和发展自己。

讨厌老板。要想喜欢上你的工作和同事、老板，你必须改变自己的态度。我们要努力工作，目的不是取悦老板，更不是避免老板的监督，而是为了自己。如果一个人对生活、工作都漫不经心，势必会处处不如意，很多事都会做不好。没有哪个老板会让员工百分之百地满意，就像我们自己也无法让别人对我们完全满意一样。但当你成为这家公司的一分子时，就应该全力以赴，不该去拉付你薪水的人的后腿。如果你对老板不满，你所受的苦远远多于你的老板，他最多损失一点钱，而你却失去了热情、自尊乃至一大段宝贵的生活经历。

美孚石油公司的员工称自己的公司为“快乐的王国”。他们是如此热爱公司的快乐文化，以至于有一天要离开公司时觉得如同移民一样难以适应。这是因为美孚石油公司的领导者为自己的员工创造了一个快乐的工作环境，在这样的工作环境下，每一名员工都可以保持良好的心境，充满激情和创造力地投入到工作中去。

弗罗斯特博士凭借在美孚石油公司做了十年政策顾问的经验，总结了在这个“石油王国”工作的员工快乐的秘密：

应许员工的期待。只要员工取得了很好的业绩，公司就会把这个员工期待的合理职位留给他，让他在快乐之中为公司做出更好的业绩。我们知道，期待是一个人力求认识、掌握某种事物，并经常参与该种活动的心理倾向。不同的职业需要不同的期待，人们对某种职业有所期待，就会对这种职业活动表现出肯定的态度，在工作中调动积极性，开拓进取，努力工作。反之，强迫自己做不愿意做的工作，对精力、才能都是一种浪费。

能力匹配职业。员工的能力特征影响着自身的工作效率，而每一种职业都对从业者的能力有一定要求。能力匹配职业，员工才有可能把工作当成自己的事业去做，才不会为推托上司安排的事务找借口，工作效率才会高，这样的工作才有可能快乐。

把自己融入良好的公司文化之中，员工就可以享受到工作的乐趣，成为公司的主人，成为公司文化创新的主体和源泉。员工享受到了工作的乐趣，就会把自己的工作当事业来做，每个人都可以充满责任感。

工作的乐趣，应当充盈于工作过程中的每一个时刻。在职场中，大多数人都是平凡的,但大多数平凡的人都想变成不平凡的人。一家公司的进步,甚至整个社会的进步,都需要依靠这股力量。虽然就个人来说,这容易产生心理上的压力,但是,不论我们是否能变成一个不平凡的人,我们每一个人都应当从工作中得到乐趣。工作的乐趣不是与生俱来的,它需要工作者的自信、努力、谦虚、坚持……

保持工作乐趣的另一个重要的因素是:致力于一份自己喜爱又天天期待的职业,一个挑战自己的能力与想象力的工作。这会让我们在快乐的工作心境中更加振奋地工作。

2 热情:把梦想变为现实的工具

热情和积极的心态与成功之间的关系,就好像汽油和汽车引擎之间的关系一样。热情是行动的动力。只要你凡事都怀有热情地去做,拿出你蕴藏的力量来,这股力量可以改变你人生中的任何层面,能扭转你的环境,使你美梦成真。

有这样一则故事:

李函是某文化公司的总经理,在他刚创业的时候,他用他的热情为我们谱写了很多的精彩案例。我们知道,一个企业的创业过程中,如果没有资金、没有人才,只在技术和市场的背景下去创业,那么,这种创业过程无疑是一场惊险的冒险,而李函的创业历程正好给我们说明了这一点。他在刚创业的时候,凭借着极少的资金,开始了人生的转变。在刚开始的时候,公司就只有他一个人单枪匹马地在商场上厮杀,他一个人担当了众多的角色,他既是领导者,为公司的发展制订发展目标;又是技术开发人员,他要把产品开发出来;他既是营销人员,在产品开发出来之后,他要把产品推向市场;他又是清洁工,当办公室很脏时,他要亲自去打扫。更令人惊奇的是,他在创业时才20岁,尽管他本人给人一种精明强干、能够适应市场变化的印象,但他还是给父母和朋友带来了许多的疑问,人们都认为他不具备创业的资格。

但是，正是这样一个其貌不扬的年轻人，他通过自己的努力改变了自己的人生命运，经过一年的创业之后，他终于取得新的发展。他的公司无论是在市场份额，还是在人员规模上都有了新的变化，当人们问起是什么因素使他取得这样的发展时，他坦然一笑说："是我的热情，因为在我的每一步发展中，我都抱有极大的热情。我将自己的每一份精力都倾注到我的创业过程中，在每一天，无论在我身上发生什么样的困难，我都会以热情来对待，于是使我感到无比的快乐。"

李函的成绩是50%的热情加50%的勤奋换来的，只要你来到他所领导的公司，你也会被他的热情所感染。用李函的话来说就是：热情是一股力量，它和信心一起将逆境、失败和暂时的挫折转变成为行动。借着这股热情，你可以将任何消极表现和经验转变成积极表现和经验。

再看一则故事：

有一位叫赵磊的高考落榜者，一心想当播音主持人。可他从小就口吃得厉害，只要听一听他平日的谈话就知道，他要实现当主持人的梦想是一件比登天还难的事，人们都认为他要当节目主持人无疑是白日做梦，而且从来就没有一个人去鼓励他。

然而，赵磊并不是一个被打击之后就停滞不前的人。他从书上读到古希腊的一位著名演说家的故事，这位演说家原来和赵磊一样有口吃的毛病，但他通过在口里含一粒石子，到海边面对滚滚的浪涛练习说话，终于矫正了缺陷。看到这个故事之后，赵磊受到了启发。恰好他家附近有一个湖，碧波荡漾，湖光粼粼，每天还能看到从湖面一掠而过的野鸭。在这样的环境里，赵磊也学起了这个古希腊的演说家，他每天从湖边捡一块正好适合自己练习的石子含在嘴里去练习。经过两年苦练之后，他最终改掉了口吃的毛病，如愿以偿地实现了他的梦想。

后来，当记者采访他时，他说：热情从获得某种渴望的结果的愿望开始。每次我开始一项新的计划，无论是为电视节目编剧或为某项新展品做推广活动，我心里都会有某种希望实现的愿望梦想。

转化梦想的流程的第一步是清楚而明确地界定你的梦想并且写下来。当时你也许不了解,不过当你把确定的梦想写下来之后,你就得把对那个梦想的热情存放在心中。

接下来要拥有的就是希望。希望并非只是一种“愿望”,它不是一种空洞甜蜜的感觉。希望是诚挚地去期待某个所预期的结果。对这个期待越有信心,或所预见的结果越有可能,希望就越大。把你已经开始的梦想化为具体的目标,把具体的目标化为步骤,把步骤再化为任务,会提高你对自己能力的信心,以达成你所预见的结果。这个流程把你对那个愿望或梦想的希望注入你的心中。而希望这个“爆炸性的”成分为一个人的热情增添了真正的动力。

最后,当你要达到目标去完成各种任务以及把梦想转化为现实时,你将体会到满足与喜悦。当你经历过这种满足与喜悦后,它将进一步增加你对追求更高成就的热情。这是一种滚雪球效应,更多的成就产生更多的喜悦,更多的喜悦产生更多的热情,更多的热情产生更多的成就,更多的成就又产生更多的喜悦。因此,虽然一开始你的热情、喜悦与成就可能是一个小雪球,但是在它滚到山底之后,它将变得巨大无比。所以,转化梦想的流程不只是一个把梦想化为事实的工具,它也是一座“处理厂”,它把热情的三种必要成分注入你的心中:愿望、希望与喜悦。

可见,热忱与对事业的执著追求,使赵磊不仅改变了自己的缺点,还成就了赵磊一生的辉煌。同时,从他的身上我们也真正地感受到:无论工作是多么的“微不足道”,只要我们能以自己的工作为荣,用进取不息的认真态度、火焰似的热忱、主动努力的精神去工作,那么,用不了多久我们就会从平凡的工作岗位上脱颖而出,崭露头角,这种以工作为荣、积极主动的精神会帮助我们取得更辉煌的成绩。

3 披上“热忱”的五彩衣

对工作热忱,是一切希望成功的人——创造杰作的艺术家、卖肥皂的人、图书馆的管理员,以及各行各业的人员必须具备的条件。

“热忱”这个字眼在希腊语中的意思是“受了神的启示”。

成功学大师卡耐基认为，对工作热忱的人具有无穷的力量。威廉·费尔波，耶鲁大学最著名而且最受欢迎的教授之一。他在那本极富启示性的《工作的兴奋》中写道：对我来说，教书凌驾于一切技术或职业之上。如果有热忱这回事，这就是热忱了。我爱好教书，正如画家爱好绘画，歌手爱好歌唱，诗人爱好写诗一样。每天起床之前，我都兴奋地想着有关学生的事……人在一生中之所以能够成功，最重要的因素就是对自己每天的工作抱着热忱的态度。

在这个竞争激烈的社会，职场人士承担着巨大的有形或者无形的压力。同事之间的竞争，工作方面的要求，以及一些日常生活琐事，无时无刻不在禁锢着我们的心灵。于是在种种的压力、种种的禁锢之后，无精打采、垂头丧气和漠不关心扼杀了我们心中对事业的追求和热忱。从热爱工作到应付工作，再到逃避工作，热忱的丧失使我们的工作变得单调而琐碎、毫无生气。

每天的工作只是应付完了就行，既厌倦又无奈，不知道自己的方向在哪里，也不清楚究竟怎样才能找回曾经让自己心跳的激情。在老板眼中你也由一个前途无量的员工变成了一个普通的员工。

热忱是职场人士最漂亮的装饰，它可以让一个才能平平的员工大放异彩，也可以让一个才能卓越的员工黯然失色。在老板眼中，热忱是员工的一大亮点。要想在工作上取得成就，让老板对你青睐有加，就要保持对工作的热情。热忱是工作的灵魂，贯穿于整个生命，你在工作中所持的态度，使你与周围的人区别开来。

那些对工作缺乏激情的员工，总认为工作是枯燥乏味的，缺少乐趣。工作对我们而言究竟是乐趣还是枯燥乏味的事情，其实全看自己怎么想，而不在于工作本身。如果你只把目光停留在工作本身，那么即使是从事你最喜欢的工作，你依然无法持久地保持对工作的热情。如果在拟订合同时，你想的是一个几百万元的订单；收集资料、撰写标书时你想到的是招标会上的夺冠，你还会认为自己的工作周而复始、枯燥无味吗？

对工作充满热情的员工，他们的热情并不在于专挑自己喜欢的事情做，而在于发自内心地喜欢自己所做的工作。

有一个在麦当劳工作的人,他的工作是烤汉堡。他每天都很快乐地工作,尤其在烤汉堡时,他更是专心致志。许多顾客对他为何如此开心感到不可思议,十分好奇,纷纷问他:“烤汉堡的工作环境不好,又是件单调乏味的事,为什么你可以如此愉快地工作并充满热情呢?”

烤汉堡的人说:“在我每次烤汉堡时,我便会想到,如果点这汉堡的人可以吃到一个精心制作的汉堡,他就会很高兴,所以我要好好地烤汉堡,使吃汉堡的人能感受到我带给他们的快乐,看到顾客吃了之后十分满足,并且神情愉快地离开时,我便感到十分高兴,仿佛又完成一件重大的工作。因此,我把烤好汉堡当作是我每天工作的一项使命,要尽全力去做好它。”

顾客听了之后,对他能用这样的工作态度来烤汉堡,都感到非常钦佩。他们回去之后,就把这样的事情告诉周围的同事、朋友或亲人,一传十、十传百,很多人都喜欢到这家麦当劳店吃他烤的汉堡,同时看看“快乐烤汉堡的人”。

顾客纷纷把他们看到的这个人认真、热情的表现反映给公司,公司主管在收到许多顾客的反映后,也去了解了情况。公司有感于他这种热情积极的工作态度,认为值得奖励和栽培。没过多久,他便升为分区经理。

热忱可以借由分享来复制,而不影响原有的程度,它是一项分给别人之后反而会增加的资产。你付出得越多,得到的也会越多。生命中最巨大的奖励并不是来自财富的积累,而是由热忱带来的精神上的满足。

当你兴致勃勃地工作,并努力使自己的老板和顾客满意时,你所获得的利益就会增加。

热忱是工作之灵魂,甚至就是生活本身。员工如果不能从每天的工作中找到乐趣,仅仅是因为要生存才不得不从事工作,仅仅是为了生存才不得不履行职责,这样的员工注定不会成就什么大业的。

热忱是战胜所有困难的强大力量。没有热忱,军队就不能打胜仗,雕塑就不会栩栩如生,音乐就不会如此动人,诗歌就不能感动人的心灵,人类就没有驾驭自然的力量,这个世界上也就不会有慷慨无私的爱。

4 点燃激情，成就梦想

一个对自己工作充满激情的员工，无论在什么公司工作，他都会认为自己所从事的工作是世界上最神圣、最崇高的职业；无论工作的困难多么大，或是质量要求多么高，他都会一丝不苟、不急不躁地去完成它。

当一个员工对自己的工作充满激情的时候，他便会全身心地投入到自己的工作之中。这时候，他的自发性、创造性、专注精神等便会在工作的过程中表现出来。

雅诗·兰黛是许多年来《财富》与《福布斯》等杂志富商榜上的传奇人物。这位当代“化妆品工业皇后”白手起家，凭着自己的聪颖和对工作和事业的高度热情，成为世界著名的市场推销专家。由她一手创办的雅诗·兰黛化妆品公司，首创了卖化妆品赠礼品的推销方式，使公司脱颖而出，走在了同行的前列。她之所以能创造出如此辉煌的事业，不是靠世袭，而是靠自己对待工作和事业的激情。在80岁前，她每天都能斗志昂扬、精神抖擞地工作10多个小时，她对待工作的态度和旺盛的精力实在令人惊讶。今天的兰黛，名义上已经退休了，而实际上，她照例会每天穿着名贵的服装，精神抖擞地周旋于名门大户之间，替自己的公司做无形的宣传。

许多员工对自己的工作一直未能产生足够的激情与动力，主要的问题可能就出在他根本不知道自己为何需要这份工作。

其实，能拥有工作是幸福的。美国汽车大王亨利·福特曾说：工作是你可以依靠的东西，是个可以终生信赖且永远不会背弃你的朋友。连拥有亿万资财的汽车业巨子都如此地热爱工作，那我们似乎也由热爱工作到对工作产生热情，是一个熟悉并逐渐深入的过程。随着工作的深入，热情可以转化为激情。

激情是高水平的兴趣，是积极的能量、感情和动机。你的心中所想决定着你的工作结果。当员工产生了激情时，你可以发现他目光闪烁、反应敏捷、热情奔放,浑身都充满了感染力。这种神奇的力量使他以截然不同的态度对待客户,对待工作,对待整个世界。

伟大人物对使命的热情可以谱写历史,普通员工对工作的热情则可以改变自己的人生。著名棒球运动员贝特格正是凭借自己对工作的高度热情,创造了一个又一个奇迹。

当贝特格刚转入职业棒球界不久,便遭到有生以来最大的打击,他被约翰斯顿球队开除了。他因击球动作无力,因此球队的经理要他走人。经理对他说:“你这样慢吞吞的,根本不适合在球场上打球。你离开这里之后,无论到哪里,做任何事,若不提起精神来,你将永远不会有出路。”

贝特格没有其他出路,因此去了宾夕法尼亚州的一个叫切斯特的球队,从此他参加的是大西洋联赛,一个级别很低的球赛。和约翰斯顿队1250美元的月薪收入相比,每个月只有250美元的薪水更让他无法找到激情。但他想:我必须激情四射,因为我要活命。

在贝特格来到切斯特球队的第三天,他认识了一个叫丹尼的老球员,他劝贝特格不要参加这么低级别的联赛。贝特格很沮丧地说:“在我找到更好的工作之前,我什么都愿意做。”

一个星期后,在丹尼的引荐下,贝特格顺利加入了康涅狄格州的纽黑文球队。这个球队没有人认识他,更没有人责备他。在那一刻,他在心底暗暗发誓:我要成为整个球队最具活力、最有激情的球员。这一天成为他生命里印象最深刻的一天。

每天,贝特格就像一个不知疲倦和劳顿的铁人奔跑在球场,球技也提高得很快,尤其是投球,不但迅速而且非常有力,有时居然能震落接球队友的护手套。

在一次联赛中,贝特格的球队遭遇实力强劲的对手。那一天的气温非常高,身边像有一团火在炙烤,这样的情况极易使人中暑晕倒,但他并没有因此而退却。在比赛快要结束的最后几分钟里,由于对手接球失误,贝特格抓住这个千载难逢的机会,迅速跑向本垒,从而赢得了决定胜负的至关重要的一分。

疯狂的激情让贝特格有如神助，它至少起到了三种效果：第一，使他忘记了恐惧和紧张，掷球速度比赛前预计的还要出色；第二，他“疯狂”般的奔跑感染了其他队友，他们也变得活力四射，首先在气势上压制了对手；第三，在闷热的天气里比赛，贝特格的感觉出奇的好，这在以前是从来没有过的。

从此，贝特格每月的薪水涨到了1850美元，和在切斯特球队每月250美元相比，他的薪水在10天的时间里猛增了好几倍，这让他一度产生幻觉，他简直不知道还有什么能让自己的薪水涨得这么快，当然除了“激情”。

我们知道，没有任何一个人愿意与一个整天提不起精神的人打交道，也没有任何一家公司的老总会提拔一个在工作中萎靡不振的员工。因为一个员工如果在工作的过程中萎靡不振，不但会降低自己的工作能力，还会对他人产生负面的影响。

IBM公司的人力资源部部长曾说：从人力资源的角度而言，我们希望招到的员工都是一些对工作充满激情的人。这种人尽管对行业涉猎不深，年纪也不大，但是，他们一旦投入工作之中，所有工作中的难题也就不能称之为难题了，因为这种激情激发了他们身上的每一个钻研细胞。另外，他周围的同事也会受到他的感染，从而产生出对待工作的激情。

对于一名员工来说，热情就如同生命。凭借热情，我们可以释放出潜在的巨大能量，发展出一种坚强的个性；凭借热情，我们可以把枯燥乏味的工作变得生动有趣，使自己充满活力，培养自己对事业的狂热追求；凭借热情，我们可以感染周围的同事，让他们理解你、支持你，拥有良好的人际关系；凭借热情，我们更可以获得老板的提拔和重用，赢得珍贵的成长和发展的机会。

一个没有热情的员工不可能始终如一、高质量地完成自己的工作，更不可能做出创造性的业绩。如果你失去了热情，那么你永远也不可能在职场中立足和成长，永远不会拥有成功的事业与充实的人生。所以，从现在开始，对你的工作倾注全部的热情吧！

5　快乐无极限，工作也“疯狂”

“工作狂”是幸福的。既然你在工作着，说明找到了自己的领域，还表示投入了很大的精力，所以也就提高了业务水平，增加了求职升职的砝码。甚至有很多人和朋友聊天时也是三句不离本行，醉心于工作的点点滴滴，仿佛是个“工作狂”。做个“工作狂”值不值？这需要细化之。有人总在收拾同事的烂摊子，或者不停地重复工作，整日疲惫不堪，由此丧失了刚入行的激情，最后靠辞职来调整，这种人只能称作“过度工作者”，而不是“工作狂”。

我们一般说这个人是“工作狂”，大多是他主动要成为一个“工作狂”，懂得工作并快乐着，时不时忙里偷闲一番，工作不但不会摧垮身心，反而会成为快乐生活的“滋补品”。例如一个摄影师，每天除去拍广告，还总去酒吧、音乐节等拍些根本不赚钱的照片，并把这些得意的作品挂在家里欣赏，实在是可贵。还有一个设计师，给小区的很多业主设计了许多个性化的门牌号码，这和那些工作之外敌视电脑，回家后面无表情，或看电视或昏昏欲睡的人形成了强烈对比。工作中饱含激情的状态固然需要提倡，但更重要的是他工作之外干些什么。挑个除了工作以外最爱做的事，花点时间和朋友相处，你其实可以做个快乐的“工作狂”。

从我们开始工作的第一天算起，工作究竟是为了什么？开始是为了生存，后来是为了兴趣，最后为了理想。毕竟最初的梦想最后又当真在做的人仅是少数，那些人是幸福的，相信他们有足够的激情完成自己的工作。那大多数的人呢？相信工作狂一定是要有所平衡的东西，如果你觉得电视能让你更全心地投工作，当然也可以选择看电视。只是担心那些总想趁年轻一再透支健康的人，难道真的除了工作之外能一言不发？还是在日常生活中给自己一些奖励，去喜欢的餐馆大吃一顿，或者调整一下与家人的关系，陪太太到喜欢的商店逛逛，这样该有多好。

其实我们的社会还是很需要“工作狂”的，但我们也要看清，太多的人用全部的努力不过换来了普通的生活。就像两个人爬山，一个人永远向往远处的风景,一个人却始终留意欣赏路边的风景,谁更辛苦呢?

有一则众所周知的故事:

> 游客看见渔夫在海边躺着晒太阳,便问他为什么不出海捕鱼。渔夫反问为什么要出海捕鱼,游客说可以卖鱼赚钱。渔夫追问赚钱来干什么,游客说可以买更大的渔网更好的渔船。渔夫问买来干什么,游客说可以捕更多的鱼卖更多的钱。渔夫问要更多的钱干什么,游客说那样就可以不干活了。渔夫问不干活了干什么,游客就说可以永远在海边晒太阳了。

口令绕到这里,渔夫最经典的一句话就出来了——我现在不是在晒太阳吗?游客的态度代表了"工作狂"的价值观,渔夫则是"懒散一族"的最佳代言人。

在这个许多人崇尚享乐、追求轻松生活的浮躁时代里,劝说人们去做"工作狂",似乎已经变得不合时宜了。称赞别人"你很懂得享受",比说"你工作很拼命"更能让对方听了心花怒放。

然而,目前的中国是否真的富足到了可以让人们停下来好好享受的程度?我们的工作负荷是否真的到了急需减负的时候?对于大多数普通的人来说,我们是否真的拥有不经努力就可轻松获得成功的天赋?如果不是,我们怎可不做"工作狂"?"工作狂"之所以被认为是一种不健康的生活方式,是因为他们吃饭没准点,睡觉没规律。但现在的心理学专家却提出了不同的见解:对工作不满的情绪甚至比没有规律的起居作息更有损健康,而对工作的满足感则对健康有利。所以,我们建议"工作狂"们在努力工作的时候,应分出必要的时间统筹好自己的饮食起居,保证自己规律的生活。

> 一位公司的老板,经营企业 20 多年后,积累了很大一笔财富,于 50 岁宣布退休,全家移民到美国加利福尼亚,说是要去享受加州的阳光,每天从事他最喜爱的两样休闲生活:打高尔夫球与钓鱼。
>
> 一年后,出人意料的是,他又回来了,并且又重新创办了一家企业。
>
> 人们都很奇怪,觉得他不是去阿拉斯加赌博破了产,就是遭

人勒索被洗劫了财产,所以没办法才又回来重新开始。

结果出乎人们的意料,他告诉大家说:“打高尔夫球与钓鱼连续一个月就烦了,没有工作形同坐牢,后来我在美国跟许多移民一样,成了‘三等人’。”

有人好奇地问他:“何谓‘三等人’呢?”他苦笑道:“首先是等吃饭,吃完饭之后是等打牌,打完牌之后就是等死了。这样等了一年实在让人受不了,只好回来再创业了。”

是啊,整天无所事事的日子,确实比劳累还让人受不了。

你一定体验过激情,当你投入巨大的狂热时,往往是不知道累,也不知道饿的,整天觉得精力无限,工作时间虽长,感到的却是一种享受而不是压力。相反,一种令人感到无能为力而没有安全感的工作,才会对健康造成危害。

西方有句谚语:没有痛苦就没有收获。这颇能解释为什么在最新的一份调查中,有33%的美国人愿意长时间工作,因为长时间的工作意味着经济繁荣和更高品质的生活。为了成功,唯有竭尽全力。

等待我们的当然并不都是成功和喜悦,但是我们最终会明白,那些奋斗拼搏的日子正是追求幸福的过程,也正是我们希望拥有的美好日子。

你当然有权选择最轻松、最惬意的工作,但是,老板也有权选择最敬业、最卖命的员工。如果对上司交办的事务和其他部门商请的工作能推就推,惯以“这事我做不了”、“你还是找别人吧”这类借口来应付,最后你会发现,你已经成为企业里可有可无的人了。

打工皇帝唐骏曾说过一句话:比别人勤奋一点点,就能超前别人一大步。

一个人的工作态度折射着人生态度,而人生态度决定着一个人一生的成就。你的工作就是你生命的投影。它的美与丑、爱与憎,全操纵于你之手。

你可能很不喜欢你眼下的工作,你从工作中得不到丝毫的乐趣,毫无创造性可言。

简直烦透了!你觉得百无聊赖。

但你要记住,这并不是老板或单位领导的错。

老板没有逼着你来他的公司上班,领导也没有强迫你在他的手下吃饭。当初，是你主动应聘到了这家公司；或者，是你托了关系好不容易才挤进了这家单位。你的历史，是你自己写成的。

老板待你很刻薄，领导根本就没把你当人才看。那么，你就炒他们的鱿鱼好啦！如果你不想炒他们的鱿鱼，就说明他们可能还没你说的那么可怕，那么，需要改变的是你自己。具体的做法就是：调整好自己的心态，爱你眼前的工作。

有时候我们应该站在老板或领导的角度换位思考一下，你在挣人家的钱、拿人家的薪水，就得给人家一个交代。这是做一个人最起码的职业道德、职业素养，也是良心与道德的问题。如果你的员工偷懒懈怠，你做何感想？再从自己的角度想一想，如果你想做一番事业，那就应该把眼前的工作当作自己的事业，应该有一种非做不可的使命感。

6 热爱工作：激情燃烧的岁月

激情是一种情绪、一种精神状态，是干好各项工作的不竭动力。激情不管是聚积于内，还是显露于外，都能激活身心的巨大潜力。工作的激情需要培养和激发，需要采取合适的方法予以点燃。

鲍威是一家公司的采购员，工作非常勤奋，有一种近乎狂热的热忱。他常常为了工作每天凌晨4点准时起床，一直奔忙到晚上10点多钟。

人们总见他一边挤着公交车，一边咬着馒头充饥。他一天最多有一餐吃得相对正规点。为了工作他几乎达到了废寝忘食的地步。

他所在的部门并不需要特别的专业技术，只要能满足其他部门的需要就可以了。鲍威总是千方百计找到供货最便宜的供应商，买进上百种公司急需的货物。鲍威兢兢业业地为公司工作，节省了许多资金，这些成绩是大家有目共睹的。在他29岁那年，也就是他被指定采购公司定期使用的约1/3的产品的第一年，他为公司节省的资金已超过80万元。

公司副总经理知道这件事后,马上就增加了鲍威的薪水,鲍威在工作上的刻苦努力博得了高级主管的赏识,使他在36岁时成为这家公司的副总裁,年薪超过50万元。

我们是自己命运的播种者。我们今天所做的一切,都会在将来深深地影响着自己的命运。种瓜得瓜,种豆得豆,有几分耕耘,就会有几分收获。

石油大王约翰·洛克菲勒曾经说过:工作是一个能施展自己才能的舞台。我们寒窗苦读来的知识,我们的应变能力、决断能力、适应能力以及协调能力都能在这样一个舞台上得到展示。除了工作,没有哪项活动能够提供这么好的充实自我、表达自我的机会。

热爱工作,意味着自我负责和自我激励。一个人只有能够对自己负责、激励自己进步,才能掌握自己的命运。如果我们不愿意对自己负责任,不愿意督促自己进步,那将不会再有力量能使我们在这个社会上站稳脚跟了。

热爱工作,应该保持进取心态。心有多大,舞台就有多大。进取心和想象力是成功的起点,目光高远、时刻想着提高和进步,是成功者的必备条件和最重要的习惯。有了进取心就有了工作的动力,就会想方设法地发挥出自己的潜力,去实现自己的人生价值;有了进取心就会不甘平庸,千方百计地使自己从事的工作处于前列,不断开拓工作的新局面;有了进取心就不会被动地等待别人告诉自己应该做什么,而会主动地去了解自己应该干什么,还能干什么,如何精益求精,怎样才能做得更好。

因为工作失去了新鲜感,一切已归于平平淡淡,没有任何惊喜乃至惊吓。既厌倦又无奈,不知道自己的方向在哪里,三点一线甚至两点一线的生活状态的确让人觉得乏味。每天重复着同样的事情,工作兴趣已减为负数。

因为残酷的现实让你不敢直面人生。你的房子把你“按”在地上每个月“揭”去一层皮,你的车子以惊人的“食量”鲸吞着你的钱,你总在困惑为什么物价的涨幅永远高于你工资的增长率,锤炼多年的你早已学会“少做少错,不做不错”,深知“明哲保身”的道理。

从热爱工作到应付工作甚至逃避工作,我们的生活也随之跌落谷底。要想得到转机、改变现状,只有重燃对工作的激情。

把工作看得神圣而伟大,是对工作产生激情的基础。

三个建筑工人在一个工地上干活,有个路人走过来问他们:

“你们在干什么？”

第一个人叹着气说：“你没看见吗？我在搬砖头。”

第二个人抬头笑了笑：“我们是在盖一幢大楼。”

第三个人笑得非常灿烂，开心地说道：“我们是在建设一个崭新的城市。”

若干年过去了，第一个人还是在工地上搬着砖头；第二个人已经坐在办公室里设计建筑图纸；第三个人则成了前两个人的老板。

不论做着多么平凡的工作，只有把工作看得神圣而伟大，才会爱上工作，才会源源不断地冒出激情，才会快乐地投入到工作中去，而且更容易获得事业的成功。

工作就是工作，永远不会成为娱乐项目，一个人无论多么喜欢自己的工作，工作多多少少都会给他带来压力，有来自工作本身的，有来自周围环境的，也有来自自己的。面对压力，一味忍受会导致死气沉沉或者抑郁症，只顾宣泄则会带来无尽的唠叨或者解聘书。应该学会管理压力并科学地释放压力，减轻对工作、对未来的恐惧感，心情轻松才容易重燃激情。

请记住，在这样温暖干爽的心境下，激情才可以燃烧。

激情是工作的灵魂，甚至就是工作的本身，当你满怀激情地工作时，你所获得的利益就会增加。不要畏惧激情，如果有人愿意以半怜悯半轻视的语调称你为“狂热分子”，那么就让他这么说吧，你大可不必理会。每个人都曾经是甚至一直是满腔热情的员工，无论是什么原因导致你不再充满热情，相信你已经尝到了其中的滋味，那么请收拾一下你的心情，在工作的激情中去创造属于自己的奇迹吧！

7 释放激情，体验价值

每个员工内心深处都有像火一样的热忱，却很少有员工能将自己的热忱释放出来，大部分员工都习惯于将自己的热忱深深地埋藏在内心深处。有的员工因为没有将自己内心深处的激情释放出来，不但工作做不好，甚至还因此付出惨痛的代价。因此，在工作中，你一定要将自己的热忱释放出来,让自己看到自己不可估量的价值。

热忱是一个人保持高度的自觉,把全身的每一个细胞都激活起来,完成他心中渴望的事情的动因;是一种强劲的情绪,一种对人、事物和信仰的强烈情感。工作中你注入多大的热忱,就会有多大的收获。

对员工而言,当你正确地认识了自身价值和能力以及社会责任时,当你对自己的工作有兴趣,感到个人潜力得到发挥时,你就会产生一种肯定性的情感和积极的态度,把自觉自愿承担的种种义务看做是“应该做的”,并产生一种巨大的精神动力。即使在各种条件比较差的情况下,也不会放松自己的要求,反而会更加积极主动地提高自己的各种能力,创造性地完成自己的工作,这就是你在释放自己的激情。

热忱是实现工作理想最有效的工作方式,用热忱来点燃自己的工作,即便是最乏味的事情,也会变得富有生趣。我们每个员工都应该学会用热忱去点燃自己的工作。就算工作不尽如人意,你也不要愁眉不展、无所事事。要学会掌控自己的情绪,激发自己的热忱,让一切都变得积极起来。

既然要在工作中倾注热忱,使工作成为有趣的事情,就要从小事开始做起。凡事比别人先行一步,彻底改掉总跟在别人后面、做事总比别人慢一拍的坏习惯。另外,不要把工作当作一件差事。否则,你就很难倾注你的热忱。而如果你把你的工作当作一项事业来看待,情况就会完全不同。

海涛是一位很有激情的经理人,他对任何工作都追求完美,但工作完成的时间是有限制的,于是他就加班加点。开始时员工的抱怨很多,但是经由他的手培训出了很多优秀的人才,他们最后都成了行业的精英或者业务骨干。对此,海涛说:“我的工作就是永远不知足,因此我在工作中激情饱满。我觉得我的员工已经很优秀,但是仍然可以做得更好,所以对他们要求严格。人有时候就差那么一点,但是总是对于现在的成绩很满足,认为这样就可以了,而不愿意再向前迈一步。这样的人都是缺乏工作激情的人,没有工作的激情,做起事来就不会付出最大的精力,也就不会把工作做到最好。”

遇到困难,最好的方式不是逃避,而是积极地面对困难,充满激情地解决每一道难题。因此做好并不难,只要你有一个做好的意图。若你有强烈的将工作做好的意识，心中自会产生源源不断的动力，让你不畏艰苦，不达目标誓不罢休。

王英是一名广告策划，一向自信的她在认真挑选了一家公司作为自己的发展基地时遇到了一个近乎苛求的老板。每次她把策划案交到老板手里，低眉顺眼地询问到底欠缺在哪里时，老板都会很直接地告诉她："我也不知道到底哪儿不好，但我就是觉得不够完美，总之你还要继续，要不就重来。"每当她递交方案从老板的办公室里走出来时，心情就跌落到了谷底。几经周折，王英终于对工作完全没有了激情，如果再继续下去，她最终要从这家待遇极佳的公司灰溜溜地走掉。可是，她不甘心：逃，不是我的性格，我决定从下一个方案开始，我要挑战他，一定要让他说好。于是，她重新调整了状态，在接手了一个环卫广告的方案创意后，精心地准备了3套方案，在这3个侧重点不同、宣传风格迥异的方案中，王英把自己的视角调整成了一个挑剔者。几个通宵的不眠之夜过后，面对着提交的方案，老板还是摇头，但当王英说出最后的思路：把3套方案的亮点结合在一起时，老板的笑意也渐渐浮现了出来。

其实，在任何工作岗位上，老板的挑剔都是对于员工激情的磨炼。每一个老板都不是傻子，他的每一步工作都会有一定的目的，虽然力求完美会让员工做起来非常累，却是让你将来一步到位的铺垫。点燃工作的激情，不怕挑剔，不断地给自己打气，在打击中成长起来的员工，还会有什么事办不到呢？

不要害怕工作中的任何挑战，你的激情永远都是战胜困难的唯一有力武器。将你的激情释放出来，改变心态，积极应对，你必定会有自己的一片蓝天。

第九章　协同作战：在团队中体现价值

现代社会并不缺少有能力的人，但企业真正需要的是既有能力又富有团队精神的人。没有完美的个人，只有完美的团队。单打独斗的时代已经过去，唯有团队合作方能取得胜利。让自己融入团队，与团队共同发展，在合作中体现自身价值。

1 个人最小，团队最大

在很多单位里，经常会出现这样的事情：

什么？才给我3%的提成？不行，这个市场是我打开的。

这次分房没有我，凭什么让我带毕业班的课？

我和陈兵一同进单位，现在他升职了，我还是一个小科员，那你们就派他出差呀，干吗还把我调往那么艰苦的地方？

这单生意我为公司赚了200多万，奖金只有这一丁点儿，与我的付出太不成比例了。

推迟我的年假？不行！我知道现在正是生产最困难的时候，但是该我休假的时候，我一天也不愿意推迟！

……

之所以出现以上这样的状况，是因为这些员工没有意识到团队的利益就包含了自己的利益。在任何组织里，没有一个人可以使自己的利益与团队利益完全脱节，只有整个团队获得更多的利益，个人的利益才有可能获得相应的增加。谁忽视了团队利益，谁将自己的利益置于团队之上，谁最终会失去更多的利益。因为失去了整个团队的依托，个人的利益也就不复存在。

> 春秋战国时期，郑国与宋国之间常常有战争发生。一次，郑国又准备出兵攻打宋国，于是宋国派出大元帅华元为主将，率领军队迎战敌人。在两军交战前夕，华元为了鼓舞士气，于是下令宰杀牛羊，准备好好犒赏将士。由于公务繁忙，华元一时大意忘了分给他的马夫一份。马夫于是怀恨在心：我没有吃到酒肉，你也别想打胜仗。
>
> 后来，在两军交战时，马夫对华元说："分发羊肉你忘了我，今天你就要为此付出代价。"说完，他就把战车赶到郑军阵地中，华元就这样轻而易举地被郑军活捉了。而宋国军队也因为失去了主帅，乱了阵脚，被郑国打败了。

当然,这个马夫也因出卖了自己的主帅,被郑国处死。

故事中华元的马夫,其团队意识可以说是近乎于零。仅仅因为一时之误,没有吃上一顿酒肉,就不惜出卖自己的主帅,甚至出卖自己的国家。

像马夫这样为了个人利益而没有团队意识,甚至不惜以出卖国家利益为平自己私愤的员工,如果是放在现代企业中,哪一家企业还能团结稳定,齐心协力向前进呢?哪一位管理者又愿意录用他呢?

然而遗憾的是,在现代公司里,还是不乏这样为了一己私利而不顾团体利益的员工。当然他们比马夫幸运的是,没有因此而失去性命,但是他们却为此而丢掉了“饭碗”,也使自己成为好员工的梦想灰飞烟灭。

郑力是一家投资公司的操盘手,他业务娴熟,具有敏锐的洞察力,经常在瞬息万变的股市中发现商机,并能果断地买进卖出,到公司一年后,便为公司赚了一大笔钱。

在年终的总结大会上,公司经理特地邀请郑力坐到自己身边。他高度赞扬了郑力的工作能力,也直言不讳地说公司在股市里的赢利主要归功于郑力。

郑力听后,心里很受用,因为他自己也是这样认为的,他甚至认为自己是公司员工的“衣食父母”,因为他为公司赢了利,而有的同事却给公司造成了不小的损失。但是,在会议结束时,当郑力打开“红包”,看到公司的年终奖金与自己的期望值相差甚远时,一种失落感油然而生,但他当时并没有表现出来,而是把抱怨和不满压在了心里,并私下想一定要通过其他方式为自己讨回“公道”。

后来,郑力偷偷地利用自己手中掌握的公司账户,私下里进行了几次交易,并将其赢利装进了自己的腰包。另外,他还私下抽出公司的部分资金,借给了一个做生意的朋友作短期周转,说好给自己高额的回扣。但就在这位朋友还未把这笔钱还回来之前,公司在一次例行财务检查中,终于发现了他挪用公款私自炒股和资金他用的恶行。

由于郑力的行为已严重损害了公司的利益,而且此举也证明了他是一个心中没有集体、品行不端的人。于是,公司立即解除了他的职务，并到法院立了案。将个人利益置于集体利益之上的郑力终于受到了应有的惩罚。

有团队才会有个人，团队发展壮大了，个人的利益才会有保证。当你永远把团队的利益置于个人利益之上时，你获得的将会更多。

追求个人利益是一种很正常的事情，但前提是必须将团队利益置于个人利益之上。不能为了一己私利而损害团队利益，更不能以公充私，或出卖团队利益。对团队要有一个清醒的认识，不要拿自己的利益与团队的利益对比。

当个人利益与团队利益发生矛盾时，要舍弃个人利益，要用平和的心态去对待偶尔的“不公平”，不要斤斤计较个人的得失，更不要心术不正地总想侵占团队的利益。要知道，个人与团队是“牙齿与嘴唇”的关系，“唇亡齿寒”就是这个道理。一个不关心集体，不以团队利益为重的人，也最终会被团队抛弃。

2 顾全大局，甘当配角

提到乔丹，几乎没有人不知道他曾是 NBA 最伟大的球员。而乔丹之所以伟大，不仅仅是因为他有全面的技术，能成为篮球场上的领军人物，更为重要的是，在赛场上，只要为了团队的胜利，他能付出任何不求回报的牺牲。当很多球员在想着怎样争取更多上场的时间，怎样得分，怎样的动作才能吸引观众的注意并成为媒体的焦点时，乔丹却可以放下巨人的架子，最伟大球员的尊严，甘当配角，去助攻；去帮助队友防守，而不再只求突出个人的表现。乔丹这种为了团队的大局而甘当配角的风格深深感染了队友。因此，罗德曼能毫无怨言地做“苦工”，不再闹对立情绪；哈珀、库科奇也能放下“架子”，主动帮助队友，使队友获得更多出彩的机会，而自己则甘当他们的“梯子”。

我们不妨假设一下，如果乔丹或皮蓬等人不顾大局，在球场上只顾表现自己，那么，芝加哥公牛队还会成为 NBA 当时最好的球队吗？不能！乔丹、皮蓬等能成为伟大的球员吗？也不能！所以，我们可以这样断言：

顾全大局,甘当配角,从表面上看自己是遭受损失了,但是从更深层次来看,当配角的人也同样是赢家。因为你的谦让,你的付出,能使整个团队获得更大的成功,而团队的成功,也意味着个人的成功。

某公司有6名保安。当经理决定从他们6个人当中选出一名为队长时,6个人竟然都想当,并分别向经理自荐。其中有3个人自荐时,还捎带说了其他同事的坏话,如某某工作时间内闲聊,某某有抽烟、喝酒的不良嗜好等。由于6个人都有强烈想当队长的愿望,经理便决定通过比赛的形式,胜者为"王"。

首先,经理把6个人分成A、B两组,每组3人,让他们徒手翻过一堵3米高的墙,当然墙的那一边铺上了安全垫。如果哪一个组先上去,那一组就成为赢家,然后那一组的3名成员再进入下一轮的决赛,最终胜出者就是队长。

毫无疑问,3米高的一堵墙,让普通人不借助工具,从光滑的墙壁上爬上去几乎是不可能的,而且经理给出的时间只有3分钟。怎样才能翻过那堵墙呢?

A组的3名队员径直来到墙根下,其中一名叫关飞的小伙子迅速蹲在地上,对另两个人说:"快,你们踩着我的肩膀爬上墙头,然后再拉我上去。"

"这……"

"还犹豫什么?快上……"

于是,另外两人踩着关飞的肩膀,迅速爬上了墙头,然后分别伸出一只手,拉住关飞,把他拉上了墙头。然后3人一齐跳到了对面的垫子上。

经理满意地点了一下头,A组3人整个翻墙过程只用了2分40秒。

再看看B组。B组的那3名成员还在争论着,且声音越来越大。3个人中身材最高大的小陆大声抗议道:"什么?让我当梯子,你们踩着我的肩膀上?不行!我又不是木头,你们踩在我肩上多痛呀!再说,谁能保证你们俩上去后,还会伸手拉我呢?"

"你不当梯子,我也不可能,我感冒了,我身体还虚着呢。"小个子赵强说。

“你感冒了，骗人吧。我这几天拉肚子，浑身没力气，这你俩都是知道的呀！”另外一个人说。

就在3人还在争论不休的时候，经理走过来说：“别争了，你们谁也不用当梯子了。”

“啊，经理，我们可以不通过这一关就直接进入下场比赛了？”B组3人同时高兴地问。

“是的，你们可以不过这一关了，因为你们已超过了规定的时间。但是，你们也用不着参加下场比赛了。”经理说完，径直走了。

在这里，A组之所以能顺利地进入下一轮比赛，与他们团结一致、齐心协力有关，更与关飞顾全大局、甘当“梯子”有关。假如A组的3名成员也像B组的3个人那样，谁也不愿当“梯子”，那么谁也别想翻过墙头，进入下一轮比赛。

由此可见，无论你是公司经理、高级主管、普通员工，还是政府公务员，你都不可能在没有外援的情况下，独立实现你的全部目标，你需要下级、领导、合伙人的支持，你不可能永远脱离他们。如果没有他人的协助和帮助，谁都无法获得持久的成功。更为关键的是，如果你不顾大局，从不愿当配角，那么别人也会如此“回报”你，你想当“主角”的机会也变得遥遥无期了。

大公无私、心胸宽广是每个身在职场中人士应具备的美德。当团队中需要有人做出“牺牲”时，要勇敢地站出来，而不是推辞或逃避。如果私欲太强，处处考虑到“我”，而不是“我们”，就会限制自身的发展，因为只有牺牲小我以求团队有更佳的表现，众志成城为着同一目标努力时，才能赢得真正的胜利。

在工作中，把名和利让三分与人，把掌声和鲜花让给同事，而把困难留给自己，并且“愿为他人做嫁衣”，这样的行为，能使一个团队更牢固，也能使自己与他人的合作更愉快。

站在你应该站的位置，而不是哪个位置最“抢眼”就站在哪里。一个懂得摆正自己位置的员工，能正确看待事情，能以大局为重。当团队需要他当主角时,他会毫不犹豫地站出来承担;当团队需要他当配角时,他也会无怨无悔地"趴下去"。事实上,如果一个团队中的每个成员都能以大局为重,都能为了大局而自觉站到配角的位置上去,那么这个团队就会更牢固,就能获得最大限度的成功。

3 融入团队:对私心杂念说"不"

一位企业家曾说:你的胸怀有多大,你的事业就有多大。同样的道理,一个只考虑自己,不考虑别人的人,就难以取得大的成功。这是因为一个只考虑自己的人,他关心的只是自己的得失,他的行事准则是:自扫门前雪,不管他人瓦上霜。而这种"自顾自"的行为,就是缺乏团队意识和团队精神的直接表现。

为什么现在企业的管理者都一再强调员工必须有协作意识呢?这是因为很多工作只有在团队的共同努力下,才能更快、更好地完成。在任何一个组织里,每个成员不可能十全十美,只有相互协作,才能取长补短、共同进步。因此,那些具有协作精神,乐于与人合作,主动合作的员工,总是能受到上级的青睐,并能赢得承担重要任务的机会。

当周成和王涛被中关村一家IT公司聘为试用员工时,他俩都暗下决心,在试用期间要好好努力,试用期结束时争取能留在这家公司。虽然公司交给他们相同的工作,但两人的工作方式却不一样,周成每天完成自己的工作后,只要有时间,就和同事交流,了解他们工作的进展,如果有人完成的时间很紧,他就会主动去帮助。因此,虽然周成是一名试用员工,并且刚进公司没多久,但同事都很喜欢他。

一天中午,一位同事在工作中由于操作失误,致使计算机中的某个程序无法运行,而该程序的停止运行,将影响很多人的工作。周成见那位同事几经调试,程序仍没有恢复正常,便主动上前帮那位同事解决。在周成的努力下,该程序终于在下班之前开始正常运行了。这位同事对周成的帮助非常感激,于是他逢人就讲周成是一位乐于帮助他人的好员工。王涛听后，不以为然，因为他认为公司最终要留用的是技术最娴熟的人，而不是一个到处充当“救火队长”的员工。

就在试用期还剩最后一个星期时，经理在一次员工会议上说，公司准备为财务室的每台电脑上安装新的财务软件。经理的话刚说完，财务室的员工便纷纷表示，换新的财务软件他们很高兴，但他们都不会安装和调试，而且在正常的上班时间内安装会影响他们的工作，怎么办呢？就在经理思索着由谁来负责安装，并尽量不影响员工的工作时，周成主动站出来承担了这个任务。然而，在实际安装财务软件时，遇到的困难比周成预想的还要多，需要一周的时间，而不是他预计的3天。由于是自愿接受这项工作，使得周成不得不连续好几天早出晚归，这样才能保证他自己的工作和额外的工作两不耽误。

当王涛找到他，告诉他不要卖命蛮干，而且公司在试用期间，肯定会看重试用人员的技术的娴熟程度时，周成说：“我认为融入这个团队才是最重要的。在同事需要帮助时，为什么不伸手帮他们一把呢？虽然这在一定程度上影响了我个人的休息时间，但我认为是值得的。提升个人的技能的确重要，但团队精神也不能丢啊！更何况，通过帮助他们，在与他们接触的过程中，我能更多地了解公司，了解每件工作的完成程序，这为确定我以后的努力方向是有好处的。同时，他们也能借此全面地了解我。”

3个月的试用期到了。公司对周成和王涛在试用期间完成的工作很满意，实际上在某些方面，王涛的个人技术比周成更全面些。就在王涛心里暗自得意时，经理却宣布公司决定留用周成，因为王涛虽然在技术上表现得非常出色，但他孤僻、自私，与同事没有合作能力，而周成则有良好的合作意识，他对自己职责之外的工作很乐意去做。虽然周成到公司只有3个月，但大家都觉得和他相处了好久似的；而王涛呢，同事除了在餐厅里见过他之外，其他时间都把自己关在办公室里，自己的工作完成之后,就上网收集资料或学习一些其他专业知识,从来没见他主动和同事交流过,就更别提帮助同事了。经理当然把这一切都看在眼里,而且公司的很多项目都是需要员工通力合作才能完成的,因此他留下了周成,并把一项重要的开发项目交给了他。

在谈到好员工必须具备什么样的素质,才会被公司重用时,一位管理者认为:在一支训练有素,竞争激烈的团队里,员工必须在工作中表现出良好的协作能力和个人工作能力,否则,就会因为不能使整个团队受益而出局。为了同事或团队的利益不遗余力的员工,最终会在公司里受人瞩目。

在公司里,不管你的技术如何全面,自己分内的工作做得多么完美,上司还会对你有更高的要求,即希望你能彻底地把自己融入团队,要无私无我,为团队竭尽全力。因为团队成功,个人才有可能获得发展与成功。一个私心太重,一心只想着自己的员工,是不容易在公司谋求到更多的发展机会的。

在工作中没有私心,懂得以小组为重,愿意为小组而牺牲自己的一些利益,这一点是好员工都认同的。因为没有私心,才会乐意付出,才会随时伸出援助之手而不求回报,才会对自己分外的工作也会尽力尽责。

人有千万,性格各异。古人留下的这句话充分地说明,在团队里每个成员都有差异,而怎样的求同存异;怎样与性格古怪的成员打交道;怎样与脾气急躁的成员打交道;怎样与私心重的成员打交道;怎样与团队的领导者相处……都是我们必须掌握的技能。比如,与私心重的员工打交道,我们可以用自己的无私、宽容去感化他,而不是指责或打击;与性格古怪的员工打交道,我们要表现出自己的亲和力,而不是用冷漠的态度对待他。

4　最佳拍档:打造“和谐号”团队

团结一致,齐心协力,不仅是时代对员工的要求,也是时代对管理者的要求。日本索尼公司的领导人盛田昭夫曾说:公司是一条船,这条船很大,船员也很多。但是如果船上的一个人犯了错误,整条船就有可能会沉下去,大家便都落水,因此我们大家都面临着同样的命运。在船进入险恶的水域,碰到暴风,或者船进水,不管船员的职务或任务是什么,每个人都应该团结起来拯救这条船,因为在危险中,我们是必须共同努力的。

盛田昭夫的话可谓一语中的。身为企业的管理者,不管你的管理能力多强,多么的会运筹帷幄,但如果没有团队精神,不善于团结同僚,视员工为利益的对立面,那么他就不可能成为一位杰出的管理者,也不可能带领公司这条大船顺利地驶向目的地。

创造了微软神话的比尔·盖茨只是一个计算机技术天才,如果没有史蒂夫·鲍默尔,微软绝不可能成为世界的"霸主",微软也绝不可能在历次反垄断诉讼中,能很快地与美国证券交易委员会达成和解协议。和微软相比,国内的企业也不乏团队合作与优势互补的例子。海信的周厚健虽是一个掌舵的能手,但如果没有于淑敏的冲锋在前,也不会有海信今日的业绩;海尔电器的张瑞敏虽然有魄力,具备战略家的文韬武略,但如果缺少了杨绵绵有力的执行,也不可能会成就现在的海尔;联想的柳传志固然是一个充满了智慧的管理大师,但如果他不能使杨元庆、郭为等人的才智得到充分地发挥,也不可能造就联想的辉煌;朱江洪一手缔造了格力空调,可他却离不开销售女王董明珠的冲锋陷阵。

但是,还是有很多管理者在工作中,虽然一再向员工强调团队精神的重要性,却忽略了自身也必须具备这种精神。因此,在工作中,他们拉帮结派,搞小集体、小圈子,对与自己意见不合的同僚要么打击,要么孤立;或是任人唯亲;或是对才华超过自己的同僚进行排挤;对表现突出的下属要么"放逐",要么解雇……结果到头来把自己弄成了一个真正的"孤家寡人"或"光杆司令"。历史上,刘邦和项羽争霸天下,最终刘邦胜出的故事就证明了这个道理。

项羽在推翻秦王朝的战争中起了非常关键的作用,属于实力派人物,其势力远远超出刘邦,而且他"力拔山,气盖世"。若论单打独斗,别说他能以一当十,就是以一当百也不为过;在与刘邦争夺天下的过程中,只要他亲临战斗,则每战必克,刘邦则临战必败,但结果却是刘邦势力越来越大,而他的势力却越来越小，最终落得个被围垓下、自刎乌江的结局。

反观刘邦，不仅本领不如张良、萧何、韩信这“兴汉三杰”，而且还“好酒及色”。但在与项羽的战争中，却最终打败项羽，夺得天下，胜利还乡，高唱《大风歌》。这其中的原因是什么呢？

刘邦在建国后的一次庆功会上，曾向群臣解释说：“夫运筹帷幄之中，决胜千里之外，吾不如子房（张良）；镇国家，抚百姓，给饷馈，不绝粮道，吾不如萧何；连百万之众，战必胜，攻必取，吾不如韩信。三者皆人杰，吾能用之，此吾所以取天下者也。项羽有一范增而不能用，此所以为吾擒也。”

由此可见，刘邦的胜利就是因为他能团结有各种才能的人。换言之，刘邦的胜利，是团队的胜利。而项羽则仅靠匹夫之勇，仅靠单打独斗，虽然可以“以一当十”，甚至可以“以一当百”，结果还是因为没有建立起一个人才各得其所用的团队，所以失败也在情理之中。

可见，团队精神对于管理者来说尤为重要。有了团队精神，管理者才会与同僚结成一个整体，与员工上下同心，拧成一股绳。当整个公司劲往一处使时，那种力量能所向披靡，征服一切。有人说，我们现在所处的这个时代是共性奇缺的时代，然而在全球一体化进程不断加速扩张的前提下，团队精神与合作永远是所有管理者必不可少的一张底牌。

毫无疑问，在任何团队中最明显的角色就是团队的领导者，那么，怎样才能成为一名优秀的领导者呢？

第一，具有沟通、协调能力。英国资深人力资源专家安德鲁·琼斯说：团队精神有两层意义，一是与别人沟通、交流的能力；二是与人合作的能力。卡耐基则说：组织的第一原则就是协调。由此可见，善于协调各方面的关系是领导艺术的一个重要方面，也是领导者的一个重要任务。因此，在工作中，管理者应经常倾听员工的心声，了解他们的所思所想，并对他们提出的问题尽量一一解答。另外，不要厚此薄彼，不能忽略任何一个部门的价值和作用，要团结所有员工的力量。

第二，眼光要长远，要有大局观念。当团队中的某一成员出现失误时，不要一棍子将其“打死”，要给他人改过的机会。当团队获得了极大利益时，要懂得与队员分享，而不是以公司的名义“独吞”；当公司出现经济危机时，不要立即大规模裁员，特别是那些对公司有重大贡献的老员工。

第三，激励团队。激励胜过任何手段的压制和管理。善于激励团队的管理者，团队会更有活力，更有竞争力，而管理者本人也能获得团队成员更多的尊重与信任。当一个管理者懂得想办法去激励自己的团队时，团队中的每个人都会更加认同这个集体，并愿意和这个集体荣辱与共，同舟共济。

当然，要想成为一名优秀的团队管理者，仅仅具有以上三点，还远远不够，管理者还应当像联想集团的“项链理论”所认为的那样：对企业而言，人才就像一颗颗晶莹圆润的珍珠，企业不但要把最大最好的珍珠买回来，而且要有自己的“一条线”，能够把这一颗颗零散的珍珠串起来，共同串成一条精美的项链。如果没有这条线，珍珠再大、再多还是一盘散沙，它们起的作用不过是以一当十的匹夫之勇。那么，这条线是什么呢？就是能把众多珍珠凝聚在一起，步调一致，为了共同目标而奋发向上的团队精神。

让每个成员都明白团队的使命，并且为了这个使命而努力。作为一个团队的一员，都应该明白小组的中心任务，并竭尽全力地去完成任务。

5 万众一心：扮好你在团队中的角色

在现代社会里，工作能力强，具有团队协作精神的员工是企业高薪聘请的对象，因为高效率的团队才能带来企业的高收益。而团队的作用是需要每个成员一起来实现的。因此，要成为企业所需要的热爱工作的好员工，就不能做“孤家寡人”，而要最大限度地融入团队，与团队共进退，在做好自己分内工作的同时，与团队其他成员协同合作。

在现代企业中，一项工作任务的成功执行，往往要涉及方方面面，需要每一环节的人员积极配合，单靠个人的力量不可能独立完成，也不可能只凭个人的力量来大幅度地提升企业的竞争力，每个人所能实现的仅仅是企业整体目标的一小部分。因此，团队协同和完美配合已成为企业赢得竞争胜利的必要条件，在任何一家优秀的企业里，都非常推崇团队协作精神。作为团队中的一分子，我们唯有彼此扶持、彼此帮助，才能最终实现个人前途与企业共同发展的“双赢”。

国内一家著名机械企业聘用了两名工程师——李工和肖工，两人都是该行业的高级技术人才。试用期内公司给他们布置了一项艰巨的研发任务——通过发动机的改造来降低压力机的整体能耗。领导希望通过这项任务，来检验谁是这个部门最适合的主管。

熟悉这一技术领域的人都知道，在如此短的时间内，要攻克这样的研发课题，几乎是不可能的事情，但两个人都接下了这个任务。李工每天都阅读技术文件，制作图纸，根据自己几年工作经验的积累，来寻找各类可能降低能耗的方法。而肖工每天除了上午看资料，画图表以外，剩余的时间则和同事讨论，询问相关工作的一些问题；同时，经常到车间现场去和工人了解公司的能耗、设备的具体情况等。当同事遇到技术上的问题时，他也会热情地利用自己的经验来帮其解决或共同探讨；有时他也会和李工一起探讨研究项目。

三个月后，李工和肖工都拿出了自己的设计方案。从技术上讲，都有缺陷。但肖工却提出了后续实施的具体方案，并且还指出了李工和自己的设计可以互补的方面。通过这三个月的试用期，领导一致认为虽然李工的研发精神值得提倡，但善于合作的肖工做工程开发部的主管更为合适。事实证明，在肖工的带领下，公司终于攻克了压力机降低能耗的难题，并在该领域获得了几项技术认证。

富于团队合作精神是每一位优秀员工得以快速晋升的必然选择，肖工的成功经历就说明了这一点。在与团队共同合作的过程中，他充分调动了集体的智慧，最终脱颖而出，成为研发部门的主管。

在现实工作中，缺乏团队合作精神的现象并不少见，“一个和尚挑水吃，两个和尚抬水吃，三个和尚没水吃”的故事广为流传就是一个明证，难怪柏杨先生有“一个中国人是条龙，三个中国人是条虫”的慨叹。缺乏合作精神曾使中华民族付出了沉重的代价，使近代中国人民饱受列强的侵略和压迫；与此同时，缺乏团队合作精神，也让许多企业的员工付出了代价，他们虽然也在职场上全力打拼，但常常疲于奔命，毫无收获。

一直以来，龙文认为自己在程序设计方面颇有天分，对于这一点，在迈入AB的总部大楼，成为其中一员的那一天起，他没有产生过丝毫的怀疑。果然，进入AB后，龙文在工作中的表现非常突出，让同时期进入AB的其他人都望尘莫及，甚至有些资深员工也难以望其项背。

龙文每次都能够按计划、保证质量地完成各项任务。而那些在别人手中难以攻克的头疼问题，只要到了龙文手里，也十有八九会迎刃而解。龙文游刃有余的技术能力不仅得到了同事的充分认可，而且上司杨光对龙文也非常满意。

面对这样一片“大好形势”，龙文暗自窃喜，认为自己的职场初步目标很快就会达成了，相信不久自己就会被提升为项目主管。

不久，公司又推出了一个新的研发项目，龙文觉得，这个项目的研发主管的位置非己莫属，因为，在公司整个研发部的职员当中，龙文的业绩是最优秀的。

然而，无情的事实却击碎了他一厢情愿的想法——龙文没有荣升主管，反而是业绩中上水平的马龙成了新项目的负责人。

这样的结果让他感到震惊，更感到百思不得其解，自己究竟有什么地方做得不够？在AB这样著名的公司，难道业绩还不足以说明一切吗？

在困惑、愤怒之下，龙文找到了老板杨光问个究竟。杨光微笑着说：“首先，我必须肯定你个人的工作业绩是绝对出色的，这也正是我当初把你列为考察对象的主要原因。可是，经过考察，我发现你有一个很大的缺点，这也正是你这次落选的致命伤。”

原来，老板一直在暗中观察龙文，发现龙文除了埋头自己的工作以外，从不关心其他事情；不喜欢和大家交流，有同事向他请教问题，也总是爱答不理的。另外，龙文还经常以各种借口不参加公司举办的各种集体活动。

在这样一个讲团队精神的时代,没有一位老板愿意把晋升的机会给予那些对集体业绩漠不关心的人。这是龙文没有获得晋升的原因所在。

在许多老板的眼中,想要晋升的员工必须具备凝聚人心的团队精神——这一条的重要性甚至超过了业绩。所以,一个“孤军奋战”、“逞匹夫之勇”的员工,怎么能得到老板的重用呢?一个人再能干,如果缺乏团队精神,总是独来独往,唯我独尊,必定会陷入自我的圈子里,难以与周围的同事融洽相处。这样的员工,在公司里面起的作用是非常负面的。要知道,一滴水要想不干涸的唯一办法就是融入大海,一个员工要想生存的唯一选择就是融入团队。

缺乏团队意识的员工,还很容易成为众矢之的,在企业中被孤立。因为他们在工作中总突出个人业绩,贬低他人功劳。有成绩时沾沾自喜、自吹自擂;出现失误时把责任推卸给别人。试想,有谁愿意和这样的同事一起共事呢?

那么,如何培养自己与团队共进退的精神和意识呢?

一家成功的企业是以成果为导向的团队,每个成员对于自己和群体的目标都十分清楚。在实现目标和规划远景的过程中,团队中的每一成员都必须共同参与进来,每个人都要从心里认定:这是我们的目标和远景规划。这样,团队成员就能够自觉地把追求个人目标和追求团队目标结合起来,自觉地通过实现团队目标的方式来满足个人的需要。

牛根生有句很著名的话:财聚人散,财散人聚。这段话精辟地道出了分享的价值和意义所在。不愿分享的团队一员,永远只可能是一个按部就班的工作机器;而愿意分享的团队一员,其获得的将不仅仅是高效率的协作关系,还有优秀的工作成果和老板的器重。要达到团队成员间的充分信任与理解,分享心态是一名普通的团队成员必须要学会的。

在一支团队当中,可用来分享的事情有很多,最起码,你要学会分享自己的时间和精力,当然,这是在你完成自己工作的前提下。在其他同事出现困难时,你愿意把自己的时间和精力分享给他,跟他讨论解决方法,为他出出主意,这也是另一种形式的分享。

认真倾听其他同事及领导的建议,用一颗宽广的心接受他人的想法。只有倾听,才能更深入地了解其他成员的所思所想。要使一支团队的成员之间能够相互理解、体谅,相互倾听是至关重要的。

与团队共进退,就要积极参与到团队中来。现在有数不清的组织风行“参与管理”,这种做法能够满足“有参与就受到尊重”的人性特点。高绩效团队的成员身上总是散发出挡不住的参与狂热,他们相当积极主动,不放过任何参与的机会。

一支高绩效的团队中的每一位成员,都能很清楚地了解到自己的角色是什么,知道个人的行为对团队目标的达成会产生什么样的影响;知道什么该做,什么不该做,彼此之间也清楚其他成员对自己的要求。这样,团队成员才能建立起彼此间的期望和依赖。

6 求同存异:与同事打成一片

良好的同事关系是发挥团队精神的前提。一支强大的团队,不能靠一己之力,更不可能一味地迁就个人,讲究的是成员间的求同存异、相互磨合。所以,作为一个好员工,要以一种包容豁达的心态,与同事处好关系,这是一项不容推卸的义务。

我们每一个人都处在各种各样的团队中,与同事在一起共事,既是事业的需要,也是难得的缘分。“金无足赤,人无完人”,每个人的阅历、知识、能力、水平、性格各不相同,相处久了,难免有些磕磕碰碰,但只要是不违反原则,就应从维护团队利益出发,求同存异,坦诚相见,在合作共事中加深了解,在相互尊重中增进团结。

李非是一家公司的业务骨干,他喜欢看书,看提高业务水平的书、名人传记等,但是同事们业余时间都喜欢打麻将,喜欢斗地主,喜欢炒股,喜欢上网冲浪……上下班闲来没事的时候,同事们在一起,天天谈论的是打麻将的趣事和遗憾:斗地主输赢的多少,炒股的涨跌,和网友交谈的内容,等等。李非虽然业务能干,也出了不少成绩,但因为和同事没有共同兴趣和爱好,也就显得郁郁寡欢,有点孤单。他想:我不可能为了不孤单就去迎合他们。有了这样的想法,他处处流露出与同事们的不合群,大家也就渐渐地和他疏远了。李非表面上没有表现出什么,但他的心里始终快乐不起来。单位上业务技能不如他的或工作干得很差劲的人,因为和同事相处和谐,反而慢慢提拔上去了,李非却落了个清高、孤僻的印象。

失意之下,李非开始反省自己,也许自己是傲了点,这样就无形中与同事拉开了距离。仔细分析之后,他渐渐开始明白,每个同事都有自己可学习的地方,自己不是什么大树,只不过是一颗小石子,都是给工作铺路的。于是,李非开始有意改变自己,温和地听同事讲述身边发生的事,对同事谦和有礼。虽不迎合同事的爱好,不迎合同事的生活内容,但他明显地快乐多了、开心多了。

一次,李非参与公司的一项策划工作,在工作小组里大家各负其责,有的负责评估、有的负责查找资料,还有的人负责外联和写报告。大家分工合作,几天内就搞定了一份30多页的报告。报告得到客户首肯时,李非这才真正理解了老板常说的那句话:尽管每一个人都是最好的,只有合抱在一起,才会更好。

美国教育家史迪芬·柯维曾说过:力量往往来自差异,而非相似之处,即整体大于个别的总和。当两个人合起来而产出的结果大于两个个人的产出时,统合综效就发生了。拥有了一种求同存异的态度,就可达到统合综效的效果,这是创造力的合作。

其实,无论是初涉职场的“新手”,还是跳槽到新工作单位的“老人”,往往都会发现,身边并非都是同龄人。年龄、文化背景、职业经历不同的人在一起共事,对同一个问题,常常会产生差异极大的看法,以致引发不同程度的争论,稍不小心就容易伤了同事之间的和气。为了达到共同的团队目标,彼此就应该抱着求同存异的态度来处理。那么,如何求同存异呢?

我们每一个人,其实都愿意和不同性格的人和谐、美好相处共事。然而,在现实中,却往往事与愿违,要达成这一愿望也并非易事。我们常常会看到,有些同事、上下级之间闹矛盾、犯别扭,不是因为思想观念上有分歧,也不是由于个人道德品质方面有问题,完全是因为性格、脾气和爱好上的差异所造成的。所以,与不同类型的同事和谐相处,我们就必须要有一双善于发现的眼睛,用心去发掘与同事的相通之处,这是一种积极主动的方法。

林晓燕在一家研究所工作,身边大部分同事都是男性,中午吃饭时的短暂休息时间,同事们往往会聚集在一起谈天说地,她总感觉到插不上嘴,起初的一段日子只能在旁边听。男同事喜欢谈论的话题无非集中在体育、股票上面,不过他们即使不懂时装的流行趋势,也不妨碍他们与女同事的交流。不过要想和这些男同事搞好同事关系,首先得强迫自己去接受他们的一些爱好。

于是,林晓燕每天开始"有意识"地关注体育方面的消息和新闻,遇到合适机会甚至还和男同事一起去看球。找到了共同话题后,和男同事相处容易多了;每次和他们闲聊的过程中,她都会将自己在工作中的一些感受和他们进行交流,这样无形中相互之间的工作友谊增进了不少。

宽宏大量是我们应该有的气量。"宰相肚里能撑船",越是人才,个性越强,甚至有些"另类",他们有自己的主张和真知灼见,他们常不随便附和同事的意见,或坚持己见。因此,跟同事发生意见分歧时,我们一定要培养自己宽大而博深的胸怀肚量去包容和化解。

第一,不能过分争论是非对错。从客观上看,每一个人接受一种新观点都需要一个过程,从主观上来说,人时常都有好面子、好争强斗胜的心理,当同事之间谁也不服谁,这时若是过分争论,就非常容易激化矛盾而不利于整体团结。比如,如果一件事对工作没有什么实质性影响,只是诸如办公用品摆在哪里更好等问题,没有必要为这样的小事争执,为此争个高下是浪费时间,反而耽误了更重要的事。

第二,确实不能求得一致时,也不妨冷处理。遇有这种情况时,应明确表达"我难以同意你们的观点,我保留我的意见",使争论逐渐淡化,同时又保持自己的立场和态度。

第三,要持一种平和的态度倾听对方的意见。遇到不同意见,而这件事又值得讨论的时候,要平和地听对方阐述原因和想法,不能搞人身攻击,或者干脆听而不闻,这样很容易产生对立情绪,甚至导致恶果的产生。就像你对镜子挥拳,镜子碎了,你的手也会受伤一样。如果要攻击别人,首先要想一下自己是否能承受别人的反击。而这样的几个回合下来,多半是两败俱伤。

有的员工有一种认识上的误区:别人不同意我的观点就是和我过不去,就是为难我。被别人否定了观点之后觉得很没面子,甚至像受到侮辱一样。其实呢,当我们把观点和个人分开来看的时候,会发现自己一下子理智了很多,讨论起来也会更加心平气和。一个人的意见和见识毕竟有限,只有放开胸怀才能开阔眼界,收获更多。

与同事搞好团结,并不意味着拉帮结派,搞小圈子。出于整体团结的考虑,对这种拉帮结伙,搞小团队的现象,几乎所有单位的领导都是忌讳和反对的。假如你留意一下身边的那些获得升职和加薪幅度高的同事和朋友,你就不难发现他们有一个共同点,即社交圈子广而划一,一定不会是平日总在小圈子里活动的人。

所以,要远离小圈子的陷阱,如果你在不知不觉中被某些人归入了某个小圈子,千万不要急于四处争辩,这样做不一定有效,还可能伤了那些对你友好的所谓"圈中人"。对于某些人的敌意要泰然处之,用以后的实际行动证明你不是"圈中人"。尽量参加集体活动,少参与小团体的活动,以免陷入派系之争。

总之,要想在职场上获得成功,不但独立工作的能力要强,还要学会团结周围的同事一起做事,这样才能求同存异,共生共长,赢得老板和同事的尊敬。

7　良性竞争:团队因此而强大

在竞争激烈的现代社会中,竞争意识是优秀员工不可缺少的素质之一。如果缺乏竞争意识,自然就不会有奋斗和进取的动力,也逃脱不了平庸和被淘汰的命运。要知道,未来永远属于具有竞争意识,敢于竞争、善于竞争的员工。

从进入职场的那一天起，我们就生活在各种各样的竞争之中，有竞争，有对手，才能激励人们去奋斗。许多世界级的成功人士，无一不具有强烈的竞争意识。

比尔·盖茨是一个竞争意识非常强烈的人，是一个可怕的竞争对手，他一定要赢得每一场竞争。他对竞争也一直坦言不讳，经常在公共场合提到要击垮竞争对手。

松下公司的创始人松下幸之助认为：无论政治或商业，都因比较而产生督促自己的力量，一定要有竞争意识，才能彻底地发挥潜力。

心理学家的实验表明，竞争可以增加50%或更大的创造力。人人都有一种不甘落后、以落后为耻的心理，或者说每个人的潜在心理都希望“站在比别人更优越的地位上”，这种潜在的心理就是自我优越的欲望，这种欲望是构成人类干劲的基本元素。自我优越的欲望，在有竞争对象存在时，其意识会特别鲜明。利用这种心理，就能成功地激励员工的上进心，激发他们的创造性思维。相反，若员工生活在没有压力的环境中，他们的潜力在很大程度上处于被压抑状态，当然会大大降低执行能力。竞争对于工作来说，其实是有很多好处的。它一方面造成了压力，另一方面也带来了崭新的气象。

美国著名经济学家伯顿·克莱因指出：最成功的公司是那些面对很多竞争对手的公司，最不成功的公司是那些没有面临严重竞争的公司。因为存在竞争，公司和员工不得不有更高水准的表现，从而明显地变得更敏锐和更出色。竞争使一个人变得精明强干，使他不断寻求新的答案。

美国的管理大师唐纳·肯杜尔对竞争也有一番精辟的见解：从做生意以来，我一直感激竞争对手。这些人有的比我强，有的比我差；但不论其行与不行，他们都令我跑得更累，但也跑得更快。竞争比荣耀、野心、利益更能推动一家公司的业务。

这些成功人士的话语都深刻地道出了竞争意识的价值所在。作为一个员工，只有敢于参与和善于参与竞争，才有成功的机会，这两者缺一不可。

海尔公司总裁张瑞敏清醒地认识到：如果员工进入公司后，一帆风顺，容易产生麻痹松懈、骄傲自满的情绪，认为天下太平了,什么事都很简单,不在话下。当这种情绪积聚起来,形成一种风气,一旦遇上风浪,那是极其危险的。

由此,他制订了海尔的生存理念:永远战战兢兢,永远如履薄冰,以打破现有平衡和安逸,使每个员工保持清醒头脑,增强危机感,逃出“周期率”厄运,确保“海尔大船”高速、安全地远航。

海尔公司打破了“没有功劳也有苦劳”之说,推行“人人是人才,赛马不相马”的人才竞争机制,并在赛马中,严格遵循“优胜劣汰”的铁律。即将员工分为三类:试用员工——合格员工——优秀员工,通过科学的赛马规则,进行严格地工作绩效考核,使所有员工在动态竞争中提升、降级,取胜、淘汰。

在这里,没有身份贵贱、年龄大小、资历深浅,只有技能、活力、创新精神和奉献精神,充分体现了“能者上,庸者下,平者让”的用人哲学,使每个员工在实现集体大目标的过程中,都能找到一个发挥自我才能的位置。

所有岗位都可参赛,岗位是擂台,人人可升迁。竞赛中,胜出者,试用工可转为合格员工乃至优秀员工;淘汰者,优秀员工会降级为合格员工或试用员工。如此一来,人人都有危机感和紧迫感,任何人都不能满足于已有的成绩,更不能自我松懈,都必须有进取心,不断刷新自己的纪录,从一个起点向另一个更高的起点快速进发。

不进取,就要被他人替代或淘汰出局;不获胜,就不能上升到一个新的、更高的岗位。海尔的人才竞争机制与其倡导的“创业心态”相匹配,海尔的理念是“只有创业,没有守业”,即把自己永远当新人,永远当作刚入行的新手,以创业的心态和激情,去拼搏向上、努力奋进。

在工作中,我们常常会看到这样的现象:两个起点相同的人,在职场几年奋斗后差距很大,一个人成为组织的骨干,而另一个人碌碌无为。是什么使有的人在事业上裹足不前,而竞争对手却看起来春风得意呢?为什么被提拔的人不是你?对这些问题,不同的人会找出不同的理由:“他比我年龄大,学历高”,“他与某个领导的关系好,他会拍马屁”,这些都是我们经常听到的回答。事实上,职场成功的因素固然是多方面的,但其中一个根本性的动力因素在于:你是否具有很强的竞争意识。

然而,所有员工的竞争意识并非与生俱来,而是在后天的奋斗中逐渐形成的。通过学习你也能有胆有识,敢于竞争。那么,如何树立正确的竞争意识呢?

俗话说:胜败乃兵家常事。在竞争中落败也是常有的事情,关键是要调整好自己的心态来正确对待。你在一次竞争中失败了,并不说明你在将来的竞争中注定也要失败;你在这方面的竞争中失败了,并不说明你事事不如人。失败并不可怕,可怕的是一个人失去了竞争的勇气。关于这一点,玫琳凯的经历就是最好的见证。

玫琳凯化妆品公司创始人和荣誉董事长玫琳凯曾经坦言,虽然自己在竞争中曾经失败过无数次,但是,“失败一次,就向成功靠近了一步”。因为失败可以让自己发现自己的不足,进而不断提高自己、发展自己。

玫琳凯经常对公司员工说:如果比较一下我们的双膝,你们会看到我膝上的伤疤比在场的任何一个人都要多,这是因为我一生中有过无数次摔倒再站起的经历。对年轻人来说,最为重要的是必须懂得“你不可能事事都成功”。

1963年,刚刚经历婚姻失败的玫琳凯带着满身伤痛,开始了自己的求职之路。此前,她因为家庭贫困无法升学。为了满足竞争的虚荣心,玫琳凯走上了婚姻之路,她希望借此与她的好友缩短差距。然而,玫琳凯并没有从这次婚姻中得到幸福,反而成了她一生中最大的败笔。那是玫琳凯人生中的最低潮。因为有了孩子,她没有太多时间坐下来伤心自怜,生活的压力迫使她再次走入了竞争的行列,去寻找一份时间机动、能够养家糊口的工作。

不久,玫琳凯在斯坦利家居公司找到了一份工作,从此加入了直销员的行列。斯坦利家居公司经常举办一些业务竞赛。面对竞争,她没有退缩,反而激发了她的好胜心。她在一周内招募到了最多的新直销员,因此被公司授予“达拉斯小姐”的称号。从此,玫琳凯慢慢恢复了自信。

终于有一天,自信满满的玫琳凯成立了自己的公司。在她

的精心经营下，玫琳凯公司从1963年美国的一家46平方米的小化妆品店，发展成为直销人员超过180万、年销售额超过50亿美元的世界500强企业。

妒忌和竞争是“孪生姊妹”，有竞争的地方就有妒忌的存在。尤其同事之间，永远都存在着竞争，这就可能产生妒忌。你胜我负，我赢你输，你受人尊重，我被人冷淡等，这都是引发妒忌的导火索。

在竞争的赛跑途中，妒忌表现为使绊摔倒实力比自己强的人，不让对手超过自己，妒忌的人容不得别人跑在自己前面，凡是跑在前边的人无一例外都是打击的对象。他们中的许多人并不是缺乏聪明才智，但是，他们的聪明才智被妒忌控制了，当一个人的心灵被妒忌占据，便会丧失理智，一切的行为都被妒忌控制了，最终损人害己。所以竞争的第一忌就是妒忌。

培根曾说：每一个埋头沉入自己事业的人，是没有工夫去妒忌别人的。自己比不过别人，是因为你没他牛。我们要正视这一点，向妒忌的对象学习是克服妒忌最好的方法，以学习别人的长处、追求自我进步来摆脱妒忌。一旦你这样做了，你会发现自己的心境不一样了，学习的同时获得了新的能量，不知不觉间妒忌已经被远远地甩在了身后。一旦你达到了一定高度，要妒忌别人也不是那么容易的了。如果你看到100个比你牛的人，你从他们每个人身上学1个闪光点，你就有100分了，你就是最牛的牛人。

物竞天择，适者生存。通过竞争可以提高工作效率，激发员工工作的积极性。积极主动地参与竞争会使竞争者时刻处于一种积极进取的状态。积极的心态使一个优秀的员工在面对竞争时，能以发展的姿态来应对竞争，在竞争中不断发现自己的不足，努力提高自己，为自己创造更好的机会。

第十章　超越自我：做热爱工作的好员工

热爱工作的员工必定是不断追求卓越的优秀员工，也一定是企业发展的中坚力量。好员工以积极心态面对工作，以主动思维融入工作，以激昂斗志投入工作，以科学方法创新工作，以完美业绩完成工作，以卓越精神不断超越自我。

1 为爱痴狂:就这样被工作征服

热爱工作的前提是要全心全意热爱你的公司,要是不热爱,甚至不喜欢自己的公司,在工作的时候没有饱满的激情,那么热爱工作也就无从谈起。

当我们在做自己喜欢做的事情的时候,很少感到疲倦,很多人都有这种感觉。例如,周末的时候你到河边去钓鱼,在河边坐了整整10多个小时,但是你一点都不觉得累,为什么?因为钓鱼是你的兴趣所在,从钓鱼中你享受到了快乐。要是你从事着不喜欢的工作,不要说工作10多个小时,可能工作1个小时你就开始盼望下班了。其实产生疲倦的主要原因,是对事物的厌倦,是对某种工作特别厌烦。而且这种心理上的疲倦感往往比肉体上的体力消耗更让人难以支撑。

你只有像喜欢钓鱼一样喜爱你的工作,你才能热爱你的工作并做好你的工作。在钓鱼的工作中你能得到乐趣,在其他的工作中你也同样能得到乐趣。

心理学家曾经做过这样一个实验:他把18名学生分成甲乙两个小组,每组9人,让甲组的学生做他们感兴趣的事,乙组的学生做他们不感兴趣的事。没过多长时间,情况就不同了,乙组同学就开始出现小动作,再一会儿就抱怨头痛、背痛,而甲组学生正干得起劲呢!这个实验证明:人们疲倦往往不是因为工作本身造成的,而是由于对自己从事的工作产生了乏味、焦虑和气馁的感觉,这种感觉消磨了人们对工作的活力和干劲。

有句话说得好:选择你所爱的,爱你所选择的。

一份工作有趣与否,取决于你的看法。对于工作,我们可以做好,也可以做坏,可以高高兴兴和骄傲地做,也可以愁眉苦脸和不情愿地做。如何去做,这完全在于我们。所以只要你在工作,何不让自己充满活力与热情呢?

每一个员工都应该学会热爱自己的工作,即使这份工作自己不太喜欢，也要尽一切能力去热爱它，并凭借这种热爱去发掘内心蕴藏着的活力、热情和巨大的创造力。事实上，你对工作越热爱，决心就越大，工作效率就越高。

一个人在工作时，如果能以自强不息的精神，火焰般的热忱，充分发挥自己的特长，那么即使是做最平凡的工作，也能成为最伟大的员工；如果以冷淡的态度去做，哪怕是最高尚的工作，也不过是个平庸的工匠。

一个青年人去拜访毕业多年未见的老师。老师见了青年人很高兴，就询问他的近况。

这一问，引发了这个青年人一肚子的委屈。他说："我对现在做的工作一点都不喜欢，与我学的专业也不相符，整天无所事事，工资也很低，只能维持基本的生活。"

老师吃惊地问："你的工资如此低，怎么还无所事事呢？你应该努力工作去增加自己的收入啊！"

"我没有什么事情可做，又找不到更好的发展机会。"青年人无可奈何地说。

"其实并没有人束缚你，你不过是被自己的思想束缚住了，明明知道自己不适合现在的位置，为什么不去再多学习其他的知识，去找机会提高自己呢？"老师劝告青年人。

青年人沉默了一会说："我运气不好，什么样的好运都不会降临到我头上的。"

"你天天在梦想好运，而你却不知道机遇都被那些勤奋和敬业的人抢走了，你永远躲在阴影里走不出来，哪里还会有什么好运！"老师郑重其事地说，"一个没有进取心和激情的人，将永远不会得到成功的机会。"

如果一个人把时间都用在了闲聊和发牢骚上，就根本不会想用行动去改变现实境况。对于他们来说，不是没有机会，而是缺少激情和热爱。如果一个人安于现状，安于贫困，视贫困为正常状态，不想努力挣脱贫困，那么在身体中潜伏着的力量就会失去它的效能，他的一生便永远不能脱离贫困的境地。

贫穷本身并不可怕，可怕的是思想的贫穷，以及认为自己命中注定贫穷的意念。一旦有了这种可怕的思想，你就不会竭尽全力，就会丢失进取心，也就永远无法成功。从今天起，以饱满的激情全心全意地热爱你的工作吧！你才能振作起来，你的前途将充满光明。

2 快马加鞭：永远走在别人前面

曾有人这样形容现代职业人的竞争环境：每一条跑道上都挤满了参赛选手，每一个行业都挤满了竞争对手。在人满为患的跑道上和拥挤的行业竞争通道中，怎样才能成为一匹黑马，成为令人羡慕的领跑者呢？最简捷的方法就是比别人早一点做好准备，走在别人的前面。

有哲人说：你永远不可能比别人多长一个脑袋，但预先准备，却能使你变得不可替代。

在一个企业中成为一个不可替代、不可缺少的人，是每个员工的梦想。有人说过：成功等于准备加上适时的机遇。那么，当这种机遇到来时，你能不能抓紧它，就要看你有没有完全准备好。

刘健大学毕业后，受聘于一家商贸公司。从上班的第一天起，他便时时叮嘱自己要做一名最有价值的员工。刘健每天在完成自己手头的工作后，总是习惯为第二天的工作做好准备。对此，同事都不以为然，其中一些人还笑他傻，甚至对他说：“喂，刘健，你这么积极主动干什么，明天的事明天再做也不迟呀！再说，老板也不知道你一天到底干了多少，你这是何苦呢？”

面对同事的嘲笑，刘健并未放在心上，他仍然每天在干完自己的工作后，又开始为第二天的工作做准备。

一次，老板突然来到办公室，对办公室主任说：“我下午要去纽约，参加一个国际性的商务会议，我让你们准备的那份法文资料是否准备好了？”

“啊？法文资料？”办公室主任迟疑地说：“你不是说明天去吗？所以，那份法文资料我还没让他们准备呢。”

“我原计划明天去，但主办方突然改变了时间，我今天下午就得动身。再说，这件事不是一个星期前就交给你去办理了吗？”老板怒气冲冲地说。

“老板，你需要的法文资料我已经准备好了。”刘健从抽屉里拿出已准备齐全的资料，递给了老板。

“好样的，小伙子！”老板转怒为喜，拍着刘健的肩膀说，“你能提前做好手头的工作，就证明你是优秀的。”

毫无疑问，刘健之所以得到老板的赞赏，关键在于他能走在别人前面，并出色地完成了工作。

工作就是这样，有了敏锐的洞察力、快速的反应力，才会有超群的业绩；每个员工在原有速度上提高一点点，整个公司的效率就会提高一大截。只有高效率才能在市场上占有一席之地，并进一步取得优势地位。这是这个快节奏社会发展的要求。

当你越过起跑线后，脚下就是自己的跑道了，你不能撞上别人，也不能被别人撞上。这里有一些方法，可以让你跑得更快。

以你之长换他人之长。面对越来越复杂的工作，很少有人能拥有足够的知识和技术独立完成，所以必须要互帮互助，才能事半功倍。热爱工作的员工非常清楚自己的优势和缺点，也明白谁是可能为自己提供支援的同事，而且他了解这种关系中的经济性——一般的员工会认为要求他人提供帮助是一种权利，只要一通电话，对方就应该伸出援手。但优秀员工深知，这种合作关系是一种以物易物的结果，自己也必须贡献出别人所缺乏的专长。

累积自我管理经验。不要以为“只要我准时交差，就是自我管理”，对热爱工作的员工而言，那只是时间管理，真正的自我管理不只是单项工作，还包括保持办公桌面整洁，更包括累积人际关系。

接纳不同的观点。一般的员工习惯用自己的观点去看世界，热爱工作的员工则从自己的视野中跳出来，接纳不同的观点。例如：竞争者怎么做，客户怎么想，同事、老板怎么想？他们会积累自己的工作案例，总结出不同的认知模式，然后应用于自身。

有意识地树立“领袖”形象。热爱工作的员工的领导能力体现在带领一组人完成工作，而不是体现在所谓“领袖”的伟大理想和魅力上。他们充分了解并发挥三种“领袖”特质:拥有广博的知识,有适时的创造能力,并关注办公室中的每个成员。他们了解自己的责任是激发组织能力的动力,同时也不遗漏任何细节,例如准时开会等。

3 独门绝技:掌握安身立命的资本

今天,你可以在很多方面表现一般,但你至少在某一个方面必须表现出色,你才可能成为企业中不可替代的人,即使遇上裁员“风暴”也能处变不惊。

亚德里恩是巴黎一家五星级大酒店的小厨师。他做不出什么上得了大场面的菜,所以在厨部里只当下手。但是,他会做一道非常特别的甜点:把两个苹果的果肉都放进一个苹果中,那个苹果就显得特别丰满,可是从外表上看,一点儿也看不出是两个苹果拼起来的,就像是天生长的那样,果核也都巧妙地去掉了,吃起来特别香甜。

这道甜点被一位长期住在酒店的贵夫人发现,她品尝后,十分欣赏亚德里恩的手艺。虽然她一年中在这里度过的日子加起来不到一个月,但是,她每次到这里来,都会指名点亚德里恩做的那道甜点。

酒店里年年都要裁去一定比例的员工,经济低迷的时候,裁员的规模会更大。不起眼的亚德里恩却年年风平浪静,就像有坚硬的后台和背景似的。后来,酒店的总裁告诉大家,那位贵夫人是他们最重要的客人,而亚德里恩因为会做苹果甜点,是酒店里不可或缺的人。

老板喜欢的,不是那些什么都会一点儿,却又什么都做不好的员工。如果一个人能胜任的事是任何人都可以做的,那就意味着无论什么时候什么人都可以替代他。要想不被人代替,你就要有一门绝技。你有的资源别人都没有,这就是你在职场存在的理由,也是你能够安身立命的资本。

如果你在传媒行业工作，那你是不是那个最敏锐的发现者？你是不是那个稿子写出来后即博得满堂彩的资深编辑和记者呢？如果你在事业单位工作，你是不是那“枝”给上司写发言稿而不用修改的“笔杆子”呢？是的，你必须有一样是出色的。如果你是一名司机，你要把车驾驶得非常出色；如果你是一名打字员，你必须把文件打印得又快又好；如果你是一名员工，你必须把产品加工得极其完美……

真正的聪明人宁愿人们需要他，而不是让别人感谢他。因为别人有求于你，便能铭记不忘，而感谢之辞转眼就会忘记了。与其让别人对你彬彬有礼，不如让别人对你有依赖之心。一旦别人对你不再有依赖心，也就不会对你毕恭毕敬了。有句成语叫“兔死狗烹”，其意在于一旦自己失去了存在的价值，就会被别人取代。只有时刻让人需要，你才能在别人心中占有一定的位置。

感激其实是很容易被遗忘的，如果失去了被利用的价值，感激也就显得不重要了。在生活和工作中都是如此，你所能做的就是一直完善自己，使自己升值。如果你的公司离了你而无法运转，那你的地位就是最高的。

这就是我们在工作中要做的，让老板知道，失去你，对他来说是一种损失，因为你是别人不可替代的。当然，这也在于你的工作能力，要确实做到没有人可以替代你。这并不是一件简单的事，在工作中你要有意识地培养独立工作的能力，工作上的事不要依赖他人，而要能够独当一面。这样，你才有存在的价值。

你要让老板看中你的闪光点，必须做到以下几点：

认真地对待每份工作，珍惜你的生存权。一个人的工作是他生存的基本权利，有没有权利在这个世界上生存，就看他能不能认真地对待工作。能力不是主要的。能力差一点，只要有敬业精神，能力就会提高。

在专业上下工夫。你要让老板真正地感觉到你是人才，还应在你的专业技能上下工夫。切记：你的智慧，体现在专业技术的水准上。

经常策划些新点子。信息时代是物质性极弱的时代，非物质需求成为人类的重要需求，信息网络的全球架构使人类生活的秩序和结构发生了根本变化。人才，尤其是信息时代所需的人才，最重要的是智慧，不是知识。

不循规蹈矩地做事情。人才更多的是指一种心态，是指与传统思维完全不一样的那种人。真正的人才不是看他学了多少知识，而是看他能不能承担风险，不循规蹈矩地做事情。

与同事良性互动。一种协作的文化，在信息流的增强之下，就会使公司的聪明人彼此发生可能的联系。当公司拥有一定数量的高智商人才并能良好协作时，其能量水平将会冲出一条路。交叉的激励产生新的思想——那些不太有经验的员工也会因此被带动到一个更高的水平上。

4 合理建议：热爱工作的重要标准

身为企业的一员，如果我们能够在问题还未解决之时就能够提出好的建议，这对于个人以及整个公司未来的发展都将具有十分积极的意义。

请看一家公司的小工是如何帮助自己的老板解决大难题的：

故事发生在美国鞋业大王——罗宾·维勒的工厂里。当时，罗宾的事业刚刚起步。为了在短时期内获得最大的效益，他组织了一个研制班子，制作了几种款式新颖的鞋子投放市场。结果订单纷至沓来，以至于工厂生产忙不过来。

为了解决这个问题，工厂想办法招聘了一批生产鞋子的技工，但还是远远不够。这可怎么办，如果鞋子不能按期生产出来，工厂就不得不给客户一大笔钱作为赔偿。

于是罗宾召集大家开会研究对策。主管们讲了很多办法，但都不行。这时候，一位年轻的小工举手要求发言。

"我认为，我们的根本问题不是要找更多的技工，其实不用这些技工也能解决问题。"

"为什么？"

"因为真正的问题是提高生产量，增加技工只是手段之一。"

大多数人觉得他的话不着边际，但罗宾却很重视，鼓励他讲下去。

他怯生生地提出："我们可以用机器来做鞋。"

这在当时可是从来没有过的事,立即引起大家的哄堂大笑:“孩子,用什么机器做鞋呀,你能制作这样的机器吗?”

小工面红耳赤地坐下去了,但是他的话却深深触动了罗宾。罗宾说:“这位小兄弟指出了我们的一个思想盲区:我们一直认为我们的问题是招更多的技工,但这位小兄弟却让我们看到了真正的问题是要提高效率。尽管他不会创造机器,但他的思路很重要。因此,我要奖励他500美元。”

于是,老板根据小工提出的新思路,立即组织专家研制生产鞋子的机器。4个月后,机器生产出来了,从此,世界进入了用机器生产鞋子的时代。罗宾·维勒也由此成为美国著名的鞋业大王。

再来看看著名的“柯达建议制度”:

1880年,乔治·伊斯曼创建了柯达公司。可以说,没有员工的进言献策,柯达公司是无法成为这样一家优秀企业的。

1889年的一天,乔治·伊斯曼收到一名普通工人写给他的建议书。这份建议书内容不多,字迹看起来也不优美,但却让他眼前一亮。这个工人建议生产部门将玻璃窗擦干净。对于这样的问题,在乔治·伊斯曼以前看来,是小得不能再小的一件事了。这次,伊斯曼却看出了其中的意义。他笑了,这正是员工热爱自己企业的表现。

建议很好。乔治·伊斯曼立即召开表彰大会,发给这名工人奖金。同时,“柯达建议制度”也就由此应运而生了。

100多年过去了,柯达公司员工提出的建议接近200万个,其中被公司采纳的超过60万个。目前,柯达公司员工因提出建议而得到的奖金,每年在150万美元以上。1983、1984两年,该公司因采纳合理建议而节约资金1850万美元,为此,公司拿出了370万美元以奖励建议者。

现在,柯达公司员工已逾万人,公司业务遍及世界各地。谁敢说,这没有“柯达建议制度”的一份功劳呢?

一些企业员工认为,向公司提建议需要冒一定的风险,比如受到领导的猜疑、同事的排挤等，至于还需要付出必要的时间和精力就更不用提了。更有一些企业员工认为，公司发展得是好是坏与自己并没有太大的关系，既然公司的现状已经如此，那么自己实在没有必要再将心思花费在这上面，得过且过，能混到什么时候就混到什么时候。

其实，针对公司存在的问题向公司提出相关的建议，这既是每一位员工的权利，也是每一位员工应尽的义务。通常，能否积极主动地向公司提出有建设性的意见或建议，往往被当作企业衡量员工是否热爱工作的一项重要标准，因为一个不热爱工作的员工是不会在自己工作范围之外的事情上花费时间和精力的。

5 善于学习：站在巨人肩膀看世界

在今天，全世界在10年里所产生的新知识是人类历史所有知识的总和；在今天，你的大部分知识在5年后就会被淘汰；在今天，要想不成为时代的落伍者，要想不被竞争者淘汰，学习是我们唯一的选择。

我们的世界在前进、发展，作为企业员工，学历只代表过去，只有学习可以代表将来。有研究表明，一般人的智商差别并不是很大，也不会因此给各自的生活道路造成多大的影响，真正起决定作用的是后天的努力。这些努力，包括不断地学习，包括书本上的知识和从他人那里得到的经验。

落后就要被淘汰。对于现在的企业员工说，落后就有保不住职位的可能，所以大家都忙着去充电，去拿必要或不必要的证书。然而，很多人却忽略了另外一种学习，即从身边每个人身上学到有用的东西，从而提高自己。

身边的人都可以学习吗？当然。如果说从管理者身上学习如何管理，从主管身上学习如何待人处世还可以。但是，像清洁工、电梯工以及可能学历还不如自己的同事，他们从事着跟自己无关或者是极其平凡普通的工作，那么从他们身上能学到东西吗？答案是：可以！如果你用心的话，你会发现在他们身上值得你学习的东西非常多。

在美国人心目中，林肯讲话所用的字句是那么优美，那么让人难忘。可是林肯的父亲却是一个目不识丁的木匠，他的母亲也是一个平凡的家庭主妇。因为家里穷，林肯并没有受过良好的教育和训练，那他怎么会有如此的文学天赋呢？这是他向众人学习的结果。林肯的老师中有在肯塔基州森林地带巡游的村儒学究，有伊里诺州第八司法区的许多人。林肯曾和农夫、商人、律师商讨国家大事、世界大事，他从他们身上学到许多知识和道理。林肯成功的秘诀就是："每个人都可能做我的教师。"他虚心好学，善于向每个平凡的人学习，这与两千多年前孔夫子所说的"三人行必有我师"如出一辙。

我们向别人学习，是因为尺有所短，寸有所长。每个人都有自己的长处和不足，要弥补自己的不足，就要注意发现并学习别人的优点，来改进自己的缺点。

小王是刚毕业不久的大学生，社会经验少，业务不熟练，但所幸她谦虚好学，尽管目前工作还不熟练，工作效率也不是很高，但她并不气馁，一直注意向身边每一个人学习。

一次她从饭店出来后打了一辆车说去机场，其实她去的是机场附近的一个小区。因为是个新兴的小区，一般人不知道。可是那个司机却说："你是不是要去某某小区啊？"小王当时就吃惊地瞪圆了眼睛，连问你怎么知道。那个司机表现得像个神探，给她推理说："我刚才看到你跟朋友道别，只是象征性地挥了挥手，看来你不是要出远门。一般人要是出差，都会有个行李箱，而你也没有，你的手里只拿着一份杂志，神情很悠闲，也不像是去接人。这么一分析，你去机场的可能性就不大，而那附近就那么一个小区，所以你只能是去那里了。"

小王非常佩服这个司机的职业水准，能够分析这么透彻，她想他一定是个很敬业的司机。果然，在接下来的聊天中，司机说自己因为爱动脑子，比较职业化，所以，收入比同行们都要高。

从司机身上，小王学到了什么是认真，什么是用心。然而却有一些人，总将自己看得过高，觉得向别人学习会掉身价，认为自己样样都最好；

而别人，则个个不如自己，这样的人，怎么能够取得进步呢？尤其是对于热爱工作的优秀员工来说，这个毛病是致命的。

和那些优秀的人接触，你会受到良好的影响。

在美国，有一个名叫艾瑟·华卡的农家少年。一直以来，他十分仰慕那些在工商界获得成功的人士。

小华卡经常在杂志上读到大实业家雅斯坦的故事，雅斯坦取得的成功让他备受忌妒的折磨。有一天，小华卡突然意识到，如果自己一直这样沉浸于对别人的嫉妒之中，永远都不可能成功。为什么要嫉妒别人呢？对别人再多的嫉妒也不能使自己有丝毫改变，何不向他请教，从他那里得到更多的忠告，这样或许自己也能成功。

于是，小华卡开始行动了。他竟然跑到了纽约雅斯坦的事务所。在那里，华卡一眼就认出了面前这位体格结实、浓眉大眼的雅斯坦。

对于这个年轻人的贸然拜访，雅斯坦开始时有些奇怪，甚至有点讨厌，因为他很忙，有很多的事务要处理。然而，当他听到年轻人问"我很想知道，怎么才能赚到100万美元"时，他的表情变得柔和并微笑起来，他对年轻人的勇气与想法十分欣赏。随后，两人竟然畅谈了一个多小时。临别时，雅斯坦还向他介绍了实业界的一些名人。

按照雅斯坦的介绍，华卡依次拜访了这些一流的商人、总编和银行家——其中有许多人曾让他备感忌妒。尽管这些人都不能给他金钱上的支持，但从与他们的交流中，华卡已经得到了许多比金钱更有价值的东西。他感到自己正在一步步向着成功的门槛迈进。

两年后，年仅20岁的华卡，把当初自己做学徒的那家工厂买下来，开始在商界牛刀小试。24岁时，他成为一家农业机械厂的总经理。仅仅用了一年时间，华卡就如愿以偿地赚到了自己的第一个100万美元。后来，这个来自乡村的少年，又成为一家银行董事会的成员。

从18岁决心去拜见雅斯坦的那一刻起,到后来创业,华卡一直都在实践一个信条:多与更优秀的人结交,把忌妒别人转为向别人的长处学习,来帮助自己成功。

在公司里,面对比自己优秀的员工,我们大多数人总是持有一种酸溜溜的忌妒。这样不仅不利于工作中的合作,还会影响到自己的发展和成长。

华卡的故事告诉我们:和优秀的人结交,向他们请教,并不像我们想象的那样困难。只要我们愿意,随时都可能结交到素不相识的人,更不必说那些朝夕相处、并肩战斗的同事。那些主动放低姿态,向优秀的人请教的员工是最值得尊敬的。因为通过学习别人的长处和优点,他们提升了自己的能力,从而更好地工作,为公司创造更多的业绩。

事实上,任何人都不是成功的天才。除非借助父辈的荣光,每个人的成功都是经历拼搏之后取得的。成功与其说是一个人财富的积累,不如说是历练与智慧的结晶。显而易见,那些比我们优秀的人,一定是在某些方面超过了我们。要想赶上并超过他们,最好的办法就是直接借鉴这些成功的经验,为我们所用。因此,我们应该具备一种学习的心态,虚心向每个优秀的人学习。

一位台湾教授说,人生有三次投胎的机会:第一次是出生;第二次是结婚;第三次是跟对良师。第一次投胎自己完全没有选择的余地,第二次投胎有一半的机会在对方,只有第三次的机会才完完全全属于自己。

在工作中,比我们优秀的大有人在,我们的良师不限一个或者几个。有些员工即使在这方面不如我们,在别的方面却远超过我们。只要我们用心去观察,就会发现,每个员工身上都有值得我们学习的东西。因此,最简单有效的方法就是向每个员工学习,甚至包括向我们讨厌的员工学习,只要他有值得我们学习的地方。

孙振耀,惠普大中华区前总裁,在讲述自己成功的经验时言简意赅,只说了一句话:无非是随时向形形色色的人去学习。

自从1982年加盟惠普公司,孙振耀在前后20多年的时间里,经历了17位上司。从每位上司,包括他讨厌的人,他都学到了很多东西。

曾经有一位主管对下属极不尊重,每当下属向他请教问题时,他的态度都是十分傲慢。天长日久,再也没有人愿意跟这位主管沟通。

看到这个情景,孙振耀的第一个反应就是:自己有没有犯下同样的错误。就这样,凭借一点一滴的领悟和学习,孙振耀逐步坐到了惠普公司全球副总裁的位子。每当向年轻人讲述这段经历时,他总要强调随时随地"拜师学艺"的重要性。

海纳百川,有容乃大。大海之所以成其大,是因为它始终把自己放在最低处。用此来形容孙振耀的成功之处,并不为过。

在公司里,值得我们请教和学习的员工随处可见。我们可以向优秀的技工学习技术;可以向高层领导学习管理的艺术;可以向业务精英学习如何销售;甚至我们也可以向烧锅炉的师傅请教如何恰当地把握火候。

我们在向别人学习的过程中,不但要学习别人成功的经验,还要学习他人失败的教训。借鉴并吸取别人的教训,谨言慎行,就会少走许多弯路。

足球教练沈祥福曾在答记者问时说:我跟球员总是在讲,把别人的教训当作自己的经验,那是最聪明的球员。你自己不可能去体会所有的教训,而最聪明的球员就是把别人的教训当作自己的经验。

向你身边的每个人学习,对于职场中人来说,不但可以给人留下谦虚谨慎的印象,还可以使自己从中受惠。要记住:站在别人的肩膀上,才能看得更远。

6 "能"超所值:比老板想的还要好

我们必须让自己的工作结果比老板的预期更好一些、更高一些,才能获得更好的发展。

一次,几个人一块儿去饭店吃饭。因为是普通聚餐,他们就随便找了一家小饭店。走进饭店,服务员立即迎上前来,热情地为他们端茶倒水。

这里的环境很干净，每个角落都擦得光洁如新，而且还播放着舒缓的背景音乐。菜很快就上来了，几个人一阵风卷残云就把一桌菜吃光了。一是他们都饿了，二是觉得这里的菜确实好吃。吃饭的过程中，始终有一个服务员侍立在旁边，不时为他们换菜盘、续茶水。最后结账时，他们发现这里的菜并不贵。

酒足饭饱之后，他们走出饭店，都说没想到这家饭店真不错，菜品上乘，服务到位，价格实在。下次吃饭，一定还要来这家。

细细想想，他们为什么会有这样的一种感觉？为什么别的饭店不能给他们这种感觉？因为别的饭店给他们的感觉只是还可以、差不多，而这家饭店带给他们的服务却远远超出了他们的预期。他们觉得今天在这里花的餐费，可享受到的服务远远超过了这些钱。因此，他们还会再来。

由此延伸开去，假如我们到一家公司去工作，老板付给我们的月薪是3000元。如果我们在一个月里只为公司创造了3000元的利润，或者低于这个数，那么公司除去运营、管理成本，我们的工作结果，对公司来说就是负数。这绝对不是老板想要的结果，他对于我们的心理预期应该是至少要创造超过5000元的利润。我们要做的，就是要远远地超过这个预期，创造出8000，甚至10000元的价值。只有这样，我们才能成为老板满意的员工、最感激的员工。

20世纪90年代中期，福特汽车公司60％的杂志广告是针对男性设计的，针对女性设计的广告只占到了广告支出的10％。

罗斯·罗伯特是福特公司的一名广告策划部副经理。通过对市场的深入调查，他发现在汽车市场，女性购买者竟然已经占到了65％。因此，他立即开始着手行动，把60％的广告份额投向了女性消费群体。几个月后，当董事会意识到女性市场的重要性时，他们惊喜地发现罗伯特已经把这件事情完美地解决了。

由于罗伯特的贡献，福特汽车在女性市场占得了巨大的先机。不久以后，他即被董事会提升为高级经理。

像罗斯·罗伯特这样的员工，无论在哪家公司都备受欢迎。因为他们不只是完成了自己职责范围内的事情，而且还做了老板想不到的工作，创造出了更多的价值。

让自己的工作结果永远超过老板的预期，这是每个值得感激的员工时刻都要思考的事。如果你工作的结果只是达到了别人的满意，你只能有被选择的权利。要想成为最终的胜出者，你就必须给老板一份感动。

坦率地说，几乎所有的老板对员工的要求都是非常严格的，毕竟他要对公司的经营结果承担全部责任。在工作中，我们每个人在老板心中都会有一个预期。这个预期有时可以量化，有时是无法计量的。但我们做得好与坏、多与少，老板比谁都清楚，否则他就不会成为老板。

只有让工作的结果不断超越老板的预期，我们才能进入他的视线。我们必须不断地给他创造出新的惊喜、新的意外，让老板感到物超所值，才能成为公司不可或缺的一员，成为真正热爱工作的好员工。

2008年10月，李一男离开华为公司，加盟百度，任该公司首席技术官。这位技术天才与华为之间的悲欢离合我们暂且不提，但他的成长确实与华为分不开的。

1993年，李一男研究生毕业后直接进入华为公司。入公司仅仅两天，李一男便升任华为工程师，半个月后升为主任工程师，半年升任中央研究部副总经理。两年后，他被提拔为华为公司总工程师、中央研究部总裁。时隔数月，27岁的他就成为华为最年轻的副总裁。

是什么使李一男如此少年得志，风光无限呢？究其根源，就在于这位年轻的工程师对技术的发展趋势非常敏感，总能让总裁任正非感到眼前一亮。从进入公司的第一天起，李一男总能给任正非提出非常有前瞻性的建议。不仅如此，作为技术上的顶尖高手，李一男总是提前一步为开发的项目解决技术难题。当别的员工还在为一个产品在市场中的成功而陶醉时，李一男已经给任正非提出新的建议并着手开发下一代产品了。当任正非正在考虑某些问题时，他总是惊奇地发现，李一男已经早已着手解决了。

李一男离开了华为公司，任正非一直为没有留下这样难得的人才而感到自责。的确，如此出色的下属，无论走到哪里，都会受到老板青睐的。

也许是李一男的个人能力实在太强了，但他向我们昭示了这样一个简单的道理：我们必须让自己的工作结果比老板的预期更好一些、更高一些，才能在公司获得更好的发展。

如果仅仅完成了老板要求我们做的事，我们顶多是一名合格的员工，只是合格，只是符合要求。从合格到卓越，还有很大一段距离。这一段距离，就是我们超越老板心理预期的距离。我们越是超越了老板的要求，就越能在老板心里达到一个更高的高度。老板要达到这个高度，我们必须给老板更多的惊喜。

每个员工都渴望成为老板赏识的员工，获得更好的发展。在这件事情上，与其说决定权在老板那里，不如说在我们的手里。只要我们总是在老板没有想到之前，圆满地完成任务，总能超过老板的预期，总是让其意外地发现我们真正的能力远远大于当前的工作要求，他一定愿意给我们更多的机会。从这个意义上说，机会对每个员工都是平等的。

7　反躬自省：在失误中完善自我

我们不妨在每晚问自己几个问题：今天我到底学到些什么？我有什么样的改进？我是否对所做的一切感到满意？

作为著名的畅销书作家，李奥·帕斯卡尔力的许多作品都深受读者的喜爱。提起自己所取得的卓越成就，他总是表示：这完全得益于小时候父亲对自己的教育。

从很小的时候开始，每当吃过晚饭，父亲就会问他："李奥，你今天学到些什么？"

李奥就会把在学校学到的东西告诉父亲。如果发现当天实在没有学到任何东西，父亲就会带着一种责备的口气问他："如果今天你什么也没有学到，就让今天白白过去吗？"

于是，他就跑进书房拿出百科全书学一点东西，再上床睡觉。

这个习惯一直到今天还在持续，每天晚上他都会问自己。若当天没学到什么东西，他是不会上床的。这个良好的习惯使他不停地反省，在学业上不断进步。

人非圣贤，孰能无过？作为个体，我们每个人都不是完美的，都有不足之处，都会说错话、做错事。如果不及时反省自己，弥补不足，改正错误，我们就会在错误的道路上越走越远。

正如布朗宁所言：能够反躬自省的人，一定不是庸俗的人。那些最终取得成功的人，他们不仅拥有近乎完美的人格，制定了正确的奋斗方向，而且还善于及时地反省自己，总结经验教训，从而使自己保持正确的努力方向。

作为搜狐的掌门人，张朝阳持有在美国纳斯达克上市的 SOHU 股份的 28.13%，以及中国 ICP 牌照的北京搜狐 80%的股份。他对自己的总结是这样的：我是一个自省倾向比较严重的人，就是比较善于批评自己，就是不太把自己当回事，因为这样的原因，使得我不会故步自封，听不进别人的建议。

在公司，那些热爱工作的员工，总是随时随地保持一种严谨的自我反省、自我修正态度。通过不断地反省，他们发现自己的对与错、优势与缺点，从而去粗取精、扬长避短，发挥出工作的最大效能，创造出最佳的业绩。

两年前，小高大学毕业后进入一家小企业工作。按照公司规定，新员工必须从基层做起。许多人都在抱怨：现在都什么年代了，还论资排辈？真老土！

小高什么都没说，只是每天认认真真地去做领导交代的工作。难能可贵的是，他是个有心人。别人下了班便围在一起打牌下棋，小高却利用这段时间写工作日记。在上学时，他每天都要写日记、写心得。进入公司后，他还是把这个习惯保留下来。每天晚上，他总要对当天所有的事情做一个总结：今天做了哪些工作？出现什么问题？有哪些新的收获？什么地方做得好，什么地方做得不恰当？哪些话该说？哪些话说得不够得体……

除此之外，他在工作之余还经常向老员工请教，询问自己工作中有哪些不足,虚心接受他们的建议。由于态度好,大家都乐于指导他。

经过积累和历练,小高逐渐掌握了基层工作的全部要领。在同批新员工中,小高进步最快。因此,不到一年他就被提拔为车间主任,成为公司的中级管理人员。和他一起进公司的许多员工,却仍在基层抱怨呢。

要成为热爱工作的员工,我们就必须把自我反省当成每日的必修课。也许我们处在普通的岗位,做着平凡的工作,但只要勇于反省,不断提升,我们就一定会做得更好,让自己提升更快。

一位业务员在网上留下了这样一段精辟的心得:

假如我能从经验中学习,那么今天的教训将为明天的美好生活打下基础。让我反省自己行为,当我像自己最大的敌人那样审视自己。夜幕会降临,但睡意不会合上我的眼睑,直到我回忆完一天的事情。

工作中最大的快乐,莫过于做任何事情都能够最大限度地发挥自己的能力。这时,会有一种特殊的满足感油然而生,那是当一个人审视自己的工作时,看到工作完成得如此圆满、精彩、准确,油然而生的一种自豪感。正是这种追求完美的意识,使每件工作都成为一种艺术。哪怕是最小的工作,如果做得足够出色的话,也会变成人生的奇迹。

如此睿智的思想,只有具备了很高境界之后方能拥有。尽管我们从来没有见过这位业务员,但我们清晰地感受到他那颗精益求精、积极向上的雄心,我们有理由相信,他的明天一定会更辉煌。

总之,提升来自不断地反省。要使自己少走弯路、走得更快更稳,我们就必须及时地反省自己,不断地总结得失。只有这样,我们才能一天比一天睿智,工作越做越好。

8 扬长避短:提升你的核心竞争力

热爱工作的员工的与众不同之处在于:一招鲜,吃遍天。他们往往善于经营自己的长处,把一项做精、学专,成为某一领域的行家里手,所以,无论环境如何变化,都能够很好地生存下去。

在美国,有一个关于成功的寓言故事,它出自名为《飞向成功》的畅销书,一直被职场成功人士广泛流传:

小兔子被送进了动物学校,它最喜欢跑步课,并且总是得第一;最不喜欢的则是游泳课,一上游泳课它就非常痛苦。但是兔爸爸和兔妈妈不允许小兔子放弃。小兔子只好每天垂头丧气地到学校上学,老师问它是不是在为游泳太差而烦恼,小兔子点点头,盼望得到老师的帮助。老师说:"其实这个问题很好解决,你跑步是强项,游泳是弱项,这样好了,你以后不用上跑步课了,可以专心练习游泳。"

这个寓言诠释了一个通俗的哲理:成功在于发挥自己的长处。小兔子根本不是学游泳的料,即使再刻苦它也不会成为游泳能手;相反,如果训练得法,它也许会成为跑步冠军。这个寓言故事的结果大家都应该能够猜得到:小兔子不再是动物学校的跑步能手,更不会成为游泳高手,最终强项变成了弱项,弱项依然是弱项。

坚车能载重,渡河不如舟;骏马能历险,耕田不如牛。世间万物存在的现象都揭示了这样的道理:扬长避短,经营自己的长处,才能实现自己特定的价值。富兰克林说,"宝贝放错了地方便是废物",说的是同一个道理。

某报纸曾刊登过这样一篇关于日本企业励志图强的文章。文章详细介绍了在经济疲软期,许多日本著名公司改变经营策略,把精力集中到最受欢迎的特长产品上,结果生存了下来。把力量集中于自己的专长,就可以生存下去,甚至更强大。同理,作为一名员工,也必须拥有自己的核心优势,才能充分发挥个人所长,找到正确的人生定位。

有的人误以为只要通过学习，每个人都可以胜任很多事，每个人的弱点是他成长空间最大的地方。为此，他们总是不断投入时间和精力，希望将自己的弱点提升为优势，虽然有些人可能成功了，但大部分人并没达到理想的效果，甚至与实际情况正好背道而驰，因为他把时间都花费在弥补自己的弱点上，使自己的优势也不再明显。

小梁大学毕业后在一家出版社当编辑，编了几本书，但书的社会反响并不出色，发行量也勉强保本。在这期间，他还被合作者“涮”过两回，筹划了几个月，先期也有了一些投入，但最后出书计划流产。所以，原本话不多的小梁变得越来越内向，不愿意与人沟通，不相信别人，事无巨细都要自己去做。在一些具体工作的细节上又特别苛刻，对自己对别人都一样，变成了一个“绝对的完美主义者”。如此一来，同事都不太愿意与他共事，小梁感到十分苦恼。

这时，领导看出了他的问题，于是主动找小梁谈话，并帮助他进行分析。小梁的优点在于天资聪慧，对人对事充满了好奇心，对人对己都有很高的要求，是个完美主义者。所以，他不适合从事需要较多与人沟通的工作，更适合做一些创意性的工作。

经过领导这番点拨，小梁心里像是点亮了一盏灯。其实，他从小就对美术感兴趣，很有绘画天赋，阴差阳错才当上了文字编辑……于是，小梁利用业余时间进行了一些相关的技能培训。后来，他被领导调到了设计部做美术编辑，凭着扎实的美术功底和苛求自己的精神，经他设计的作品，不断受到客户的赞扬。不出半年，他已升为设计部主管了。

其实，我们每个人所拥有的才能都是独特的，每个人的优点才是自己成长空间最大的地方。你之所以成功，不是因为你弥补了每一个弱点，而是因为你最大限度地发挥了你的优点。

经营自己的长处，首先要善于发现自己的优势，大多数人都以为清楚自己的长处何在，其实不然。很多人总是拿自己的缺点去和别人的长处相比，比来比去，自信心没有了，不是觉得自己处处不如人，就是觉得自己一无所长，然后就会说：我实在是太平凡了，根本没有什么特殊才能。其实这种想法是不正确的。

伟大诗人李白曾云:天生我材必有用,千金散尽还复来。我们每个人都有自己独特的地方,即使是那些看起来很平常的人,也会在某些方面有独特的禀赋,不可能一无所长,只要用心发掘,一定会发现那些被你忽略的“闪光点”,不要多,只要一点点就够了。

1972 年,新加坡旅游局给总理李光耀的一份报告上说,新加坡不像埃及有金字塔,不像中国有长城,不像日本有富士山,不像夏威夷有十几米高的海浪。我们除了一年四季直射的阳光,什么名胜古迹都没有。要发展旅游事业,实在是巧妇难为无米之炊。

李光耀批了这样一行字:你想让上帝给我们多少东西……阳光,阳光就够了!

后来,新加坡利用灿烂的阳光,种花植草,在很短的时间内,成为世界上著名的花园城市、旅游胜地。

人人都有自己特有的天赋与专长,从某种意义上说,每一个人都可以称为天才。但只有少数人发现了自己的天赋,并把它充分发挥了出来:刘翔是 110 米栏冠军,王励勤是乒乓球冠军,乔丹是飞人,巴菲特是股神……他们之所以成为英雄,正在于他们都是在做自己最擅长的事情,都是在拿自己的长处和别人的短处较量。他们本来是普通的常人,但因为在某一点上超过了所有的人,因而获得了成功。

要发现自己的优势所在,我们还要学会正确地认识自己、分析自己。有一个简单的方法,可以帮助你。比如,当你看到别人做某事时,你是否有痒痒的召唤感——我也做这件事。当你完成一件事时,你是否有一种满足感,或欣慰感。你在做某类事情时非常快,无师自通,这是一个重要信号。当你做某事时,你不是一步一步做,而是行云流水般,一气呵成,这也是一个信号。很多人会发现自己在做很多事情时,需要学习,需要不断地修正和演练;而在做另外一些事情时,却几乎是自发的,不用想就本能地完成这件事,这就是你的优势。

发现自己的长处不易,经营长处更难。因为经营长处需要放弃一些东西,要勇于拒绝眼前利益的诱惑。专心来做自己最拿手的事情,不仅要一心一意,还要不跟风,不动摇。常常有一些员工这山望着那山高,因为贪图安逸,放弃自己的专长,去从事一些安逸的工作,殊不知,这样做的结果只能是一事无成。

梁晓华毕业4年了,他很多大学同学都已经在各个领域里取得了相当好的业绩,可他却一直没能找到一份满意的工作,因为他总是觉得自己做什么都行,所以只要是热门的职业,他都想去“凑个热闹”。IT业热时,他做电脑设计,网络兴起时又跳槽去做网络,当发现网络是个泡沫时,又去做保险,他认为这就是紧跟潮流的一种时尚……

有一次大学时的校友问他:“梁晓华,你在大学里是学什么的?”他以为好友健忘,回答说:“跟你一样,学计算机的。”好友又问道:“那你觉得自己最擅长干什么?”梁晓华想了想,说:“还是计算机。”好友笑道:“那你不做自己的专业,瞎跟着别人起哄干什么?你在和别人抢不属于自己的面包,能抢到手吗?属于自己的专长放着你却不用。”梁晓华恍然大悟,重新应聘到了一家计算机公司。一年后,同学聚会,梁晓华神采奕奕,风度翩翩,因为他在自己最擅长的工作上做出了相当不错的业绩,受到上司的赞赏和同事的尊敬,同时也在工作中感受到了不断的快乐和满足。

所以,如果你想在职场中获得成功的话,就不能脱离了自己最擅长的方向。在工作中,你最擅长的事情可以是一种手艺、一种技能、一门学问,或者只是直觉。你可以是厨师、木匠、裁缝、鞋匠、修理工,也可以是工程师、设计师、作家、企业家。

美国管理学者华德士提出:21世纪的工作生存法则就是建立个人品牌。他认为,不只是企业、产品需要建立品牌,员工也需要在职场中建立个人品牌。所谓个人品牌也就是作为员工在职场中的比较优势。竞争并不可怕,可怕的是自己没有独特的优势。从现在开始,发现自己的优势,经营自己的长处,让你的老板一下就能想起你:哦,这项任务由他来担当最合适,他具有这方面的优势。

9 赢在乐业:做具有职业精神的职场达人

我们要养成乐业的习惯,更要全身心的热爱我们的工作,即对我们所从事的工作有兴趣、乐趣。真正喜爱和享受自己的工作,从中找到快乐和意义,才能体验到乐业的境界。乐业不要求你无原则地忠诚,更不要你一味地为工作做牺牲。乐业让我们对工作充满激情,不断挑战艰巨的任务,最终获得成功。

在一家企业,"优秀者"、"能手"、"骨干"都不是"逼"出来的,而是因为他们对所从事的工作有乐趣,或者能找到工作的乐趣而产生对工作的极大的热情干出来的。正如"没有爱情的婚姻是不道德的"一样,乐趣之于工作犹如爱情之于婚姻,一旦一个员工到了仅仅是靠毅力工作而感觉不到工作的乐趣的时候,那他真正意义上的工作生涯也就结束了。真正的工作是发自内心的、充满激情的,是享受着工作的乐趣和幸福感的。这种乐趣和幸福感是职业道德的源泉,是员工工作的内在动力,同时也是员工热爱工作的根本支撑。我们看一下那些热爱工作做出成绩的员工,他们最突出的特点是干工作的那种有滋有味的幸福感,只要一听到上班铃声,他们就精神振奋,所有的疲劳都不翼而飞;只要一走上岗位,他们就激情荡漾,浑身都洋溢着蓬勃的生机。有了幸福感,员工才能享受事业,享受生命,身心才能更健康。

"我不在家,就在试验田;不在试验田,就在去试验田的路上。"

这是杂交水稻科学家袁隆平说的话。对他来说,日常的生活和他的科学研究没有什么区别,因为他的全部就是自己的工作。他是一位视科学为生命的科学家。为了杂交水稻事业,他几十年如一日,矢志不移,默默奉献。刚开始研究时,曾经有不少人说他是自讨苦吃,他坦然回答:为了大家不再饿肚子,我心甘情愿吃这个苦。研究条件的简陋艰苦、滇南育种遭遇大地震的威胁、上千次的实验失败,都动摇不了袁隆平研究杂交水稻的决心。几十年来,他像候鸟一样追赶着太阳南来北往,在攻关的前10年有7个春节是在海南岛度过的。

袁隆平注重实践。他认为书本上、电脑里种不出水稻,他始终坚信真正的权威来自实践。在第一线的坚守,使他抓住了科学的灵感,锻造出了战略性眼光。

袁隆平非常注重培养杂交水稻科研人才,将团结协作看做是打开成功之门的钥匙。他捐出奖金,设立了科研基金和农业科技奖励基金;他将实验材料"野败"毫无保留地分送给全国18个研究单位,加速了"三系"杂交稻研究的步伐。在他的培养和带领下,我国杂交水稻界精英辈出,研究成果层出不穷,30多年来一直处于世界领先地位。

袁隆平决不满足于现有的现状。研究成果从"三系法"到"两系法",从一般杂交稻的成功到超级杂交稻一期、二期再到三期,他将水稻产量从平均亩产300公斤左右先后提高到500公斤、700公斤、800公斤。如今年届八旬的他还有两个愿望,一个是第三期超级稻要实现试验田亩产900公斤;一个是把杂交水稻推向全世界。

2006年,我国累计推广种植杂交稻56亿多亩,每年增产的稻谷可以多养活7000多万人,相当于全世界每年新出生人口的总和。不仅如此,杂交水稻还被推广到全球30多个国家和地区,种植面积达3000多万亩。

袁隆平1987年获联合国教科文组织颁发的科学奖;2001年获国务院颁发的2000年度国家最高科学技术奖;2004年获世界粮食奖励基金会颁发的世界粮食奖;2007年4月被美国科学院聘为外籍院士,被誉为"杂交水稻之父"。

正是由于对科学的痴迷,对研究工作的热爱,袁隆平才义无反顾,沉醉于田间野外,并为此乐此不疲,数十年如一日。试想一下:如果没有这种视工作为事业的职业精神,他又如何会有今日之风光。在朴实无华的袁隆平的背后,是他的工作态度、信念、操守、执着以及乐天知命的一颗伟大的心。他敬业乐业,由此完成了从优秀到卓越的华丽转身。

实际生活中,面对自己的职业,不同的人有不同的态度。一些人在疲于奔命,一些人则在应付差事,在这样的状态下,很难想象如何去投入工作,如何去不懈进取,如何能不辞辛苦,如何会最大限度地发挥创造力。缺乏“喜”和“爱”的情感,从现实层面的表现来说就是不敬业,从精神和心灵的层面来说则是感觉空虚,没有寄托,得过且过混日子。这无论对于个人还是事业的发展都是消极无益的。

有人曾经说过:用欣赏的眼光审视自然与世情,我们会发现大自然和生活原本是这样美好,用欣赏的心态对待亲人和同事,我们会由衷地感谢在这一次的人生,我们得以牵手结缘相聚同行,在欣赏的目光和氛围中工作生活,我们会更加愉悦自信地去做好一切应尽的义务与责任。哲学家周国平说过:全世界的人如果都学会了享受学习、享受工作、享受一切有益的生活艺术,那么,他哪里还有心思去苦苦等待什么外在奖赏呢?

我们不是富翁,但我们精神上是充实的。我们应该明白一个深刻而朴素的道理:幸福只是一种感觉,即使粗茶淡饭,只要精神世界是充盈的丰厚的,那也是人生最大的快乐。保持一颗平常心,能将自己的精神状态维持在一个透明干净的位置。尘世的喧嚣,流年的暗示,物欲的诱惑都会变得脆弱无力。

把每天上班看做一件快乐的事,这不是每个人都能有的。我们身边的许多前辈都是值得敬佩的榜样,从他们身上可以感受到很多向上的东西:虽然资历老,但对待工作,他们从来都不马虎,而是激情满怀,充满快乐。认真地工作着,内心才会觉得充实;在车间或办公室里忘我投入,与同事融为一体,那才是快乐;和同事一起徜徉在工作的海洋,领略其水波浩淼、气象万千,那才是幸福。即使你还不出色,但你是一个认真的人,一个认真而快乐地工作的人。能在一个积极向上的环境中工作,人与人之间能坦诚相待,互相帮助,互相竞争,实在是一件快乐的事。

作为一名热爱工作的优秀员工,我们一定要乐业,要努力实现从优秀到卓越的终极突破,要培养起自己的职业精神,要怀着一种高度负责的精神,在职场上的每个时刻,在每一件小事上都要保持这股精神。

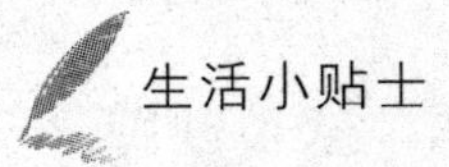

令女性美貌无敌的20条经典美丽箴言

痘痕是美女的大敌,如果没有遮瑕笔,可以用棉签蘸一点水、一点粉饼涂在需要的部位,也能起到不错的遮瑕效果。

每天连续做扬头,低头,侧转头及水平环转头练习数次,并在生活保持抬头挺胸,可削减颈间脂肪,赶走肉下巴。

无论是在家里还是在自助餐厅吃饭,试着比你实际想吃的分量少盛些,这样就不会因为受不住诱惑而进食过量。

将薰衣草纯精油滴在枕头上、睡衣的衣领上或滴在棉花球上再塞在枕头底下,能让你睡好一个美容觉。

选择喜欢的精油(水果香、花香、青草香)滴在纸巾上,然后放入密封的砂糖罐里保存至少一个星期后,你就能拥有独一无二的芳香砂糖。

在食物中加入调味品:橄榄油、大蒜以及新鲜黑胡椒,这样在品尝美味时你会感觉吃的不多也能心满意足。

在汽车方向盘上,放一块滴了2滴紫苏、柠檬或迷迭香精油的棉片,可预防开车打瞌睡。

随身带一小瓶保湿喷雾,不仅能够保湿,当发丝如群魔乱舞或者裙子不配合地粘在大腿上时,你会发现它更多的妙处。

即使你用了锁色唇膏,也难免让美酒佳肴弄得色泽黯淡,颜色淡淡的透明唇蜜能迅速让双唇焕发诱人光采,并不与之前的唇色相斥。

饭后喝一杯浓咖啡或者是卡布其诺。咖啡因是一种温和的食欲抑制剂,能帮助你促进新陈代谢。

使用植村秀水嫩保湿粉底液不仅遮暇还能强化润肤!其40%与人体体液接近的深海海洋水成分,能让你的妆容清新水嫩。

涂睫毛膏时要始终小心地从睫毛根部开始向毛尖方向涂,眼角处的细毛也要涂到,稍有涂到外面的睫毛膏你可以用一根棉签修改掉。

不同唇彩可每种颜色单独使用,或按不同比例调和使用,再或者能依次叠加使用，为你的双唇演变出更多诱惑美丽。

训练自己只在用餐时进食。戒掉零食可能需要5～10天的时间，在这个过程中，如果嘴巴想嚼点什么，想办法转移注意力。

减肥要趁年轻，否则年纪大了皮肤松弛，一旦瘦下来会形成较多的皱纹。

每天再怎么熬夜，千万记得在经期结束第一周内加强修复，这是内分泌的重建时刻，要吃饱睡好，反之，老化的速度也会加倍。

勿抽烟，抽烟会导致口腔周围的皮肤提早老化，也因皮下微血管的血液供应较少，而加速皱纹的产生。

不管是白领还是蓝领，在闺中还是初为人妻，作为女人的你永远不要大大咧咧，风风火火。要记住，凡事有度，矜持永远是最高品位。

自我按摩是护发妙招：将手指在头皮上轻轻揉动，按头皮血液流向心脏的方向，按前额发际、两鬓、头颈、头后部发际的顺序进行。

25岁后不保养，肌肤就会加速老化！但不必花重金投资昂贵保养品，选择有抗氧化成份的产品已足够，如维C或植物萃取复合物都可。